KB085607

GRAMMAR
BITE

이 책과 함께 미래를 디자인하는 나를 위해 응원의 한마디를 적어 보세요.

_____

_____

GRAMMAR BITE
Grade 2

CONCEPT
문법 개념 이해부터 내신 대비까지 완벽하게 끝내는
문법 필수 개념서

BOOK GRADE

구성
비율

개념
수준

문제
수준

문제
경향

WRITERS
미래엔콘텐츠연구회
No.1 Content를 개발하는 교육 전문 콘텐츠 연구회

PROOFREADER
Mark Holden

COPYRIGHT
인쇄일 2024년 10월 30일(2판19쇄)
발행일 2018년 9월 10일

펴낸이 신광수
펴낸곳 ㈜미래엔
등록번호 제16–67호

교육개발2실장 김용균
개발책임 이보현
개발 정규진, 한고운, 김은송, 정유진

디자인실장 손현지
디자인책임 김기욱
디자인 장병진, 윤지혜

CS본부장 강윤구
CS지원책임 강승훈

ISBN 979-11-6233-739-4

흔들리지 않고 피는 꽃이
어디 있으랴

활짝 핀 꽃은 사람들의 눈을 즐겁게 하고 기분을 좋게 합니다.

그런데 이 꽃은 처음부터 그렇게 환하게 우리에게 왔을까요?

그렇지 않습니다.

거친 땅을 뚫고 싹을 틔우고, 줄기를 세우고,

비바람을 견뎌 내고서야 드디어 화려한 꽃을 피웁니다.

영어 공부도 마찬가지입니다.

하루아침에 우리말처럼 영어가 술술 나오지는 않으니까요.

영어 속담에 이런 말이 있습니다.

Little drops of water make the mighty ocean.

작은 물방울이 모여 거대한 바다를 이룬다는 말이지요.

영어 공부는 반복입니다.

어제 배운 것을 잊어버리지 않게 오늘 다시 반복하고,

오늘 배운 것은 내일 또 다시 보면서 익숙하게 내 것처럼 만들어야 합니다.

이렇게 반복하다 보면 어느 순간, 화려한 꽃처럼

영어가 어렵지 않게, 술술 피어오르는 경험을 하게 될 것입니다.

영어 공부는 성실함과 꾸준함입니다.

오늘도 하루 학습 목표를 세우고, 목표한 바를 해내는 여러분이

결국 최후의 영어 승자가 될 것입니다.

GRAMMAR BITE 가 여러분을 응원합니다.

GRAMMAR BITE
Preview
구성 미리보기

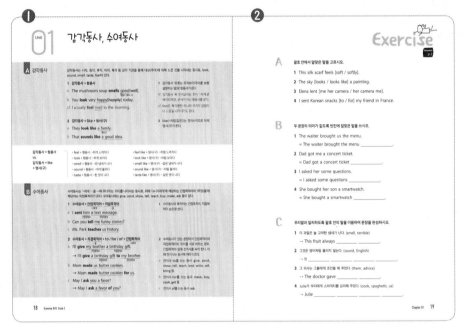

문법 개념은 꼼꼼히!

❶ 개념 익히기
Unit에서 배워야 할 핵심 문법들의
원리와 쓰임을 명확한 설명과 예문을
통해 쉽게 이해할 수 있습니다.

❷ 개념 확인하기
Unit에서 배운 문법의 기본적인 내용
을 확인하면서 익힐 수 있는 문제들
로 구성하였습니다.

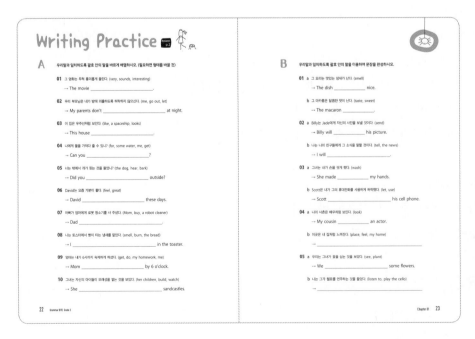

서술형 대비는
문장쓰기로!

단어 배열하여 문장 완성하기, 문장
의 빈칸에 알맞은 말 쓰고 이 문장을
바탕으로 비교 문장 쓰기 및 문장 바
꿔 쓰기를 통해 문장 구성 능력의 기
본기를 쌓을 수 있습니다.

내신 대비는 확실하게!

❶ 실력 완성하기

학교 시험에 나올 만한 문제들로 구성하여 배운 내용을 종합적으로 확인하며 내신 시험까지 대비할 수 있습니다.

❷ 반복 학습하기

첫 챕터부터 해당 챕터까지의 주요 문법 내용을 반복적으로 확인함으로써 완벽하게 내 것으로 만들 수 있습니다.

※ (바르게 고칠 것)의 답은 해설을 참조하세요.

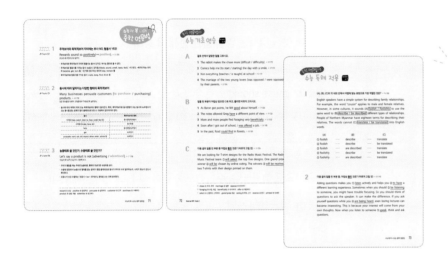

수능 빈출 어법, 지금부터!

수능 어법에 나오는 문법 대부분이 중학교 문법이므로, 중학교 때부터 수능을 차근차근 준비할 수 있도록 하였습니다. 수능에 자주 출제되는 중학 문법을 살펴보고, 연습문제와 독해로 적용해 봅니다.

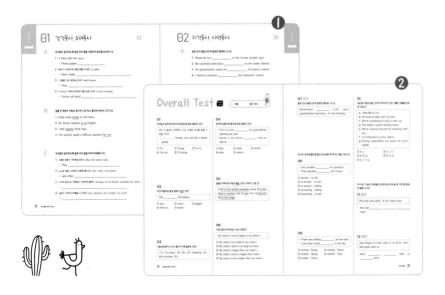

복습하고, 확인하고!

❶ Workbook으로 실력 쌓기

Unit별로 더 많은 연습문제를 풀어 봄으로써 문법을 보다 완벽하게 익힐 수 있습니다.

❷ 총괄평가로 진짜 실력 확인하기

Workbook 마지막에 총괄평가를 수록하여 전체 내용에 대한 자기 실력을 점검해 볼 수 있습니다.

GRAMMAR BITE
Contents 차례

InTRO

> "
> ## 영문법은 중학교에서
> ## 꽉! 잡아야 합니다
> "

1 영문법에 대한 두려움을 먼저 없애자

중학교에 들어가면 영문법이 너무 어렵다고 많이들 말합니다. 막연히 어려울 것으로 생각하고 보면 정말 어려워지고, 어려우니 자꾸 공부하기 싫어질 수밖에 없습니다. 우리말 체계와 많이 다른 영어는 당연히 어려운 게 맞습니다. 그러니 조급한 마음을 버리고, 한번 보고 잘 이해가 되지 않는다고 쉽게 포기하면 안 됩니다. 여러 번 읽고, 또 읽어 이해할 수 있도록 합니다.

2 문법 용어, 외우지 말고 이해하자

to부정사, 동명사, 수여동사 .... 벌써 머리가 아픈가요? 사실 대부분의 문법 용어는 한자어로 되어 있어 언뜻 이해하기 어려울 수 있습니다. 용어에 대한 이해를 포기하고 무작정 외워 버리기도 하지요. 하지만 워낙 많은 문법 용어가 있으니 일일이 외운다는 것은 한계가 있습니다. 조금 시간이 걸리더라도 용어 자체가 어떤 의미인지를 정확하게 파악하면 문법 개념 설명을 훨씬 쉽게 이해할 수 있습니다. 예를 들어 '동명사(動名詞)'는 '동사+명사'를 합한 것입니다. 동사원형에 -ing를 붙인 것인데, 이는 동사의 의미를 가지면서 명사의 역할을 하는 것을 말합니다. 결국, 동명사는 명사이기 때문에 주어나 목적어, 보어로 쓰일 수가 있습니다.

3 우리말과 다른 영어 문장 구성을 파악하자

'나는 너를 사랑한다.'를 영어로 표현하면 I love you.입니다. 분명한 차이가 있죠? 우리말은 주어가 먼저 나오고 동사는 문장의 끝에 오는 경우가 보통입니다. 그러나 영어는 동사가 주어 바로 다음에 나옵니다. 우리는 이미 우리말 구조에 익숙합니다. 때에 따라서는 우리말과 비교하면서 영어 문장 구성의 특성을 파악하는 것도 좋은 방법입니다. 기본 문장 구성을 알고 나면 점차 영어 순서에 따라 문장을 쓰고, 또 해석하게 될 것이니까요.

4 주어, 동사, 목적어 등 문장의 구조를 분석해 보자

문장 속에서 단어들은 각자의 역할이 있습니다. 문장의 구성을 좀 더 정확하게 이해하기 위해서는 알고 있거나 학습한 문법 지식을 활용하여 주어와 동사를 먼저 나눈 다음, 이어지는 단어들이 목적어인지, 보어인지, 수식어구인지 등을 구분하는 습관을 가져 보세요. 이렇게 문장 성분별로 분석하는 훈련이 되면 점차 긴 문장도 어렵지 않게 이해하고 해석해 낼 수 있습니다.

5 Step by Step, 단계별 학습으로 한 걸음씩!

항상 너무 과한 욕심은 화를 부릅니다. 수학처럼 문법도 단계별로 차근차근 접근하는 것이 좋습니다. 중학교 학년별 교과서에 나오는 문법을 중심으로 단순한 문장부터 확실하게 개념을 이해해야 합니다. 형용사나 부사의 역할을 정확히 알지 못한 상태에서 to부정사의 형용사적 용법이나 부사적 용법을 이해하기란 쉽지 않습니다. 더디더라도 기본 핵심부터 기초를 탄탄히 다져 놓아야 한 단계 더 발전할 수 있습니다.

6 학습한 문법은 여러 번의 문장쓰기를 통해 복습하자

학습한 문법 내용을 바탕으로 문장을 해석해 내는 실력에 머무르지 않고 그 이상을 원한다면 단어들을 다양하게 바꿔 가며 여러 번 문장을 써 봄으로써 문장의 형태를 익히는 것이 중요합니다. 눈으로만 읽고 해석하는 것보다 직접 완전한 문장을 쓸 때 기억에 더 오래 남고 영어 실력 향상에도 큰 도움이 됩니다.

7 문제를 풀고 나면 왜 틀렸는지 오답 체크는 필수!

학교 시험에는 다양한 형태의 문제가 나옵니다. 문법 문제가 아니더라도 틀린 문제는 왜 틀렸는지 점검하는 과정이 꼭 필요합니다. 문법 문제는 이 과정이 더욱 중요합니다. 특히 어법상 맞는지 틀린지를 판단하는 문제는 맞으면 왜 맞는지, 틀리면 왜 틀리는지를 반드시 짚어 보고 오류를 고쳐 다시 써 보세요. 이러한 과정은 무조건 많은 문제를 풀어 내는 것보다 문법 개념을 확실히 내 것으로 만들어 어떤 유형의 문제가 나와도 실수 없이 해결해 낼 수 있는 실력을 갖게 해 줍니다.

꼭 알아두어야 할
문법 POINTs

01 | 문장을 만드는 필수 요소

주어

행동의 주체로 명사, 대명사, 의문사
등이 주어로 쓰여요.

My name is Suho.
내 이름은 수호야.

동사

주어의 상태나 동작을 나타내는 말로
주어의 인칭과 수, 문장의 시제에 따라 형태가 달라져요.

I **am** fourteen years old.
나는 14살**이야**.

I **go** to Mirae Middle School.
나는 미래중학교에 **다녀**.

보어

주어나 목적어를 보충 설명해 주는 말로
명사나 형용사 등이 보어로 쓰여요.

My favorite sport is **basketball**.
내가 가장 좋아하는 운동은 **농구**야.

My smile makes everyone
happy.
내 미소는 모든 사람들을
행복하게 해 줘.

목적어

동사의 대상이 되는 말로
명사나 대명사 등이 목적어로 쓰여요.

I like **English** very much.
나는 **영어를** 매우 좋아해.

I will give **you some help**
with your grammar.
내가 **여러분에게** 문법 공부하는 데
도움을 좀 줄게.

보어

목적어

02 | 동사의 3인칭 단수 현재형 만드는 법

구분	변화 형태	예
대부분의 경우	동사원형 + -s	like**s**, eat**s**, buy**s**, know**s**, love**s**, come**s**, see**s**, sleep**s**, play**s**, speak**s**, learn**s**, read**s**
-o, -s, -ch, -sh, -x로 끝나는 경우	동사원형 + -es	doe**s**, goe**s**, pass**es**, miss**es**, watch**es**, teach**es**, wash**es**, brush**es**, fix**es**, mix**es**
「자음 + y」로 끝나는 경우	y를 i로 바꾸고 + -es	study → stud**ies**, try → tr**ies**, cry → cr**ies**, worry → worr**ies**, carry → carr**ies**, copy → cop**ies**, fly → fl**ies** *cf.* enjoy → enjoy**s**, buy → buy**s**
불규칙하게 변하는 경우	have → **has**	

03 | 동사의 과거형 · 과거분사형(-ed형) 만드는 법

구분	변화 형태	예
대부분의 경우	동사원형 + -ed	play**ed**, walk**ed**, look**ed**, talk**ed**, watch**ed**, miss**ed**, listen**ed**, rain**ed**, want**ed**, start**ed**
-e로 끝나는 경우	동사원형 + -d	live**d**, dance**d**, like**d**, move**d**, love**d**, invite**d**, smile**d**, change**d**, hate**d**, hope**d**
「자음 + y」로 끝나는 경우	y를 i로 바꾸고 + -ed	cry → cr**ied**, try → tr**ied**, worry → worr**ied**, carry → carr**ied**, copy → cop**ied**, study → stud**ied** *cf.* enjoy → enjoy**ed**, stay → stay**ed**
「단모음 + 단자음」으로 끝나는 경우	마지막 자음을 한 번 더 쓰고 + -ed	plan → plan**ned**, drop → drop**ped**, stop → stop**ped**, chat → chat**ted** *cf.* visit → visit**ed**, enter → enter**ed**

04 | 동사의 현재분사형(-ing형) 만드는 법

구분	변화 형태	예
대부분의 경우	동사원형 + -ing	go**ing**, play**ing**, eat**ing**, do**ing**, watch**ing**, talk**ing**, speak**ing**, read**ing**, walk**ing**, learn**ing**, call**ing**, sing**ing**, teach**ing**
「자음 + e」로 끝나는 경우	e를 빼고 + -ing	come → com**ing**, give → giv**ing**, ride → rid**ing**, live → liv**ing**, make → mak**ing**, write → writ**ing**, smile → smil**ing**, dance → danc**ing** *cf.* see → see**ing**
-ie로 끝나는 경우	ie를 y로 바꾸고 + -ing	die → d**ying**, lie → l**ying**, tie → t**ying**
「단모음 + 단자음」으로 끝나는 경우	마지막 자음을 한 번 더 쓰고 + -ing	sit → sit**ting**, cut → cut**ting**, run → run**ning**, get → get**ting**, put → put**ting**, swim → swim**ming**, begin → begin**ning** *cf.* visit → visit**ing**

05 | 동사의 종류에 따른 문장 형태

동사의 종류		예	문장 형태
주격보어를 가지는 동사	감각동사	feel, look, smell, sound, taste	주어 + 동사 + 형용사(주격 보어) You **look** *happy*.
목적어를 두 개 가지는 동사	수여동사	3형식 전환 시 • 전치사 to를 쓰는 동사: give, send, show, tell, teach, lend, write, sell, bring • 전치사 for를 쓰는 동사: buy, make, cook, get, find • 전치사 of를 쓰는 동사: ask	주어 + 동사 + 간접목적어 + 직접목적어 = 주어 + 동사 + 직접목적어 + to/for/of + 간접목적어 He **teaches** us English. = He **teaches** English *to us*.
목적격보어를 가지는 동사	지각동사	see, watch, look at, hear, listen to, feel, smell	주어 + 동사 + 목적어 + 동사원형/현재분사(목적격보어) I **heard** someone *call[calling]* my name.
	사역동사	make, have, let	주어 + 동사 + 목적어 + 동사원형(목적격보어) The sad story **made** her *cry*.
	기타	call, make, name, choose	주어 + 동사 + 목적어 + 명사(목적격보어) People **call** them *idols*.
		make, keep, find, think	주어 + 동사 + 목적어 + 형용사(목적격보어) Snow **makes** children *happy*.
		want, ask, tell, expect, allow, order, advise	주어 + 동사 + 목적어 + to부정사(목적격보어) Mom **wanted** me *to clean* my room.

06 | 시제

시제		동사의 형태	예문
기본시제	현재시제	동사의 현재형	He **studies** every day.
	과거시제	동사의 과거형	He **studied** yesterday.
	미래시제	will[be going to] + 동사원형	He **will**[is going to] **study** tomorrow.
진행형	현재진행형	am[are, is] + -ing	He **is studying** now.
	과거진행형	was[were] + -ing	He **was studying** then.
	미래진행형	will be + -ing	He **will be studying** this time tomorrow.
완료형	현재완료형	have[has] + p.p.	He **has** already **studied**.
	과거완료형	had + p.p.	He **had** already **studied** before he went out.
	미래완료형	will have + p.p.	He **will** already **have studied** before he goes out.

07 | 조동사

조동사	쓰임/의미	예문
can	① 능력/가능성: ~할 수 있다	I **can** play the cello.
	② 허락: ~해도 좋다	You **can** use my computer.
	③ 요청: ~해도 될까요?	**Can** I come in?
could	① 과거 능력: ~할 수 있었다	She **could** eat spicy food in her 20s.
	② 정중한 요청: ~해 주시겠어요?	**Could** you do me a favor?
	③ 약한 확신: ~일 수도 있다	It **could** be true.
may	① 추측: ~일지도 모른다	He **may** be at home.
	② 요청: ~해도 될까요?	**May** I have some water?
	③ 허락: ~해도 좋다	You **may** park here.
might	① 약한 추측: ~일지도 모른다	He **might** be a famous actor.
will	① 미래 예측: ~일 것이다	It **will** be sunny tomorrow.
	② 미래 의지: ~할 것이다	I **will** go on a diet.
	③ 정중한 요청: ~해 주시겠어요?	**Will** you help me?
would	① will의 과거형	I told her that I **would** believe it.
	② 가정: ~일 것이다	It **would** be a great time.
	③ 정중한 요청: ~해 주시겠어요?	**Would** you do that for me?
	④ 과거 습관: ~하곤 했다, ~했었다	I **would** drink milk a lot when I was a child.
must	① 의무/필요: ~해야 한다	You **must** come back home by 9.
	② 강한 금지: ~해서는 안 된다(부정)	You **must not** be late again.
	③ 강한 확신: ~임에 틀림없다	He **must** be over 20 years old.
have to	① 필요성: ~해야 한다	I **have to** study for the exam.
	② 불필요: ~할 필요 없다(부정)	You don't **have to** get up early tomorrow.
should[ought to]	① 의무/권고: ~해야 한다	You **should**[**ought to**] leave now.
	② 예측/기대: ~할 것이다	You **should**[**ought to**] do better next time.
had better	① 강한 조언: ~하는 게 좋다	You **had better** take an umbrella. It's raining outside.
used to	① 과거 습관: ~하곤 했다, ~했었다	She **used to** tell us interesting stories.
	② 과거 상태: ~이었다[했다]	There **used to** be a tree in the corner.

08 | 수동태 만드는 법

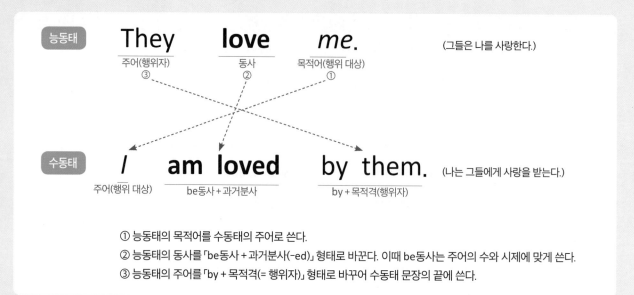

① 능동태의 목적어를 수동태의 주어로 쓴다.
② 능동태의 동사를 「be동사 + 과거분사(-ed)」 형태로 바꾼다. 이때 be동사는 주어의 수와 시제에 맞게 쓴다.
③ 능동태의 주어를 「by + 목적격(= 행위자)」 형태로 바꾸어 수동태 문장의 끝에 쓴다.

09 | 수동태 관용 표현

표현	뜻	표현	뜻
be satisfied with	~에 만족하다	be disappointed in[at, with]	~에 실망하다
be surprised at[by]	~에 놀라다	be interested in	~에 흥미가 있다
be worried[concerned] about	~에 대해 걱정하다	be pleased with[about]	~로 기뻐하다
be excited about[by, at]	~에 흥분되다	be amused at[by]	~로 즐거워하다
be bored with	~에 지루해하다	be frightened of	~에 겁먹다
be shocked at[by]	~에 충격 받다	be tired of	~에 싫증이 나다
be covered with	~로 덮여 있다	be married to	~와 결혼하다
be filled with	~로 가득 차다	be known to	~에게 알려져 있다
be known as	~로서 알려져 있다	be known for	~로 유명하다
be made of	~로 만들어지다 (재료의 식별이 쉬운 경우)	be made from	~로 만들어지다 (재료의 식별이 어려운 경우)
be composed of (= be made up of)	~로 구성되다	be accustomed to	~에 익숙하다
be divided into	~로 나뉘다	be related to	~와 관련이 있다
be devoted to	~에 헌신하다	be crowded with	~로 붐비다
be based on	~에 근거하다	be involved in	~에 관련되다

10 | to부정사 vs. 동명사를 목적어로 가지는 동사

구분	예	
to부정사만을 목적어로 가지는 동사	want, hope, wish, expect, plan, decide, promise, need, learn, refuse 등	
동명사만을 목적어로 가지는 동사	enjoy, finish, mind, stop, give up, keep, avoid, quit, delay, put off, practice, deny 등	
둘 다를 목적어로 가지는 동사	like, love, hate, begin, start, continue, intend 등	
둘 다를 목적어로 가지지만 의미가 달라지는 동사	remember + to부정사: ~할 것을 기억하다	remember + 동명사: ~했던 것을 기억하다
	forget + to부정사: ~할 것을 잊다	forget + 동명사: ~했던 것을 잊다
	try + to부정사: ~하려고 노력하다	try + 동명사: 시험 삼아 ~해 보다
	regret + to부정사: ~하게 되어 유감이다	regret + 동명사: ~했던 것을 후회하다

11 | 자주 쓰이는 동명사 표현

표현	뜻	표현	뜻
go -ing	~하러 가다	can't help -ing	~하지 않을 수 없다
spend + 시간[돈] + -ing	~하는 데 시간[돈]을 쓰다	be busy -ing	~하느라 바쁘다
It's no use -ing	~해 봐야 소용없다	have trouble[difficulty, a hard time] -ing	~하는 데 어려움을 겪다
be worth -ing	~할 가치가 있다	There is no -ing	~할 수 없다
How[What] about -ing?	~하는 게 어때?	keep[stop, prevent] + 목적어 + from -ing	…가 ~하는 것을 막다
feel like -ing	~하고 싶다	on -ing	~하자마자
look forward to -ing	~할 것을 고대하다	be used[accustomed] to -ing	~에 익숙하다

12 | 자주 쓰이는 동사구

표현	뜻	표현	뜻
take care of(= look after)	~을 돌보다	cut down	~을 자르다
bring up	~을 기르다	put off	~을 미루다, 연기하다
call off	~을 취소하다	hand in	~을 제출하다
turn on[off]	~을 켜다[끄다]	turn down[up]	(소리 등을) 낮추다[높이다]
speak well[ill] of	~을 칭찬하다[욕하다]	run over	(차가) ~을 치다
look up[down] to	~을 우러러보다[경멸하다]	laugh at	~을 비웃다

13 | 형용사를 부사로 만드는 법

구분	변화 형태	예
대부분의 경우	형용사 + -ly	sadly, badly, largely, slowly, kindly, really, usually beautifully, carefully, suddenly
-y로 끝나는 경우	y를 i로 바꾸고 + -ly	happy → happily, easy → easily, lucky → luckily, heavy → heavily, noisy → noisily
형용사와 부사의 형태가 같은 경우		fast(빠른, 빨리), early(이른, 일찍), hard(열심인, 열심히), long(긴, 길게), short(짧은, 짧게), low(낮은, 낮게), high(높은, 높게), late(늦은, 늦게), near(가까운, 가까이), most(대부분의, 가장), enough(충분한, 충분히)
「부사 + -ly」가 다른 뜻의 부사가 되는 경우		hard – hardly(거의 ~ 않다), short – shortly(곧), high – highly(매우), late – lately(최근에), near – nearly(거의)
예외		good(좋은) → well(잘)

14 | 비교급과 최상급 만드는 법

구분	변화 형태	예
대부분의 경우	원급 + -er/-est	small – smaller – smallest tall – taller – tallest old – older – oldest hard – harder – hardest
-e로 끝나는 경우	원급 + -r/-st	large – larger – largest nice – nicer – nicest wise – wiser – wisest
「단모음 + 단자음」으로 끝나는 경우	마지막 자음을 한 번 더 쓰고 + -er/-est	big – bigger – biggest hot – hotter – hottest fat – fatter – fattest
「자음 + y」로 끝나는 경우	y를 i로 바꾸고 + -er/-est	easy – easier – easiest happy – happier – happiest pretty – prettier – prettiest
-ful, -ous, -ive, -able, -less, -ly, -ing, -ed 등으로 끝나는 대부분의 2음절 단어와 3음절 이상의 단어인 경우	more/most + 원급	useful – more useful – most useful famous – more famous – most famous active – more active – most active potable – more potable – most potable hopeless – more hopeless – most hopeless quickly – more quickly – most quickly shocking – more shocking – most shocking excited – more excited – most excited
불규칙하게 변하는 경우	good/well – better – best many/much – more – most	bad – worse – worst little – less – least

15 |접속사

접속사		의미	예문
시간의 접속사	when	~할 때	**When** he was young, he enjoyed playing soccer.
	while	~하는 동안	He fell asleep **while** he was reading a book.
	as	~할 때, ~하는 동안	She cried **as** she was watching the movie.
	since	~한 이후로	It's been ten years **since** I saw him last time.
	until	~(때)까지	I won't start **until** my mother comes.
	after	~한 후에	**After** he had lunch, he watched a movie.
	before	~하기 전에	**Before** he has breakfast, he washes his hands.
	as soon as	~하자마자	**As soon as** I arrived, he began to cry.
	every time	~할 때마다(= whenever)	**Every time** I wash my car, it rains the next day.
	by the time	~할 때까지	It'll be almost dark **by the time** we arrive at home.
조건의 접속사	if	(만약) ~면	**If** you study harder, you'll pass the exam.
	unless	~하지 않는 한	**Unless** he comes, we can't start.
	in case	~할 경우에 (대비하여)	**In case** I forget, please remind me of it.
이유의 접속사	because	~ 때문에, ~해서	Everybody likes her **because** she is kind.
	since	~ 때문에, ~이므로	You must stay home **since** it's raining.
	as	~ 때문에, ~이므로	She can't get there fast **as** she has no car.
	now that	~이므로, ~이기 때문에	**Now that** the concert is over, they should leave.
대조의 접속사	even though	비록 ~일지라도	**Even though** he is not rich, he is happy.
	even if	~에도 불구하고, ~라 하더라도	We won't be able to catch the bus **even if** we run.
	while	~인 데 반하여	**While** he is good at math, I'm not.

마음 그리기

한 붓 한 붓 조심스레 그려 볼게.
푸르른 내 마음을!

01

문장의 형태를 지배하는 자,
그 이름

동사

감각동사, 수여동사

A 감각동사

감각동사는 시각, 청각, 후각, 미각, 촉각 등 감각 기관을 통해 대상(주어)에 대해 느낀 것을 나타내는 동사로, look, sound, smell, taste, feel이 있다.

1 감각동사 + 형용사

a The mushroom soup **smells** good[well].
　　　　　　　　　　　　　형용사 (부사 x)

b You **look** very happy[happily] today.

cf. I usually **feel** tired in the morning.

2 감각동사 + like + 명사(구)

a They **look like** a family.
　　　　　　　　　명사구

b That **sounds like** a good idea.

1 감각동사 뒤에는 주격보어(주어를 보충 설명하는 말)로 형용사가 온다.

☑ 감각동사 뒤 주격보어는 흔히 '~하게'로 해석되지만, 부사가 아닌 형용사를 쓴다.

cf. feel은 촉각뿐만 아니라 주어의 감정이나 느낌을 나타내기도 한다.

2 like(~처럼[같은])는 전치사이므로 뒤에 명사(구)가 온다.

감각동사 + 형용사
vs.
감각동사 + like + 명사(구)

- feel + 형용사: ~하게 느껴지다
- look + 형용사: ~하게 보이다
- smell + 형용사: ~한 냄새가 나다
- sound + 형용사: ~하게 들리다
- taste + 형용사: ~한 맛이 나다

- feel like + 명사(구): ~처럼 느껴지다
- look like + 명사(구): ~처럼 보이다
- smell like + 명사(구): ~같은 냄새가 나다
- sound like + 명사(구): ~처럼 들리다
- taste like + 명사(구): ~ 같은 맛이 나다

B 수여동사

수여동사는 '~에게 …을 —해 주다'라는 의미를 나타내는 동사로, 뒤에 '(누구)에게'에 해당하는 간접목적어와 '(무엇)을'에 해당하는 직접목적어가 온다. 수여동사에는 give, send, show, tell, teach, buy, make, ask 등이 있다.

1 수여동사 + 간접목적어 + 직접목적어
　　　　　　　　　　~에게　　　…을

a I **sent** him a text message.
　　　　　간접목적어　직접목적어

b Can you **tell** me funny stories?

c Ms. Park **teaches** us history.

2 수여동사 + 직접목적어 + to / for / of + 간접목적어
　　　　　　　　　　…을　　　　　　　　　　~에게

a I'll **give** my brother a birthday gift.
　　　　　　간접목적어　　　직접목적어

　→ I'll **give** a birthday gift **to** my brother.
　　　　　　직접목적어　　　　　　간접목적어

b Mom **made** us butter cookies.

　→ Mom **made** butter cookies **for** us.

c May I **ask** you a favor?

　→ May I **ask** a favor **of** you?

1 수여동사의 목적어는 간접목적어, 직접목적어 순으로 쓴다.

2 수여동사가 있는 문장에서 간접목적어와 직접목적어의 위치를 서로 바꾸는 경우, 간접목적어 앞에 전치사를 써야 한다. 이때 전치사는 동사에 따라 다르다.

a 전치사 to를 쓰는 동사: give, send, show, tell, teach, lend, write, sell, bring 등

b 전치사 for를 쓰는 동사: make, buy, cook, get 등

c 전치사 of를 쓰는 동사: ask

A 괄호 안에서 알맞은 말을 고르시오.

1 This silk scarf feels [soft / softly].

2 The sky [looks / looks like] a painting.

3 Elena lent [me her camera / her camera me].

4 I sent Korean snacks [to / for] my friend in France.

B 두 문장의 의미가 같도록 빈칸에 알맞은 말을 쓰시오.

1 The waiter brought us the menu.

= The waiter brought the menu _____.

2 Dad got me a concert ticket.

= Dad got a concert ticket _____.

3 I asked her some questions.

= I asked some questions _____.

4 She bought her son a smartwatch.

= She bought a smartwatch _____.

C 우리말과 일치하도록 괄호 안의 말을 이용하여 문장을 완성하시오.

1 이 과일은 늘 고약한 냄새가 난다. (smell, terrible)

→ This fruit always _____ _____.

2 그것은 영어처럼 들리지 않는다. (sound, English)

→ It _____ _____ _____ _____.

3 그 의사는 그들에게 조언을 해 주었다. (them, advice)

→ The doctor gave _____ _____.

4 Julie가 우리에게 스파게티를 요리해 주었다. (cook, spaghetti, us)

→ Julie _____ _____ _____ _____.

Unit 02 지각동사, 사역동사

A 지각동사

지각동사는 시각, 청각, 후각, 촉각 등 감각 기관을 통해 대상(목적어)의 상태나 행동을 인식하는 것을 나타내는 동사로, '~가 …하는 것을 보다[듣다, 느끼다]' 등으로 해석한다. 지각동사에는 see, watch, look at, hear, listen to, smell, feel, notice 등이 있다.

1 지각동사 + 목적어 + 동사원형

a Someone called my name. + I heard this.

→ I **heard** *someone* **call** my name.
　　　　　　목적어　　동사원형

b He sang a song. + I listened to this.

→ I **listened to** *him* **sing** a song.

2 지각동사 + 목적어 + 현재분사

a She was walking on the street. + I saw this.

→ I **saw** *her* **walking** on the street.
　　　　목적어　　현재분사

b Suho's heart was beating fast. + He felt this.

→ Suho **felt** *his heart* **beating** fast.

1 지각동사 뒤에 목적어가 온 후 목적어의 상태나 행동을 나타내는 목적격보어가 온다. 지각동사는 목적격보어로 동사원형을 쓴다.

2 동작이 진행 중인 상태를 강조할 때는 지각동사의 목적격보어로 현재분사를 쓸 수 있다. (현재분사: 동사의 -ing형)

감각동사 vs. 지각동사

feel과 smell은 감각동사이면서 지각동사이다. 감각동사일 경우에는 「감각동사 + 형용사(주격보어)」 형태로 쓰고, 지각동사일 경우에는 「지각동사 + 목적어 + 동사원형/현재분사(목적격보어)」 형태로 쓴다.

· I **felt** bored.
　　　　주격보어 (형용사)

· I **felt** *a hand* touch[touching] my shoulder.
　　　　　　　　목적격보어 (동사원형/현재분사)

B 사역동사

사역동사는 주어가 목적어에게 어떤 일을 하도록 시키는 것을 나타내는 동사로, make, have, let이 대표적이다.

사역동사 + 목적어 + 동사원형

a The sad story **made** *him* **cry**.
　　　　　　　　목적어　동사원형

b Our teacher **had** *us* **discuss** the topic.

cf. She **helped** *him* **(to) prepare** dinner.

My parents **gets** *me* **to eat** vegetables.

사역동사 뒤에 목적어와 목적격보어가 차례로 오며, 목적격보어로 동사원형이 쓰인다.

cf. 사역동사처럼 쓰이는 동사로 help와 get이 있다.

· 「help + 목적어 + 동사원형/to부정사」
  ~가 …하는 것을 돕다

· 「get + 목적어 + to부정사」
  ~가 …하게 하다[시키다]

목적격보어를 가지는 동사

목적격보어란 목적어의 성질, 상태, 행동 등을 보충 설명하는 말로, 동사에 따라 동사원형, 명사, 형용사, to부정사 등이 목적격보어로 쓰인다.

· call, make, name, choose 등 + 목적어 + 명사
  We **call** *the dog* **Dogi**.
· make, keep, find, think 등 + 목적어 + 형용사
  My parents always **keep** *me* **safe** from danger.
· want, ask, tell, expect, allow, order, advise 등 + 목적어 + to부정사
  She **wants** *me* **to help** them.

A 괄호 안에서 알맞은 말을 <u>모두</u> 고르시오.

1 The police officer let us [cross / crossing / to cross] the street.

2 We heard someone [knock / knocking / to knock] at the door.

3 Olivia helped me [do / doing / to do] my homework.

4 She is watching the students [solve / solving / to solve] the problems.

B 어법상 <u>틀린</u> 부분을 찾아 바르게 고치시오.

1 They watched BTS to perform on TV.

2 She made her children brushing their teeth.

3 I saw Tommy goes into the classroom.

4 She got her son get up early in the morning.

C 우리말과 일치하도록 괄호 안의 말을 이용하여 문장을 완성하시오.

1 나는 그녀가 너에 대해서 말하는 것을 들었다. (hear, talk)

→ I _____ about you.

2 그녀는 그가 거실을 청소하게 할 것이다. (have, clean)

→ She will _____ the living room.

3 선생님은 우리가 일찍 떠나게 하셨다. (get, leave)

→ The teacher _____ early.

4 너는 누군가 우리에게 다가오는 것을 느꼈니? (feel, come, someone)

→ Did you _____ close to us?

Writing Practice

Answers p.2

A   우리말과 일치하도록 괄호 안의 말을 바르게 배열하시오. (필요하면 형태를 바꿀 것)

01 그 영화는 무척 흥미롭게 들린다. (very, sounds, interesting)

→ The movie _____ .

02 우리 부모님은 내가 밤에 외출하도록 허락하지 않으신다. (me, go out, let)

→ My parents don't _____ at night.

03 이 집은 우주선처럼 보인다. (like, a spaceship, looks)

→ This house _____ .

04 나에게 물을 가져다 줄 수 있니? (for, some water, me, get)

→ Can you _____ ?

05 너는 밖에서 개가 짖는 것을 들었니? (the dog, hear, bark)

→ Did you _____ outside?

06 David는 요즘 기분이 좋다. (feel, great)

→ David _____ these days.

07 아빠가 엄마에게 로봇 청소기를 사 주셨다. (Mom, buy, a robot cleaner)

→ Dad _____ .

08 나는 토스터에서 빵이 타는 냄새를 맡았다. (smell, burn, the bread)

→ I _____ in the toaster.

09 엄마는 내가 6시까지 숙제하게 하셨다. (get, do, my homework, me)

→ Mom _____ by 6 o'clock.

10 그녀는 자신의 아이들이 모래성을 쌓는 것을 보았다. (her children, build, watch)

→ She _____ sandcastles.

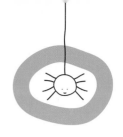

B 우리말과 일치하도록 괄호 안의 말을 이용하여 문장을 완성하시오.

01 **a** 그 요리는 맛있는 냄새가 난다. (smell)

→ The dish _____ nice.

b 그 마카롱은 달콤한 맛이 난다. (taste, sweet)

→ The macaron _____ .

02 **a** Billy는 Jade에게 자신의 사진을 보낼 것이다. (send)

→ Billy will _____ his picture.

b 나는 나의 친구들에게 그 소식을 말할 것이다. (tell, the news)

→ I will _____ .

03 **a** 그녀는 내가 손을 씻게 했다. (wash)

→ She made _____ my hands.

b Scott은 내가 그의 휴대전화를 사용하게 허락했다. (let, use)

→ Scott _____ his cell phone.

04 **a** 나의 사촌은 배우처럼 보인다. (look)

→ My cousin _____ an actor.

b 이곳은 내 집처럼 느껴진다. (place, feel, my home)

→ _____

05 **a** 우리는 그녀가 꽃을 심는 것을 보았다. (see, plant)

→ We _____ some flowers.

b 나는 그가 첼로를 연주하는 것을 들었다. (listen to, play the cello)

→ _____

Actual Test

Answers p.2

01

빈칸에 공통으로 들어갈 말로 알맞은 것은?

> • I made a necklace _____ you.
> • Dad bought a bike _____ me.

① of   ② to   ③ for
④ from   ⑤ with

[02~03] 빈칸에 들어갈 말로 알맞지 <u>않은</u> 것을 고르시오.

02

> The food smells _____.

① delicious   ② great   ③ sweet
④ well   ⑤ bad

03

> Mom _____ me go grocery shopping with my sister.

① let   ② had   ③ got
④ saw   ⑤ made

04

밑줄 친 부분이 어법상 틀린 것은? (바르게 고칠 것)

① May I ask a favor <u>to</u> you?
② They look <u>like</u> celebrities.
③ I often feel <u>sleepy</u> after lunch.
④ You look <u>nice</u> in your new clothes.
⑤ He will send a gifticon <u>to</u> his mom.

05 서술형

우리말과 일치하도록 빈칸에 알맞은 말을 쓰시오.

> Jenny는 그녀의 선생님께 편지를 썼다.

→ Jenny _____ _____ _____
_____ her teacher.

06

다음 문장과 바꿔 쓸 수 있는 문장은?

> I watched him wave at me.

① I saw he waving at me.
② I saw him waved at me.
③ I watched he wave at me.
④ I watched him waved at me.
⑤ I watched him waving at me.

07

빈칸에 들어갈 말이 나머지 넷과 <u>다른</u> 것은?

① Please bring it _____ me next time.
② I will show some pictures _____ you.
③ Will you give roses _____ your mom?
④ He sent an email _____ his old friend.
⑤ She got some books _____ her children

08

대화의 밑줄 친 부분 중 어법상 틀린 것은? (바르게 고칠 것)

> A: You look very ①<u>happy</u> today. What's up?
> B: My dad ②<u>bought</u> me a concert ticket as a birthday gift.
> A: Great! ③<u>When is the concert?</u>
> B: Next week. I can already ④<u>feel</u> my heart ⑤<u>beats</u> fast.

09

빈칸에 들어갈 말로 알맞은 것은?

> Our teacher wanted us _____ about our dreams.

① talk   ② talks   ③ talked
④ to talk   ⑤ talking

[10~11] 우리말을 영어로 바르게 옮긴 것을 고르시오.

10

> 나는 너에게 비밀을 하나 말해 줄 수 있어.

① I can tell you a secret.
② I can tell you to a secret.
③ I can tell you for a secret.
④ I can tell a secret of you.
⑤ I can tell a secret for you.

11

> 아빠는 내가 나의 방을 청소하게 하셨다.

① Dad told me cleaning my room.
② Dad helped me cleaning my room.
③ Dad helped me to clean my room.
④ Dad made me clean my room.
⑤ Dad made me to clean my room.

12

밑줄 친 부분이 어법상 옳은 것은? (틀린 것들을 바르게 고칠 것)

① It <u>tastes like</u> great.
② I <u>feel like</u> a new person.
③ You can call me <u>to James</u>.
④ Please bring the pen <u>of me</u>.
⑤ Who gave my phone number <u>you</u>?

13

대화의 빈칸에 들어갈 말이 순서대로 짝지어진 것은?

> A: Chris, how did you like the movie?
> B: It was so funny. The story made me _____ a lot.
> A: Yeah, me too. By the way, why don't we eat something? I'm hungry.
> B: That _____ a good idea. I know a great restaurant nearby.

① laugh – sounds
② laugh – sounds like
③ laughing – sounds
④ laughing – sounded
⑤ laughed – sounds like

14 서술형

다음 문장을 괄호 안의 말을 넣어 다시 쓰시오.

> Ms. Kim teaches us English. (to)

→ _____

15

밑줄 친 부분의 쓰임이 나머지 넷과 다른 것은?

① My teacher <u>had</u> us rewrite our papers.
② The manager <u>had</u> her clean the table.
③ I <u>had</u> my brother use my phone.
④ He <u>had</u> a cold two weeks ago.
⑤ Mom <u>had</u> me wash the dishes.

16

빈칸에 들어갈 말로 알맞은 것을 모두 고르면?

> My parents _____ me to do my best in everything.

a. ask	**b.** find	**c.** make
d. tell	**e.** help	**f.** think
g. get	**h.** choose	**i.** expect

① a, b, c, e
② a, d, e, i
③ a, d, e, g, i
④ b, c, f, g, h
⑤ d, f, g, h, i

17 서술형

그림을 보고, 주어진 말을 바르게 배열하시오.

> a girl, a boy, helping, is, stand up, to

→ _____

18

밑줄 친 부분 중 어법상 틀린 것은? (바르게 고칠 것)

> Mike ① saw Jane ② walked ③ on the street ④ an hour ⑤ ago.

19 서술형

다음 글을 읽고, 괄호 안의 말을 이용하여 (A), (B)에 들어갈 말을 쓰시오.

> Last Sunday, I went camping in the woods with my family. At night, I (A) _____ (see, something, stand) outside the tent. I thought it was a bear. I got so nervous. Then I (B) _____ (notice, it, come) inside the tent. Whew! It was Dad, not a bear.

(A) _____

(B) _____

20

다음 중 어법상 틀린 문장은? (바르게 고칠 것)

① She made me wait outside.
② Mom got me to eat breakfast.
③ Did you feel the house shook?
④ She had her son cook for dinner.
⑤ Can you help me finish the report?

21 서술형

다음 글에서 어법상 틀린 부분을 모두 찾아 바르게 고치시오.

> Yesterday was Mom's birthday. Dad made a chocolate cake to her. I helped him making it. It smelled sweet and tasted delicious. My brother gave Mom some beautiful flowers. I saw her smiled at them. We had so much fun together.

22

영어를 우리말로 잘못 옮긴 것은?

① I saw her dance.

→ 나는 그녀가 춤추는 것을 보았다.

② He wrote a card to me.

→ 그는 나에게 카드를 썼다.

③ We listened to her sing a song.

→ 우리는 그녀가 노래하는 것을 들었다.

④ My friends called me Jack.

→ 내 친구들은 나에게 Jack에게 전화하라고 했다.

⑤ Did you cook pasta for him?

→ 너는 그에게 파스타를 요리해줬니?

23

대화의 빈칸에 들어갈 말로 알맞은 것은?

> A: Matt, can you lend your notebook
> _____ me?
>
> B: _____, here it is.

① for – Yes

② for – No

③ of – Sure

④ to – No

⑤ to – Sure

24

우리말을 영어로 옮길 때 필요하지 않은 말은?

> 그는 그의 아들을 Luke라고 이름 지었다.

① he ② his

③ for ④ son

⑤ named

25 서술형

우리말과 일치하도록 괄호 안의 말을 바르게 배열하시오.

> 사장은 우리에게 프로젝트를 끝내라고 지시하였다.
> (finish, ordered, us, the boss, to, the project)

→ _____

26 서술형

대화에서 어법상 틀린 부분을 찾아 바르게 고치시오.

> A: Suho's birthday is next week. Let's buy
> him something.
>
> B: That sounds wonderfully!

_____ → _____

27

빈칸에 현재분사를 쓸 수 없는 것은?

① Will you let me _____ that?

② Did you hear a baby _____?

③ You listened to them _____.

④ He felt something _____ him.

⑤ She watched many people _____.

28 서술형

다음 두 문장을 한 문장으로 바꿔 쓸 때, 빈칸에 알맞은 말을 쓰시오.

> Someone called my name. I heard this.

→ I _____.

Recall My Memory

Answers
p.3

다음 문장이 어법상 맞으면 ○표 하고, 틀리면 바르게 고치시오.

01 This fried chicken looks deliciously.
➋ p. 18

02 My sister didn't lend me her jacket.
➋ p. 18

03 Mr. Smith made the students to take notes in class.
➋ p. 20

04 We watched some boys play basketball in the gym.
➋ p. 20

05 She got her son wash his hands before eating.
➋ p. 20

06 Our new English teacher looks friendly.
➋ p. 18

07 Grandma made chocolate chip cookies to us.
➋ p. 18

08 The roses in the vase smell sweetly.
➋ p. 18

09 The students saw their teacher coming into the classroom.
➋ p. 20

10 The farmer has his son to feed the animals.
➋ p. 20

11 Jake heard someone to call his name on the street.
➋ p. 20

12 Look at the tall and handsome guy. He looks a movie star.
➋ p. 18

13 Judy sent a Christmas card me last year.
➋ p. 18

14 Steve helped me to find my cell phone.
➋ p. 20

15 Her parents won't let her going there alone.
➋ p. 20

사람은 주제를 파악하고,

영어는 **시제**를 파악하라!

Unit 01 단순시제

시제는 동사의 형태를 통해 어떤 일이 일어나는 시점을 나타내는 것을 말한다. 시제에는 기본적으로 현재, 과거, 미래를 나타내는 단순시제가 있다.

A 현재시제

동사의 현재형으로 표현한다.

I play the guitar every day.

today

a Tom **plays** the guitar in a band.
   The band **is** popular in my school.
b The market **opens** every Sunday.
   I often **go** there with my parents.

c There **are** 60 minutes in an hour.
   Water **boils** at 100°C.

a 현재의 사실이나 상태를 나타낸다.

b 반복되는 일 또는 습관을 나타낸다.
☑ every ~, always, usually, often, sometimes, never 등 일이 반복되는 정도를 나타내는 부사(구)와 자주 쓰인다.
c 일반적인 사실이나 불변의 진리를 나타낸다.

B 과거시제

동사의 과거형으로 표현한다.

I played the guitar yesterday.

yesterday   today

a My family **moved** to Seoul last year.
   It **was not** very hot yesterday.
b The Korean War **ended** in 1953.
   Uruguay **won** the first World Cup in 1930.

a 과거의 사실이나 상태를 나타낸다.
☑ yesterday, last ~, ~ ago, 「in + 연도」 등 과거를 나타내는 부사(구)와 자주 쓰인다.
b 역사적 사실을 나타낸다.

C 미래시제

「will + 동사원형」 또는 「be going to + 동사원형」으로 표현한다.

I will play the guitar tomorrow.

today   tomorrow

1 will + 동사원형
a It **will be** sunny this afternoon.
b I **will not bring** an umbrella with me.

2 be going to + 동사원형
a Everything **is going to be** alright.
   = will be
b We **are not going to go** fishing tomorrow.
   = will not go = won't go

1 조동사 will은 미래에 대한 예측('~일[할] 것이다')이나 주어의 의지('~하겠다')를 나타낸다.
☑ tomorrow, next ~, soon 등 미래를 나타내는 부사(구)와 자주 쓰인다.

2 미래에 대한 예측(~일[할] 것이다')이나 가까운 미래의 계획('~할 예정이다')을 나타낸다.

미래를 나타내는 현재시제

1. 공식적인 시간표, 확정된 일정 및 계획은 현재시제로 표현할 수 있다.
   · The next train **arrives** at 6:30 in the evening.   · What time **do** you **start** working?
2. when, if 등 시간과 조건을 나타내는 접속사가 이끄는 절에서는 미래시제 대신 현재시제가 쓰인다.
   · I will be happy *when* the exam **is**[~~will be~~] over.   · *If* it **rains**[~~will rain~~] today, we will stay home.

Answers p.3

A 괄호 안에서 알맞은 것을 고르시오.

1 It [rained / is going to rain] tomorrow morning.

2 Jim usually [plays / will play] soccer after school.

3 The baseball season [ends / ended] a month ago.

4 If we [go / will go] hiking this Saturday, it'll be perfect.

5 Yun [wins / won] a gold medal at the PyeongChang Olympics in 2018.

B 괄호 안의 말을 빈칸에 알맞은 형태로 쓰시오.

1 Mr. White always _____ before jogging. (stretch)

2 Jiho _____ a high school student next year. (be)

3 I'm going _____ my grandmother this weekend. (visit)

4 My family _____ on a trip to Jeju Island last summer. (go)

5 I will order fried chicken when Hailey _____ home. (come)

C 우리말과 일치하도록 괄호 안의 말을 이용하여 문장을 완성하시오.

1 Amy는 매일 아침 7시에 일어난다. (get up)

→ Amy _____ _____ at 7 every morning.

2 제2차 세계대전은 1939년에 일어났다. (break out)

→ World War II _____ _____ in 1939.

3 나는 내일 Vincent를 만날 것이다. (meet)

→ I _____ _____ Vincent tomorrow.

4 그들은 다음 달에 결혼할 계획이다. (get married)

→ They're _____ _____ _____ _____ next month.

Unit 02 진행시제

현재, 과거, 미래의 특정 시점에서 어떤 일이 계속되고 있는 것을 나타내며, 「be동사 + 현재분사(동사의 -ing형)」로 표현한다.

A 현재진행시제 과거진행시제 미래진행시제

1 현재진행시제

a I **am watching** the TV show.

b I'**m not doing** my homework right now.

1 「be동사 현재형(am/are/is) + 현재분사」: '~하고 있다', '~하는 중이다'라는 뜻으로, 현재 시점에서 진행 중인 일을 나타낸다.

2 과거진행시제

a They **were talking** on the street then.

b What **were** you **doing** when I called you?

2 「be동사 과거형(was/were) + 현재분사」: '~하고 있었다', '~하는 중이었다'라는 뜻으로, 과거의 한 시점에서 진행 중이던 일을 나타낸다.

3 미래진행시제

a I **will be working** out at 10 a.m. tomorrow.

b This time next month, I **will be traveling**.

3 「will be + 현재분사」: '~하고 있을 것이다', '~하는 중일 것이다'라는 뜻으로, 미래의 한 시점에서 진행 중일 일을 나타낸다.

현재진행시제

과거진행시제

미래진행시제

미래를 나타내는 현재진행시제

현재진행시제로 이미 계획된 가까운 미래의 일을 나타낼 수 있다.

A: What **are** you **doing** this Saturday? (= What are you going to do this Saturday?)

B: I'**m visiting** my grandparents. (= I am going to visit my grandparents.)

B 진행형으로 쓰지 않는 동사

소유, 지각, 인지, 감정 등 동작이 아닌 상태를 나타내는 동사는 원칙상 진행형으로 쓸 수 없다.

a The actor **has**[is having] a house in Hollywood.

cf. The actor **is having** lunch in a restaurant.

a 소유를 나타내는 동사: have, own, belong to 등

cf. 동사 have가 소유 상태('가지고 있다')가 아닌 동작('먹다')을 의미할 때는 진행형으로 쓸 수 있다.

b The spaghetti **tastes**[is tasting] really good.

b 지각을 나타내는 동사: see, smell, hear 등

c **Do** you **believe**[Are you believing] in Santa Claus?

c 인지를 나타내는 동사: know, believe, understand, remember, forget 등

d Sophia **doesn't like**[isn't liking] long drives.

d 감정을 나타내는 동사: like, love, hate, want 등

A 괄호 안에서 알맞은 것을 고르시오.

1 Elizabeth [knows / is knowing] my phone number.

2 We [have / were having] dinner when he came home.

3 I [am visiting / was visiting] my cousins this weekend.

4 The students [are studying / were studying] for the test now.

5 I [do / will be doing] my homework at about 3 p.m. tomorrow.

B 밑줄 친 부분을 어법상 바르게 고치시오.

1 This tablet PC is belonging to Monica.

2 I am wanting to watch a horror movie.

3 This milk is smelling sour. Don't drink it.

4 Is the children eating pizza together now?

5 John is sleeping when I knocked on his door.

C 우리말과 일치하도록 괄호 안의 말을 이용하여 문장을 완성하시오.

1 너는 스마트폰을 가지고 있니? (own)

→ _____ _____ _____ a smartphone?

2 형과 나는 온라인 게임을 하고 있었다. (play online games)

→ My brother and I _____ _____ _____ _____.

3 Mike는 한강을 따라 자전거를 타고 있다. (ride one's bicycle)

→ Mike _____ _____ _____ _____ along the Han river.

4 오늘 밤 9시쯤, 그들은 영화를 보고 있을 것이다. (watch a movie)

→ At about 9 tonight, they _____ _____ _____ _____ _____.

Unit 03 현재완료시제

현재완료는 과거에 일어난 일이 현재까지 계속되거나 영향을 미치는 것을 나타내며, 「have/has + 과거분사(동사의 -ed형)」로 표현한다.

A 과거시제 vs. 현재완료시제

1 과거시제

They **lived** in Busan three years ago.

2 현재완료시제

They **have lived** in Busan for three years.
(They began to live in Busan three years ago. They still live there.)

I played the guitar last year.

last year | now

과거시제

I have played the guitar since last year.

last year | now

현재완료시제

1 동사의 과거형을 사용하여 현재와 무관한 과거의 사실을 말할 때 사용한다.

2 과거에 일어난 일이지만 현재와 관련이 있어 현재 상황에 초점을 두고 말할 때 사용한다.

☑ 현재완료시제는 과거시제와 달리 특정한 과거 시점을 나타내는 부사(구)(yesterday, last ~, ~ ago, 「in + 연도」, when ~ 등)와 함께 쓸 수 없다.

cf. They have lived in Busan three years ago. (×)

B 현재완료의 주요 의미

a I **have seen** a UFO before.

b Alex **has** just **arrived** at the airport.

c We **have studied** together since first grade.
(We still study together.)

d Sheldon **has gone** to France. (He isn't here now.)
cf. Sheldon **has been** to France.

a 경험: (과거부터 지금까지) ~한 적이 있다

☑ ever, never, once, before 등의 부사와 자주 쓰인다.

b 완료: (과거에 시작한 일을 지금은) 완료했다

☑ already, just, yet, recently 등의 부사와 자주 쓰인다.

c 계속: (과거부터 지금까지) 계속 ~해 왔다

☑ 「since + 특정 시점」, 「for + 기간」과 자주 쓰인다.

d 결과: (과거에) ~했다 (그 결과 지금 …하다)

cf. has gone to: ~에 가서 지금 이곳에 없다
has been to: ~에 간 적이 있다(경험)

C 현재완료의 부정문과 의문문

1 현재완료 부정문

a We **have not seen** the movie yet.
= haven't seen

b She **has never heard** from him since then.

2 현재완료 의문문

A: **Have** we **met** before?
B: Yes, we **have**. / No, we **haven't**.

1 「주어 + have/has + not[never] + 과거분사 ~.」: have not은 haven't로, has not은 hasn't로 줄여 쓸 수 있다.

2 「Have/Has + 주어 + 과거분사 ~?」: 현재완료 의문문에 대한 긍정의 응답은 「Yes, 주어 + have/has.」, 부정의 응답은 「No, 주어 + have/has not.」으로 할 수 있다.

Exercise

Answers p.4

A 괄호 안에서 알맞은 것을 고르시오.

1 Have you ever [gone / been] to France?

2 I have known Timmy [for / since] five years.

3 Daniel [broke / has broken] the window yesterday.

4 We [visited / have visited] my aunt in Jeonju last summer vacation.

5 The house [didn't change / hasn't changed] much since my childhood.

B 밑줄 친 부분을 어법상 바르게 고치시오.

1 When <u>have you bought</u> the electric guitar?

2 Mia and Sebastian <u>lived</u> in L.A. since 2016.

3 Emma <u>has been to</u> England. I miss her very much.

4 I <u>have met</u> Steve for the first time three years ago.

5 James <u>never has watched</u> a superhero movie.

C 우리말과 일치하도록 괄호 안의 말을 이용하여 문장을 완성하시오.

1 엄마는 일주일 동안 계속 감기를 앓고 계신다. (have)

→ Mom _____ _____ a cold for a week.

2 너는 전에 케밥을 먹어본 적이 있니? (eat)

→ _____ you _____ *kebabs* before?

3 나는 아직 숙제를 끝내지 못했다. (finish, not)

→ I _____ _____ _____ my homework yet.

4 너희는 언제 놀이공원에 갔었니? (go)

→ When _____ _____ _____ to the amusement park?

Writing Practice

Answers p.4

A 우리말과 일치하도록 괄호 안의 말을 바르게 배열하시오. (필요하면 형태를 바꿀 것)

01 그 박물관은 월요일마다 문을 닫는다. (on Mondays, closes)

→ The museum _____.

02 내일은 날씨가 맑을 것이다. (going, be, fine, is, to)

→ It _____ tomorrow.

03 Dennis는 그 영화를 여러 번 봤다. (watched, the movie, has)

→ Dennis _____ several times.

04 몇몇 학생들이 무대 위에서 춤을 추고 있었다. (dancing, on the stage, were)

→ Some students _____.

05 Mark는 한국에 얼마나 오래 살았니? (lived, Mark, in Korea, has)

→ How long _____?

06 그들은 지금 잃어버린 개를 찾고 있다. (look for, the missing dog)

→ They _____ now.

07 우리는 오늘 오후에 구내 식당에서 점심을 먹고 있을 것이다. (will, lunch, have)

→ We _____ at the cafeteria this afternoon.

08 나는 그 배우를 TV에서 본 적이 없다. (see, the actor, not)

→ I _____ on TV.

09 너는 언제 스페인어를 배웠니? (you, when, learn)

→ _____ Spanish?

10 우리는 화요일부터 계속 이 호텔에 머물러 왔다. (stay, at this hotel)

→ We _____ since Tuesday.

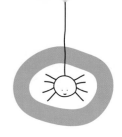

B 우리말과 일치하도록 괄호 안의 말을 이용하여 문장을 완성하시오.

01 a 나는 이번 주말에 집에 있을 것이다. (be going to)

→ I _____ stay home this weekend.

b 나는 이번 여름 방학에 할머니와 할아버지를 방문할 것이다. (visit)

→ _____ my grandparents this summer
vacation.

02 a John은 그때 냉면을 먹고 있었다. (eat)

→ John _____ *naengmyeon* then.

b Eric은 그때 그의 블로그를 업데이트하고 있었다. (update, blog)

→ _____ at that time.

03 a 나는 오늘 밤 자기 전에 일기를 쓰고 있을 것이다. (will, write)

→ I _____ a diary before bed tonight.

b 나는 내일 점심을 먹은 후에 산책하고 있을 것이다. (will, take a walk)

→ _____ after lunch tomorrow.

04 a 그들은 이미 식사를 마쳤다. (finish)

→ They _____ already _____ their meal.

b 그들은 막 숙제를 마쳤다. (just, one's homework)

→ _____

05 a Ariana는 중국에 가 본 적이 없다. (be)

→ Ariana _____ not _____ to China.

b Selena는 중국어를 공부한 적이 전혀 없다. (never, study, Chinese)

→ _____

Actual Test

Answers p.4

[01~04] 빈칸에 들어갈 말로 알맞은 것을 고르시오.

01

> A: How do you like your new school?
> B: I didn't like it at first, but I _____ it now.

① like
② likes
③ liked
④ am liking
⑤ will like

02

> A: What did you do last weekend?
> B: I _____ for a walk with my dog.

① go
② went
③ will go
④ am going
⑤ am going to go

03

> Mom _____ when I got home.

① cook
② cooks
③ is cooking
④ was cooking
⑤ will be cooking

04

> A: Is your brother doing his homework?
> B: _____ He's sleeping now.

① Yes, he is.
② No, he isn't.
③ Yes, he does.
④ No, he doesn't.
⑤ No, he wasn't.

05

다음 중 어법상 <u>틀린</u> 문장은? (바르게 고칠 것)

① I will see my friend this Friday.
② I was talking to my teacher then.
③ We are going shopping tomorrow.
④ He often takes a walk after lunch.
⑤ She is lying on the beach at that time.

06 서술형

그림을 보고, 괄호 안의 말을 이용하여 질문에 답하시오.

> A: What are Jane and her dad doing?
> B: _____
> (play badminton)

07

다음 중 짝지어진 대화가 <u>어색한</u> 것은?

① A: Does he go to bed early?
  B: No. He always goes to bed late.
② A: Will you go to the movies?
  B: No. I will go to the library.
③ A: When did the Korean War end?
  B: It ended in 1953.
④ A: What is he doing now?
  B: He's going to cook dinner for us.
⑤ A: What time does the next train arrive?
  B: It arrives at noon.

08

Harry will meet Emma _____.

① soon   ② tomorrow
③ this evening   ④ next weekend
⑤ two days ago

09

Sam is _____ a bike now.

① buying   ② fixing
③ wanting   ④ watching
⑤ carrying

10

우리말을 영어로 바르게 옮긴 것을 모두 고르면?

그들은 다음 주에 이사 갈 것이다.

① They moved next week.
② They are moving next week.
③ They will move next week.
④ They were moving next week.
⑤ They are going to move next week.

11

밑줄 친 부분의 쓰임이 나머지 넷과 다른 것은?

① I am going to help you with that.
② We are going to the bakery now.
③ Sumi is going to visit Jeju Island.
④ They are going to drink some tea.
⑤ He is going to leave early tomorrow.

12 서술형

대화에서 어법상 틀린 부분을 찾아 바르게 고치시오.

A: What will you do tomorrow?
B: If it will rain tomorrow, I will play board games with my brother.

_____ → _____

[13~14] 다음 Tony의 일정표를 보고 질문에 답하시오.

When	Activity
yesterday morning	swim in the pool
tomorrow afternoon	take a violin lesson

13 서술형

What did Tony do yesterday morning?

→ _____

14 서술형

What will Tony be doing tomorrow afternoon?

→ _____

15 서술형

다음 글에서 어법상 틀린 부분을 세 곳 찾아 바르게 고치시오.

Mina is bored now. She is looking out the window. Two children are play with a ball outside. She is loving children. She will is a teacher in the future.

(1) _____ → _____
(2) _____ → _____
(3) _____ → _____

16 서술형

그림을 보고, 괄호 안의 말을 이용하여 대화를 완성하시오.

A: What (1) _____ (be) you doing
at 7 o'clock yesterday evening?
B: I (2) _____ (wash) the dishes.

17 서술형

우리말과 일치하도록 괄호 안의 말을 이용하여 문장을 완성하시오.

내일 오전 9시에 나는 샤워를 하고 있을 것이다.
(take a shower)

→ At 9 a.m. tomorrow, I _____ _____

_____ _____ _____ .

18

어법상 옳은 문장끼리 바르게 짝지어진 것은? (틀린 것들을 바르게 고칠 것)

a. It is snowing heavily today.
b. I am understanding you.
c. The sun rises in the east.
d. The movie begins at 3:30.
e. She will be sad if you won't come.

① a, b
② b, c
③ c, e
④ a, c, d
⑤ b, c, e

19

(A), (B), (C)의 각 네모 안에 알맞은 말이 순서대로 짝지어진 것은?

I (A) play / am playing soccer every Saturday,
but I (B) break / broke my leg last week.
I (C) didn't / won't play in the soccer match
next Saturday.

① play – break – didn't
② play – broke – didn't
③ play – broke – won't
④ am playing – break – didn't
⑤ am playing – broke – won't

20

다음 중 어법상 틀린 문장을 모두 고르면? (바르게 고칠 것)

① I've read *The Great Gatsby* twice.
② Oliver never has heard the news.
③ Have you been to Russia before?
④ I have written a diary for a long time.
⑤ They knew each other since childhood.

21

우리말을 영어로 바르게 옮긴 것은?

그는 일본에 가 본 적이 여러 번 있다.

① He is in Japan several times.
② He goes to Japan several times.
③ He has been to Japan several times.
④ He has gone to Japan several times.
⑤ He was going to Japan several times.

22

밑줄 친 부분의 쓰임이 보기와 같은 것은?

> 보기　　　I have just downloaded the app.

① I have met her before.
② He has worked all day.
③ He hasn't finished the report yet.
④ Have you ever eaten snails?
⑤ Someone has broken the window.

23

빈칸에 들어갈 말이 순서대로 짝지어진 것은?

- We haven't seen each other _____ two weeks.
- She hasn't eaten anything _____ yesterday.

① in – at
② in – since
③ for – at
④ for – since
⑤ since – for

[24~25] 현재완료시제를 이용하여 다음 두 문장을 한 문장으로 바꿔 쓰시오.

24　서술형

> They began to live in Germany in 2010. They still live there.

→ _____

25　서술형

> Ellie went to Singapore. So, she is not here now.

→ _____

26　서술형

다음 중 어법상 틀린 부분을 모두 찾아 바르게 고치시오.

> a. I have visited Spain once.
> b. How long have you lived here?
> c. I have been to China two years ago.
> d. She has already finished her work.
> e. Henry have been very tired recently.
> f. They have loved the singer for years.
> g. We have studied for the test yesterday.

27　서술형

다음 문장을 괄호 안의 지시대로 바꿔 쓰시오.

(1) He has finished his homework. (의문문으로)

→ _____

(2) I have watched the movie. (부정문으로)

→ _____

28　서술형

Mr. Park에 관한 다음 표를 보고 질문에 답하시오.

7 years ago	moved to Seoul
last year	started teaching math
now	still lives in Seoul and teaches math

A: How long has Mr. Park lived in Seoul?

B: He (1) _____.

A: When did he start teaching math?

B: He (2) _____.

Recall My Memory

Answers
p.5

다음 문장이 어법상 맞으면 ○표 하고, 틀리면 바르게 고치시오.

01 This Mexican food is smelling delicious. ➲ p. 32

02 When have you visited your grandparents? ➲ p. 34

03 He made a paper airplane for his son. ➲ p. 18

04 This morning, I heard a bird to sing in the tree. ➲ p. 20

05 His voice sounded strangely on the phone. ➲ p. 18

06 Did you have watched *Harry Potter* movies before? ➲ p. 34

07 I have my dogs walking next to me. ➲ p. 20

08 This building looks like a spaceship. ➲ p. 18

09 Mom got me wash the dishes after dinner. ➲ p. 20

10 Oscar usually gets up at 7 o'clock in the morning. ➲ p. 30

11 My homeroom teacher didn't let me to go home early. ➲ p. 20

12 Reading an English newspaper helps you learn English. ➲ p. 20

13 My parents gave some pocket money me. ➲ p. 18

14 They never have traveled by plane. ➲ p. 34

15 I felt someone touching my shoulder. ➲ p. 24

Chapter

03

동사에 맛을 더하는
양념 같은 존재,

조동사

Unit 01 can, may

조동사는 동사에 능력, 추측, 허락, 요청, 의무, 충고 등의 의미를 더해 주는 말이다. 일반동사나 be동사와 달리 주어의 수나 인칭에 따라 형태가 바뀌지 않으며, 뒤에 동사원형을 쓴다. 조동사 의문문에 대답할 때는 조동사만을 쓸 수도 있다.

A can

1 능력

a The robot **can[is able to]** run fast.

b The robot **cannot[is not able to]** run fast.

c The robot **could[was able to]** run fast at first.

d The robot **will be able to**[will can] run fast.

2 가능성·추측

a The weather forecast **can** be wrong.

b The rumors **can't** be true.

3 허락

a You **can** leave a message with me.

b A: **Can[Could]** I take a picture here?

B: No, you **can't** (take a picture here).

4 요청

Can[Could] you do me a favor?
= Will[Would]

---

1 '~할 수 있다'

a = be able to

☑ be able to의 be는 주어의 수·인칭, 시제에 따라 형태가 바뀐다.

b cannot[can't]: '~할 수 없다' (= be not able to)

c 과거형 could (= was/were able to)

d 미래형 will be able to

☑ 조동사는 will can처럼 두 개를 연달아 쓸 수 없으므로, can 대신 be able to 를 쓴다.

2 '~일 수 있다'

b cannot[can't]: '~일 리가 없다' (강한 부정적 추측)

3 '~해도 된다'

b 「Can[Could] I ~?」 '~해도 될까요?' cannot[can't]: '~하면 안 된다' (금지·불허)

4 「Can[Could] you ~?」 '~해 주시겠어요?'

☑ 허락을 구하거나 요청할 때 can보다 could가 더 정중한 표현이다.

cf. 조동사 will[would]은 can[could]과 같이 요청의 의미를 나타낼 수 있다.

B may

1 허락

a You **may** borrow my textbook.

b A: **May** I go out and play now?

B: Yes, you **may.** / No, you **may not.**

2 불확실한 추측

a He **may[might]** be driving now.

b I **may[might] not** be busy next week.

---

1 '~해도 된다' (= can)

☑ can보다 더 정중한 표현이다.

b 「May I ~?」 '~해도 될까요?' may not: '~하면 안 된다' (금지·불허)

2 '~일지도 모른다'

☑ might가 may보다 더 불확실한 추측을 나타낸다.

b may not: '~이 아닐지도 모른다'

Exercise

Answers p.5

A 우리말과 일치하도록 빈칸에 알맞은 말을 보기에서 골라 쓰시오.

보기	may	can't	may not

1 당신에게 질문을 좀 해도 될까요?

→ _____ I ask you some questions?

2 그녀가 너의 할머니일 리가 없다. 그녀는 무척 젊어 보인다.

→ She _____ be your grandmother. She looks so young.

3 Kate는 모임에 오지 않을지도 모른다.

→ Kate _____ come to the meeting.

B 밑줄 친 부분을 어법상 바르게 고치시오.

1 Jackson will can go on the field trip.

2 Mr. Han may not being a doctor.

3 She isn't able to eat anything yesterday.

4 My brother can't enter college last year.

5 Could you waited for me for a second?

C 우리말과 일치하도록 괄호 안의 말을 이용하여 문장을 완성하시오.

1 너는 지금 나와 함께 시간을 보낼 수 있니? (can, spend)

→ _____ _____ _____ some time with me now?

2 내일은 맑지 않을지도 모른다. (may, be, not, clear)

→ It _____ _____ _____ _____ tomorrow.

3 제 강아지를 데려와도 되나요? (may, bring)

→ _____ _____ _____ my dog?

4 너는 우리집에 오는 길을 쉽게 찾을 수 있을 거야. (find)

→ You will _____ _____ _____ _____ the way to my house easily.

Unit 02 must, should

A must

1 의무·필요

a You **must** clean your room every day.
　 = You **have to** clean your room every day.

b You **must not** use your phone in class.
　 ≠ You **don't have to** use your phone in class.

cf. You **don't have to** take notes today.
　 = You **don't need to** take notes today.
　 = You **need not** take notes today.

c John **had to** do his homework yesterday.

d We **will have to**[will must] wait for a while.

2 강한 추측

a Tom **must** be happy. (He got a good grade.)

b Tom **can't be** happy. (He lost his cat.)
　 ≠ Tom **must not** be happy.

---

1 '~해야 한다'

a = have to
☑ have to의 have는 주어의 수·인칭, 시제에 따라 형태가 바뀐다.

b must not[mustn't]: '~하면 안 된다' (금지)

cf. don't have to: '~하지 않아도 된다', '~할 필요가 없다' (불필요)
　 (= don't need to, need not)

c 과거형 had to
☑ must는 과거형이 없으므로 같은 의미인 have to의 과거형을 대신 쓴다.

d 미래형 will have to
☑ 조동사는 will must처럼 두 개를 연달아 쓸 수 없으므로, must 대신 have to를 쓴다.

2 '~임이 틀림없다'

b cannot[can't]: '~일 리가 없다' (강한 부정적 추측)
☑ 강한 부정적 추측은 must not[mustn't]이 아니라 cannot[can't]로 표현한다. must not[mustn't]는 금지의 의미를 나타낸다.

B should

a You **should** keep your promise.
　 = You **ought to** keep your promise.

b You **shouldn't** tell the secret to them.
　 = You **ought not to** tell the secret to them.

c We **will have to** use paper bags instead of plastic bags.

---

a '~해야 한다', '~하는 것이 좋다' (가벼운 의무·필요성, 조언·충고) (= ought to) 어떤 일을 하는 것이 옳거나 이로울 때 사용한다.
☑ must나 have to보다 가벼운 표현이다.

b should not[shouldn't]: '~하지 말아야 한다', '~하지 않는 것이 좋다' (가벼운 금지, 충고) (= ought not to)

c 미래형 will have to
☑ 조동사는 will should처럼 두 개를 연달아 쓸 수 없으므로, should 대신 have to를 쓴다.

A 괄호 안에서 알맞은 것을 고르시오.

1 They [must / have to] be excited about the school field trip.

2 You [will must / will have to] return the book tomorrow.

3 Scott [should / had to] go to the dentist yesterday.

4 We [don't have to / have not to] wear school uniforms today.

5 You don't need [walk / to walk] fast. We still have time.

B 어법상 <u>틀린</u> 부분을 찾아 바르게 고치시오.

1 Emma has to visit the post office yesterday.

2 I have not to pay for the meal. It's free.

3 You don't should ride your bike too fast.

4 I will must think about your suggestion.

5 You ought to not waste water.

C 우리말과 일치하도록 괄호 안의 말을 이용하여 문장을 완성하시오.

1 Mia는 내년에 그 시험을 다시 봐야 할 것이다. (have to, take)

→ Mia _____ the exam again next year.

2 너는 박물관에 있는 그림들을 만지면 안 된다. (must, touch, not)

→ You _____ the paintings in the museum.

3 그 학생들은 도시락을 가져올 필요가 없다. (have to, bring, not)

→ The students _____ their lunch boxes.

4 너는 너무 늦게 잠자리에 들지 않는 게 좋다. (not, should, go)

→ You _____ to bed too late.

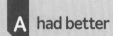

03 had better, would like to, used to

A had better

a You **had better** come to class on time.
= You**'d better** come to class on time.

b You**'d better not** be late for class.

a '~하는 것이 좋겠다' (충고·경고)
어떤 일을 하지 않으면 불이익이 있을 수 있음을 암시한다. had는 'd로 줄여서 주어 뒤에 붙여 쓸 수 있다.

☑ should보다 강한 충고나 경고를 나타낸다.

b had better not: '~하지 않는 것이 좋겠다'

B would like to

a I **would like to** invite you to my birthday party.
= I**'d like to** invite you to my birthday party.

cf. I**'d like** a bicycle for my birthday gift.

b **Would you like to** try this shirt on?

a '~하고 싶다', '~하기를 원한다' (소망)
(= want to)
would는 'd로 줄여서 주어 뒤에 붙여 쓸 수 있다.

cf. would like는 동사 want와 같이 '~을 원한다'를 의미하며, 뒤에 명사가 온다.

b 「Would you like to + 동사원형?」:
'~하시겠어요?' (정중한 제안이나 권유)

C used to

1 **과거의 습관**

I **used to** go hiking every weekend.
(Now I go swimming instead.)
= I **would** go hiking every weekend.

2 **과거의 상태**

There **used to** [~~would~~] be a tall tree here.
(People cut it down last year.)

cf. He **used to** [~~would~~] be scared of dogs.
(Now he likes to play with them.)

1 '(전에는) ~하곤 했다' (= would)
과거에 반복되었던 행동이나 자주 있었던 일을 나타낸다.

2 '(전에는) ~이었다' (≠ would)
지금과는 다른 과거의 상태를 나타낸다.

cf. would는 과거의 습관은 나타내지만, used to와 달리 과거의 상태는 나타내지 못한다.

조동사 would의
다양한 쓰임

조동사 will의 과거형인 would는 과거 시점에서의 미래의 일이나 주어의 의지, 정중한 요청 및 제안을 표현할 수 있다. 또한, 조동사 used to와 같이 과거의 습관을 나타낼 수 있지만, 과거의 상태는 나타내지 못한다.

• Tim said he **would** eat pasta for dinner. (주어의 의지)
• **Would** you like to have pasta for dinner? (정중한 제안)
• We **would** go shopping every weekend. (과거의 습관)
cf. There used to be an old market here. (과거의 상태)

Exercise

Answers p.6

A 괄호 안에서 알맞은 것을 고르시오.

1 I'd [like / better] to watch the K-pop concert.

2 My brother would like [being / to be] a baseball player.

3 There [used to / would] be a beautiful pond in the garden.

4 You [had not better / had better not] play online games for too long.

5 I [would / would like] spend my vacation in the countryside.

B 우리말과 일치하도록 빈칸에 알맞은 말을 보기에서 골라 쓰시오.

보기	had better	used to	would like to

1 나는 새 스마트폰을 사고 싶다.

→ I _____ buy a new smartphone.

2 Erin은 전에는 긴 머리였지만 지금은 짧은 머리이다.

→ Erin _____ have long hair, but now she has short hair.

3 너는 우산을 가져가는 게 좋겠다.

→ You _____ take your umbrella with you.

C 우리말과 일치하도록 괄호 안의 말을 이용하여 문장을 완성하시오.

1 오늘 밤에 영화 보실래요? (would like to, see)

→ _____ a movie tonight?

2 나의 할머니는 우리에게 옛날 이야기를 말씀해 주시곤 했다. (would, tell)

→ My grandmother _____ us old stories.

3 너는 밤에 피아노를 연주하지 않는 게 좋겠다. (had better, play)

→ You _____ the piano at night.

4 전에는 여기에 초등학교가 있었다. (used to, be)

→ There _____ an elementary school here.

Writing Practice

A 우리말과 일치하도록 괄호 안의 말을 바르게 배열하시오. (필요하면 형태를 바꿀 것)

01 박 선생님, 제가 들어가도 될까요? (I, come in, may)

→ Mr. Park, _____?

02 너는 네 숙제를 잊어서는 안 된다. (forget, must, not)

→ You _____ your homework.

03 너는 지하철에서 시끄러운 음악을 듣지 말아야 한다. (not, listen to, should)

→ You _____ loud music in the subway.

04 우리는 그것을 다시 할 수 있을 것이다. (do, be able to, will, it)

→ We _____ again.

05 너는 오늘 밤에 나가지 않는 게 좋겠다. (not, go out, had better)

→ You _____ tonight.

06 이 어린아이는 영어를 읽을 수 있다. (read, English, be able to)

→ This kid _____.

07 그는 오늘 아침에 일찍 일어나야만 했다. (have to, early, wake up)

→ He _____ this morning.

08 나는 에펠탑을 방문하고 싶다. (would like, visit)

→ I _____ the Eiffel Tower.

09 나는 그것에 대해 말하지 않는 게 좋겠다. (had better, talk, not)

→ I _____ about it.

10 그녀는 오늘 밤 저녁을 요리할 필요가 없다. (cook, have to, dinner, tonight, not)

→ She _____.

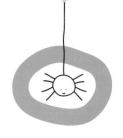

B 우리말과 일치하도록 괄호 안의 말을 이용하여 문장을 완성하시오.

01 a 우리는 일출을 볼 수 있었다. (be able to)

→ We _____ see the sunrise.

b 나는 내 방에서 일몰을 볼 수 있었다. (the sunset)

→ _____ from my room.

02 a Judy는 그녀의 고양이에게 먹이를 줘야 한다. (have to, feed)

→ Judy _____ her cat.

b Jack은 그의 개를 산책시켜야 한다. (should, walk)

→ Jack _____.

03 a 나는 점심으로 햄버거를 먹고 싶다. (would like, eat)

→ I _____ a hamburger for lunch.

b 저녁으로 치킨을 드시겠어요? (chicken)

→ _____ for dinner?

04 a Jay는 어제 병원에 가야 했다. (have to)

→ Jay _____ go to see a doctor yesterday.

b 그는 오늘 점심을 걸러야 할 것이다. (skip lunch)

→ _____

05 a 나는 자외선 차단제를 바르는 게 좋겠다. (had better)

→ I _____ put on sunscreen.

b 너는 날고기를 먹지 않는 게 좋겠다. (eat, raw meat)

→ _____

Actual Test

Answers p.6

01

빈칸에 공통으로 들어갈 말로 알맞은 것은?

> • You _____ be angry with me.
> • He _____ be Paul's brother. They look alike.
> • She _____ be excited about the welcome party.

① must
② must not
③ should
④ should not
⑤ cannot

[02~03] 빈칸에 들어갈 말로 알맞지 않은 것을 고르시오.

02

> We _____ study hard this year.

① must
② should
③ used to
④ have to
⑤ ought to

03

> _____ you do me a favor?

① Can
② Could
③ Will
④ Would
⑤ Should

04 서술형

다음 두 문장의 의미가 같도록 빈칸에 알맞은 말을 쓰시오.

> Ben could get a job at the bank.

> = Ben _____ _____ _____ get a job at the bank.

05 서술형

다음 두 문장을 한 문장으로 바꿔 쓸 때, 빈칸에 알맞은 말을 쓰시오.

> When I was young, I went camping every summer. Now I don't do that anymore.

> → I _____ _____ _____ _____ every summer.

06

대화의 빈칸에 들어갈 말이 순서대로 짝지어진 것은?

> A: _____ I park here?
> B: _____, you can't. Please use the parking lot over there.

① Can – Yes
② Can – No
③ Will – Sure
④ Will – No
⑤ May – Yes

07

괄호 안의 지시대로 바꿔 쓸 때 잘못된 것은? (바르게 고칠 것)

① We have to hurry. (과거시제로)
  → We had to hurry.
② She ought to fix it. (부정문으로)
  → She ought to not fix it.
③ He should help her. (의문문으로)
  → Should he help her?
④ You may use my pen. (부정문으로)
  → You may not use my pen.
⑤ I would like to try again. (축약형으로)
  → I'd like to try again.

08

다음 중 어법상 틀린 문장은? (바르게 고칠 것)

① You must not stay here.
② He will can pass the exam.
③ You are able to play the drums.
④ They don't have to worry about it.
⑤ We should follow the safety rules.

09 서술형

다음 문장을 부정문으로 바꿔 쓰시오.

> You had better tell the truth.

→ _____

10

밑줄 친 부분 중 어법상 틀린 것은? (바르게 고칠 것)

> James ①might ②not ③wanted ④to turn off the air conditioner ⑤now.

11 서술형

다음 동물원의 표지판을 보고, 괄호 안의 말을 이용하여 문장을 완성하시오.

→ You _____ _____ _____ the animals. (must, feed)

12

대화의 밑줄 친 부분 중 문맥상 쓰임이 어색한 것은?

> A: Jenny, you ①don't have to touch the artwork in the museum.
> B: Oh, sorry, I ②didn't know that. What other rules ③should I follow?
> A: You ④have to be quiet not to bother others.
> B: Okay. I ⑤will keep that in mind.

13

다음 중 어법상 틀린 문장을 모두 고르면? (바르게 고칠 것)

① You'd better read it again.
② What would you like to have?
③ We used to eat lunch together.
④ I would like to a glass of water.
⑤ Long ago, there would be a playground.

14

밑줄 친 부분의 쓰임이 나머지 넷과 다른 것은?

① You may go out now.
② May I ask a favor of you?
③ You may not drive my car.
④ May I use your cell phone?
⑤ He may not be a great cook.

15 서술형

우리말과 일치하도록 빈칸에 알맞은 말을 쓰시오.

> 그는 오늘 아픈 것이 틀림없다.

→ He _____ _____ sick today.

16

다음 문장과 바꿔 쓸 수 있는 문장을 모두 고르면?

> We don't have to go there.

① We do need not to go there.
② We do not need to go there.
③ We need not to go there.
④ We need not go there.
⑤ We have not go there.

17 서술형

우리말과 일치하도록 빈칸에 알맞은 말을 쓰시오.

> 너는 규칙적으로 운동을 해야 할 것이다.

→ You _____ _____ _____
  exercise regularly.

18

밑줄 친 부분의 문맥상 쓰임이 어색한 것은?

① I would like to thank you.
② We should drink enough water.
③ You had better call him tomorrow.
④ You ought to take care of your brother.
⑤ She must be proud of her poor memory.

19

다음 중 어법상 옳은 문장은? (틀린 것들을 바르게 고칠 것)

① The news cannot be true.
② You should getting some sleep.
③ You have better watch your step.
④ He will must finish the project on time.
⑤ Mina has to do the laundry yesterday.

20

다음 중 짝지어진 대화가 어색한 것은?

① A: May I come in?
   B: Yes, you may.
② A: Can you do me a favor?
   B: Sure. What is it?
③ A: Would you like to join us?
   B: I'd like to, but I can.
④ A: Can she draw pictures well?
   B: Yes, she's good at drawing.
⑤ A: What should I do to be healthy?
   B: You should eat healthy foods.

21 서술형

괄호 안의 말을 바르게 배열하여 대화를 완성하시오.

> A: Hello. This is Kevin. Can I speak to Tom, please?
> B: Sorry, he's not here. _____
>   _____?
>   (take, may, a message, you, I, for)
> A: Yes, thank you. Please tell him there will be a meeting tomorrow.

22

다음 글의 밑줄 친 부분 중 문맥상 쓰임이 어색한 것은?

> I ①heard there was snow ②in Seoul last week. It ③must be true. It's August now. ④Seeing snow in the middle of summer is ⑤impossible.

23

보기의 밑줄 친 부분과 쓰임이 같은 것은?

| 보기 | We would go fishing every Sunday. |

① I would like to travel the world.
② Would you please tell me again?
③ He would play soccer every day.
④ Would you like to know about Korea?
⑤ She probably would not come to the party.

24 서술형

다음 글에서 어법상 틀린 부분을 모두 찾아 바르게 고치시오.

Hi, my name is Oliver. I used to lived in Toronto, but now I live in Seoul. I can read Korean, but I can't spoke it yet. So, I should practice speaking Korean. I should also learn about useful Korean expressions. Would you like helping me? I really would like to be good at Korean.

25

우리말을 영어로 바르게 옮긴 것은?

너는 눈을 비비지 않는 것이 좋겠다.

① You might not rub your eyes.
② You cannot rub your eyes.
③ You'd like to rub your eyes.
④ You'd better not rub your eyes.
⑤ You don't have to rub your eyes.

26 서술형

다음 글의 빈칸에 들어갈 알맞은 한 단어를 쓰시오.

Lea _____ wake up late when she was an elementary school student. Now she wakes up early every morning.

27

보기와 같이 바꿔 쓸 수 없는 문장은?

| 보기 | He used to play soccer.
→ He would play soccer. |

① We used to eat out.
② I used to study every night.
③ He used to be a troublemaker.
④ Mom used to read books to me.
⑤ Dad used to give me a ride to school.

28 서술형

대화의 빈칸에 들어갈 알맞은 말을 쓰시오.

A: What's your favorite sport?
B: It _____ be badminton for a long time, but now it is basketball.

Recall My Memory

Answers
p.7

다음 문장이 어법상 맞으면 ○표 하고, 틀리면 바르게 고치시오.

01   There would be a park here when I was young.   ⏎ p. 48

02   Jack bought to her a birthday present.   ⏎ p. 18

03   We have visited New York in 2015.   ⏎ p. 34

04   Next year, you will be able to pass the exam.   ⏎ p. 44

05   The shop owner didn't let my dog to come inside.   ⏎ p. 20

06   These strawberries taste sweetly.   ⏎ p. 18

07   My family is leaving for a trip to China next Saturday.   ⏎ p. 32

08   You had not better play the guitar at night.   ⏎ p. 48

09   The white blouse is belonging to Jennifer.   ⏎ p. 32

10   I heard my sister singing in the bathroom.   ⏎ p. 20

11   She has to see a doctor yesterday.   ⏎ p. 46

12   We have gone to Jeju Island several times.   ⏎ p. 34

13   I would like see the musical *Cats* again.   ⏎ p. 48

14   My homeroom teacher sent everyone a text message.   ⏎ p. 18

15   She is going to studying for the exam tomorrow.   ⏎ p. 30

04

능동적으로 행하느냐,

수동적으로 당하느냐,

그것이 문제로다!

Unit 01 수동태의 쓰임

'태'는 주어와 동사의 관계를 보여 주는 동사의 형태이다. 주어가 동사의 동작을 하는 것은 능동태, 동사의 동작에 영향을 받는 것은 수동태로 표현한다.

A 능동태 vs. 수동태

능동태는 주어가 어떤 동작을 하는 행위자일 때 쓰며, 수동태는 주어가 행위자의 동작에 영향을 받는 대상일 때 쓴다.

a The bees **chased** the man.
　　chase 하는 행위자　주어의 동작

b The man **was chased** by the bees.
　　chase 당하는 대상　주어의 상태

chase　　　　be chased

a 능동태:
　　동작을 하는 행위자의 시점에서 '~하다'의 의미를 나타낸다.

b 수동태:
　　행위자의 동작에 영향을 받는 대상의 시점에서 '(…에 의해) ~되다'의 의미를 나타낸다.

B 수동태 문장 만들기

능동태 문장은 「행위자 + 동사 + 대상」, 수동태 문장은 「대상 + be동사 + 과거분사 (+ by + 행위자)」의 형태이다.

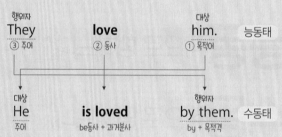

행위자　　　　　　대상
They　　love　　him.　　능동태
③ 주어　　② 동사　　① 목적어

대상　　　　　　　　　　行위자
He　　is loved　　by them.　　수동태
주어　　be동사 + 과거분사　　by + 목적격

① 능동태 문장의 목적어를 주어로 쓴다.

☑ 능동태 문장의 목적격 대명사는 수동태 문장에서 주격으로 바꾼다.

② 능동태 문장의 동사를 「be동사 + 과거분사(동사의 -ed형)」로 바꾼다.

☑ be동사는 주어의 인칭과 수, 시제에 맞게 쓴다.

③ 능동태 문장의 주어를 「by + 목적격」으로 쓴다.

☑ 행위자가 불분명하거나 중요하지 않을 때는 생략할 수 있다.

C 수동태로 쓸 수 없는 동사

a An amazing thing **happened** to me.
　　(An amazing thing was happened to me. ×)
　　The skateboard **does not belong** to Ben.
　　(The skateboard is not belonged to Ben. ×)

b Mike **has** a nice backpack.
　　(A nice backpack is had by Mike. ×)
　　They **resemble** each other like twins.
　　(They are resembled by each other like twins. ×)

a 목적어가 없으면 수동태 문장의 주어를 쓸 수 없으므로, 목적어 없이 쓰이는 자동사는 능동태로만 쓰인다.

☑ happen, occur, exist, appear, disappear, last, seem, smell, stay, belong (to) 등

b 목적어가 있더라도 동작이 아닌 상태나 소유를 의미하는 타동사는 수동태로 쓸 수 없으며, 능동태로만 쓰인다.

☑ have(가지다), resemble(닮다), lack(부족하다), fit(어울리다) 등

A 괄호 안에서 알맞은 것을 고르시오.

1 Hip-hop music [loves / is loved] by many teenagers.

2 The blue jacket [belongs / is belonged] to Leo.

3 The church [built / was built] 100 years ago.

4 A robot vacuum cleaner [cleans / is cleaned] the floor.

5 This wedding dress was designed by [she / her].

B 다음 문장을 수동태 문장으로 바꿔 쓸 때, 빈칸에 알맞은 말을 쓰시오.

1 He played the leading role in the movie.

→ The leading role in the movie _____.

2 Martin Cooper made the first cell phone.

→ The first cell phone _____.

3 She cleans her room every day.

→ Her room _____ every day.

4 Jason broke the windows yesterday.

→ The windows _____ yesterday.

C 우리말과 일치하도록 괄호 안의 말을 이용하여 문장을 완성하시오.

1 어제 너에게 무슨 일이 있었니? (happen, you)

→ What _____ yesterday?

2 콘서트가 그 밴드에 의해 취소되었다. (cancel, the band)

→ The concert _____.

3 Julia는 그녀의 엄마를 닮았다. (resemble, her mother)

→ Julia _____.

4 그 일본 소설은 한 인공지능 프로그램에 의해 쓰였다. (write, an AI program)

→ The Japanese novel _____.

수동태의 여러 가지 형태

A 수동태의 부정문과 의문문

1 수동태의 부정문

a The letter **was not sent** by Jennie.

b The files **were not deleted** by me.

1 「주어 + be동사 + not + 과거분사 ~.」
be동사 바로 뒤에 not을 쓴다.

2 수동태의 의문문

a The park is cleaned by volunteers.

→ **Is** the park **cleaned** by volunteers?

b This house was designed by your father.

→ **Was** this house **designed** by your father?

2 「Be동사 + 주어 + 과거분사 ~?」
주어와 be동사의 위치를 바꾼다.

B 수동태의 시제

a Lisa makes macarons every weekend.

→ Macarons **are made** by Lisa every weekend.

b Lisa made macarons last weekend.

→ Macarons **were made** by Lisa last weekend.

c Lisa will make macarons this weekend.

→ Macarons **will be made** by Lisa this weekend.

d Lisa is making macarons now.

→ Macarons **are being made** by Lisa now.

a 현재시제 수동태:
「am/are/is + 과거분사」

b 과거시제 수동태:
「was/were + 과거분사」

c 미래시제 수동태:
「will + be + 과거분사」

☑ 조동사 will 뒤에는 동사원형이 오므로
be동사의 원형인 be를 쓴다.

d 진행시제 수동태:
「be동사 + being + 과거분사」

☑ 진행시제는 「be동사 + 현재분사」 형태
이므로, 수동태의 be동사를 현재분사 형
태인 being으로 쓴다.

C 조동사가 있는 수동태

a We must finish this work.

→ This work **must be finished** by us.

b They can understand Chinese.

→ Chinese **can be understood** by them.

c The heat will melt the ice cream.

→ The ice cream **will be melted** by the heat.

「조동사 + be + 과거분사」

☑ 조동사 뒤에는 동사원형이 오므로 be동
사의 원형인 be를 쓴다.

c 조동사 will을 포함하는 미래시제 수동태
도 위의 형태로 쓴다.

Exercise

Answers p.7

A 괄호 안에서 알맞은 것을 고르시오.

1 [Did / Was] the *Harry Potter* series written by J. K. Rowling?

2 My nephew [is born / will be born] next month.

3 I [was not invited / not was invited] to the party.

4 This work should [is done / be done] by you.

5 The Colosseum [is / was] built in 80 A.D.

B 다음 문장을 괄호 안의 지시대로 바꿔 쓰시오.

1 The cookies were baked by Lena. (의문문으로)

→ _____ the cookies _____ by Lena?

2 Liam can answer that question. (수동태로)

→ That question _____ _____ _____ by Liam.

3 The problem was solved by Daniel. (부정문으로)

→ The problem _____ _____ _____ by Daniel.

4 He is downloading some music files. (수동태로)

→ Some music files _____ _____ _____ by him.

C 우리말과 일치하도록 괄호 안의 말을 이용하여 문장을 완성하시오.

1 그 프로젝트는 내일까지 끝마쳐져야 한다. (must, finish)

→ The project _____ by tomorrow.

2 「모나리자」는 고흐에 의해 그려지지 않았다. (paint)

→ *The Mona Lisa* _____ by Gogh.

3 꽃병이 Jake에 의해 깨졌니? (the vase, break)

→ _____ by Jake?

4 그 작가의 새 책이 곧 출간될 것이다. (publish)

→ The writer's new book _____ soon.

03 주의해야 할 수동태

A 「by + 행위자」가 생략된 수동태

동사의 동작의 주체, 즉 행위자를 언급하지 않아도 되는 경우, 수동태 문장에서 「by + 행위자」를 생략할 수 있다.

a **Someone** stole my smartphone.
→ My smartphone was stolen (**by someone**).

Someone reserved the table.
→ The table is reserved (**by someone**).

a 행위자가 알려져 있지 않거나 행위의 결과보다 중요하지 않을 때 생략할 수 있다.

b **People** speak Spanish in Spain.
→ Spanish is spoken (**by people**) in Spain.

The delivery man delivered the package.
→ The package was delivered (**by the delivery man**).

b 행위자가 일반적인 사람들이거나 누구인지 명백하여 따로 언급할 필요가 없을 때 생략할 수 있다.

B by 이외의 전치사를 쓰는 수동태

a Brandon **is interested in** soccer.
b She **was satisfied with** the service.
c I **am worried about** the test.
d The bottle **is filled with** water.
e The roof **is covered with** snow.
f The secret **was known to** everyone.
cf. Paris is known for the Eiffel Tower.
Korean food is known as healthy food.
g The chair **is made of** wood.
Cheese **is made from** milk.

h My friends **were excited about** the baseball game.

a be interested in: ~에 흥미가 있다
b be satisfied with: ~에 만족하다
c be worried about: ~에 대해 걱정하다
d be filled with: ~으로 가득 차 있다
e be covered with[in]: ~으로 덮여 있다
f be known to: ~에게 알려져 있다
cf. be known for: ~으로 유명하다
be known as: ~으로서 알려져 있다
g be made of: ~으로 만들어지다
☑ 만들 때 재료의 성질이 변하지 않는 경우
be made from: ~으로 만들어지다
☑ 만들 때 재료의 성질이 변하는 경우
h be excited about[at, by]: ~에 신이 나다, 흥분하다

• be crowded with: ~으로 붐비다
• be pleased with[about]: ~에 기뻐하다
• be delighted at[with]: ~에 기뻐하다
• be disappointed in[at, with]: ~에 실망하다
• be bored with: ~에 지루해하다
• be tired of: ~에 싫증이 나다
• be surprised at[by]: ~에 놀라다
• be shocked at: ~에 충격을 받다

Exercise

Answers p.8

A 괄호 안에서 알맞은 것을 고르시오.

1 Coffee [grows / is grown] in Africa.

2 His story [turned / was turned] into a movie.

3 The players were not satisfied [with / about] the result.

4 The movie star is known [to / at] Koreans.

5 The first coins were made [of / from] gold.

B 빈칸에 알맞은 말을 보기에서 골라 쓰시오. (한 번씩만 쓸 것)

보기	at	in	with	about	from

1 People are worried _____ air pollution.

2 I was disappointed _____ the end of the story.

3 The stairs were covered _____ the red carpet.

4 Wine is made _____ grapes.

5 Julia is interested _____ the environment.

C 우리말과 일치하도록 괄호 안의 말을 이용하여 문장을 완성하시오.

1 우리 부모님은 나의 성공에 기뻐하신다. (please)

  → My parents _____ my success.

2 칠면조는 추수감사절에 먹는다. (eat)

  → Turkey _____ on Thanksgiving.

3 그의 새 운동화는 어제 도둑맞았다. (steal)

  → His new sneakers _____ yesterday.

4 정원이 꽃으로 가득 차 있다. (fill)

  → The garden _____ flowers.

5 그 식당은 해산물로 유명하다. (know)

  → The restaurant _____ its seafood.

Writing Practice

Answers p.8

A 우리말과 일치하도록 괄호 안의 말을 바르게 배열하시오. (필요하면 형태를 바꿀 것)

01 교실들은 학생들에 의해 매일 청소된다. (by, cleaned, the students, are)

→ The classrooms _____ every day.

02 극장이 이곳에 지어질 것이다. (be, here, built, will)

→ A movie theater _____.

03 그 보고서는 내일까지 쓰여야 한다. (tomorrow, must, written, by, be)

→ The report _____.

04 그 영화가 한국에서 개봉되었나요? (the movie, released, was)

→ _____ in Korea?

05 그는 자신의 건강에 대해 걱정한다. (worried, his health, about, is)

→ He _____.

06 그 이메일은 Kelly에 의해 쓰이지 않았다. (write, not, be, by)

→ The email _____ Kelly.

07 내 컴퓨터는 Matthew에 의해 고쳐질 것이다. (fix, by, will, be, Matthew)

→ My computer _____.

08 그 멋진 조각은 얼음으로 만들어졌다. (make, ice, be, of)

→ The wonderful sculpture _____.

09 아카데미 시상식이 전 세계 사람들에 의해 시청되고 있다. (be, watch, by, be)

→ The Academy Awards _____ people all over the world.

10 Alice는 자신의 예술품에 만족하지 않는다. (not, with, her artwork, satisfy, be)

→ Alice _____.

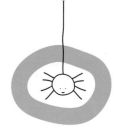

B 우리말과 일치하도록 괄호 안의 말을 이용하여 문장을 완성하시오.

01 a 수학은 박 선생님에 의해 가르쳐진다. (teach)

→ Math is _____ by Mr. Park.

b 이 웹툰은 많은 10대 청소년들에 의해 읽힌다. (read, many teenagers)

→ This webtoon _____.

02 a 이 그림은 피카소에 의해 그려지지 않았다. (paint)

→ This painting _____ not _____ by Picasso.

b 셀카봉은 중국인에 의해 발명되지 않았다. (invent, the Chinese)

→ The selfie stick _____.

03 a 피자는 30분 내로 배달될 것이다. (deliver)

→ The pizza will be _____ within thirty minutes.

b 학교 축제가 다음 주에 열릴 것이다. (hold, next week)

→ The school festival _____.

04 a 그 퍼즐은 쉽게 풀릴 수 있다. (solve)

→ The puzzle can be _____ easily.

b 그 선물들은 크리스마스까지 숨겨져야만 한다. (must, hide, until Christmas)

→ The presents _____.

05 a 그 학생들은 기말 시험에 대해 걱정한다. (worry)

→ The students are _____ the final exams.

b BTS는 전 세계 많은 사람에게 알려져 있다. (know, a lot of people)

→ _____ all over the world.

Actual Test

 Answers p.8

[01~02] 빈칸에 들어갈 알맞은 말을 고르시오.

01

Is French _____ in Canada?

① speak　　② spoke　　③ speaking
④ spoken　　⑤ to speak

02

Your package _____ yesterday.

① delivers　② delivered　③ delivering
④ is delivered　⑤ was delivered

03

빈칸에 들어갈 말이 순서대로 짝지어진 것은?

• The museum _____ in 2005.
• My grandfather _____ this tree ten years ago.

① built – was planting
② was built – planted
③ was built – was planted
④ was building – planted
⑤ was building – was planted

04

두 문장의 의미가 같도록 빈칸에 들어갈 말로 알맞은 것은?

Many people will love the song.
= The song _____ by many people.

① loves　　② will love　　③ is loved
④ was loved　⑤ will be loved

05 서술형

우리말과 일치하도록 괄호 안의 말을 이용하여 문장을 완성하시오.

월드컵은 4년마다 개최된다. (hold)

→ The World Cup _____ _____ every four years.

[06~07] 다음 문장을 수동태 문장으로 바르게 바꿔 쓴 것을 고르시오.

06

Did a machine answer your call?

① Did your call answer a machine?
② Did your call answered by a machine?
③ Was your call answer by a machine?
④ Was your call answered by a machine?
⑤ Was your call answered a machine?

07

You must water the plants every day.

① The plants must water every day.
② The plants are watered every day.
③ The plants must be watered every day.
④ You must watered the plants every day.
⑤ You must be watered the plants every day.

08

밑줄 친 부분이 어법상 옳은 것은? (틀린 것들을 바르게 고칠 것)
① The bike was stole last night.
② The thief caught by the police.
③ The song was played by Bruno.
④ The picture was sended by Jason.
⑤ The bags was carried by a bellboy.

09 서술형

다음 문장을 수동태 문장으로 바꿔 쓰시오.

> The restaurant offered a free dessert.

→ _____

10

다음 중 수동태 문장으로 <u>잘못</u> 바꿔 쓴 것은? (바르게 고칠 것)

① The mechanic checks the elevator regularly.
   → The elevator is checked by the mechanic regularly.
② Jessica packed the bags.
   → The bags were packed by Jessica.
③ The police stopped the car.
   → The car was stopped by the police.
④ My uncle is fixing my bike.
   → My bike is fixing by my uncle.
⑤ A new doctor will treat the patients.
   → The patients will be treated by a new doctor.

11

다음 문장과 의미가 같은 문장은?

> Mom didn't make this soup.

① This soup is not made by Mom.
② This soup is not make by Mom.
③ This soup not was made by Mom.
④ This soup was not make by Mom.
⑤ This soup was not made by Mom.

12 서술형

괄호 안의 우리말과 일치하도록 다음 문장에서 <u>틀린</u> 부분을 찾아 바르게 고치시오.

> The truth didn't tell by them.
> (진실은 그들에 의해 말해지지 않았다.)

_____ → _____

13

우리말을 영어로 바르게 옮긴 것은?

> 그 벽들은 페인트칠 되고 있었다.

① The walls were painted.
② The walls were been painting.
③ The walls were been painted.
④ The walls were being painted.
⑤ The walls were being painting.

14

다음 중 어법상 옳은 문장은? (틀린 것들을 바르게 고칠 것)

① Did the letter written by her?
② The message was not sent to me.
③ Are these cars produce in Korea?
④ Were the worm eaten by the bird?
⑤ The piano was not move by my father.

15

대화의 빈칸에 들어갈 말로 알맞은 것을 <u>모두</u> 고르면?

> A: What happened in Nepal?
> B: There was a strong earthquake, so many people _____.

① die   ② died
③ were killed   ④ were killing
⑤ were died

16

밑줄 친 부분을 생략할 수 있는 것은?

① The dog is fed <u>by James</u>.
② The flower was sent <u>by her boyfriend</u>.
③ All the money was stolen <u>by someone</u>.
④ The bathroom is being cleaned <u>by my father</u>.
⑤ The museum will be visited <u>by millions of people</u>.

17 [서술형]

다음 문장을 수동태 문장으로 바꿔 쓰시오.

Children can use the pool.

→ _____

18

다음 중 어법상 틀린 문장을 모두 고르면? (바르게 고칠 것)

① The meeting was canceled.
② Christmas is celebrated worldwide.
③ The quiz was seemed difficult by me.
④ We are tired of his excuses.
⑤ A strange thing was happened to me.

19

수동태 문장으로 바꿀 수 있는 문장을 모두 고르면?

① Lisa can solve this math problem.
② The boy looked hungry and tired.
③ The kids stayed quiet in their room.
④ He has two daughters and one son.
⑤ She waters the flowers twice a week.

20

빈칸에 들어갈 말로 알맞지 않은 것은?

This project _____ be done by the end of this month.

① may   ② can   ③ has
④ must   ⑤ should

21

다음 중 어법상 옳은 문장끼리 바르게 짝지어진 것은? (틀린 것들을 바르게 고칠 것)

a. The faucet will be fixed tomorrow.
b. The files will not be recovered later.
c. Stars can are seen at night.
d. It can be not downloaded to your computer.
e. This password may be forgotten easily.
f. The problem has to solve immediately.

① a, e   ② a, b, e
③ a, b, e, f   ④ b, c, d
⑤ b, c, d, f

22

빈칸에 들어갈 말이 순서대로 짝지어진 것은?

• This doll is made _____ wood.
• The room was filled _____ smoke.
• I am interested _____ science.

① of – of – in   ② from – with – of
③ of – with – of   ④ from – of – of
⑤ of – with – in

23 [서술형]

우리말과 일치하도록 괄호 안의 말을 이용하여 문장을 완성하시오.

당신은 그 결과에 만족하십니까? (satisfy)

→ _____ you _____ _____ the result?

24

밑줄 친 부분의 쓰임이 어색한 것은?

① I am worried about you.
② We were surprised at the news.
③ She is tired of this mobile game.
④ Belgium is known to its chocolate.
⑤ He is disappointed with his grades.

25 서술형

괄호 안의 말을 이용하여 대화의 빈칸에 알맞은 말을 쓰시오.

A: Can I put these bananas in the refrigerator?
B: No! Bananas _____ _____ _____ _____ (should, keep) in the refrigerator. Just leave them on the table.

26 서술형

다음 중 어법상 틀린 부분을 모두 찾아 바르게 고치시오.

a. The tree was hit by lightning.
b. Were the chairs moved upstairs?
c. The key was not found.
d. The desk is covered of dust.
e. My book was disappeared.
f. Dinner is being prepared.
g. This box should be carried carefully.

27 서술형

다음 글의 (A)~(C)를 어법상 알맞은 형태로 고치시오.

Yesterday, Harry (A)receive a strange letter. The letter (B)deliver by an owl. Harry was surprised. It was from the principal of the Magic School. Harry (C)invite to the school by him!

(A) _____

(B) _____

(C) _____

28 서술형

대화를 읽고 어법상 틀린 부분을 두 곳 찾아 바르게 고치시오.

A: I like this picture. Did you paint it?
B: No, I didn't.
A: Then who painted the picture? Did it paint by a famous artist?
B: No, it wasn't. It painted by my 5-year-old brother.
A: Wow! That's surprising!

(1) _____ → _____

(2) _____ → _____

Recall My Memory

Answers p.9

다음 문장이 어법상 맞으면 O표 하고, 틀리면 바르게 고치시오.

01 My parents have me to read books every day. ⊃ p. 20

02 Kate and Jason have knew each other for five years. ⊃ p. 34

03 The cake will be cut into small pieces. ⊃ p. 60

04 We have not to do all the math homework tonight. ⊃ p. 46

05 My brother and I was watching the documentary. ⊃ p. 32

06 This perfume smells very strongly. ⊃ p. 18

07 The boy was disappointed with the test score. ⊃ p. 62

08 People will can use the app next year. ⊃ p. 44

09 The thief didn't caught by the police. ⊃ p. 60

10 Kevin sent many music files to me. ⊃ p. 18

11 Emma hasn't come out of her room since last night. ⊃ p. 34

12 His books are read by many teenagers in 2000. ⊃ p. 60

13 My mom used to be a flight attendant. ⊃ p. 48

14 I saw Andrew to run down the street. ⊃ p. 20

15 Tony is interested to cooking. ⊃ p. 62

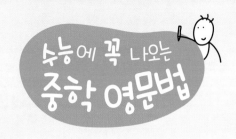

<table>
<tr><td>p o i n t</td><td>1</td></tr>
</table>

point 1
🔗 Chapter 01

주격보어와 목적격보어 자리에는 부사 NO, 형용사 YES!

Rewards sound so positively(→ **positive**). › 고1 연합
보상은 꽤 긍정적으로 들린다.

- 주격보어와 목적격보어 자리에 형용사는 올 수 있지만, 부사는 절대로 올 수 없다.
- 주격보어로 형용사를 가지는 동사: be동사, 감각동사(look, sound, smell, taste, feel), '~이 되다, ~해지다'라는 의미의 become, get, turn 등, '~인 채로 있다'라는 의미의 stay, remain 등
- 목적격보어로 형용사를 가지는 동사: make, keep, find, think 등

point 2
🔗 Chapter 01

동사에 따라 달라지는 다양한 형태의 목적격보어

Many businesses persuade customers [**to purchase** / purchasing] products. › 고2 연합
많은 회사들은 미래의 고객들에게 구매하도록 설득한다.

- 동사에 따라 목적어 뒤에 오는 목적격보어의 형태가 달라진다. 특히, 목적격보어로 동사원형이 오는 동사와 to부정사가 오는 동사를 묻는 문제가 많이 출제되므로 반드시 구분해서 알아두어야 한다.

동사	목적격보어의 형태
지각동사(see, watch, listen to, hear, smell, feel 등)	동사원형/현재분사
사역동사(make, have, let)	동사원형
help	동사원형/to부정사
get	to부정사
persuade, want, ask, tell, expect, allow, order, advise 등	to부정사

point 3
🔗 Chapter 04

능동태로 쓸 것인가, 수동태로 쓸 것인가?

Let's say a product is not [advertising / **advertised**]. › 고1 연합
상품이 광고되지 않는다고 가정해 보자.

- 주어가 행동을 하는 주체면 능동태로, 행위의 대상이면 수동태로 쓴다.
- 수동태 문장에서 be동사의 형태를 묻는 문제가 종종 출제되므로 동사가 주어의 수와 일치하는지, 시제가 맞는지 반드시 확인한다.
- 조동사가 쓰인 수동태는 「조동사 + be + 과거분사」 형태로 쓰는 것에 유의한다.

- -

reward 명 보상   **positive** 형 긍정적인   **persuade** 동 설득하다   **customer** 명 고객   **purchase** 동 구매하다
product 명 상품, 제품   **advertise** 동 광고하다

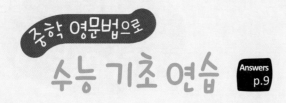

A 괄호 안에서 알맞은 말을 고르시오.

1 The rabbit makes the chase more [difficult / difficultly]. › 고1 연합

2 Comics help me [to start / starting] the day with a smile. › 고1 연합

3 Not everything [teaches / is taught] at school! › 고2 연합

4 The marriage of the two young lovers [was opposed / were opposed] by their parents. › 고1 연합

B 밑줄 친 부분이 어법상 맞으면 O표 하고, 틀리면 바르게 고치시오.

1 As Baron got points, he felt <u>good</u> about himself. › 고1 연합

2 The notes allowed Greg <u>have</u> a different point of view. › 고1 연합

3 More and more people find foraging very <u>beneficially</u>. › 고2 연합

4 Soon after I got out of school, I <u>was offered</u> a job. › 고2 연합

5 In the past, food <u>could find</u> in forests. › 고2 연합

C 다음 글의 밑줄 친 부분 중 어법상 틀린 것은? (바르게 고칠 것) › 고1 연합

We are looking for T-shirt designs for the Radio Music Festival. The Radio Music Festival team ① <u>will select</u> the top five designs. One grand prize winner ② <u>will be</u> chosen by online voting. The winners ③ <u>will be received</u> two T-shirts with their design printed on them.

A chase ⑲ 추격, 추적   marriage ⑲ 결혼   oppose ⑧ 반대하다
B foraging ⑲ 수렵, 채집   beneficially ⑼ 유익하게   offer ⑧ 제안하다
C select ⑧ 선정하다, 선택하다   grand prize 대상   voting ⑲ 투표, 선거   receive ⑧ 받다   printed ⑲ 인쇄된

1 (A), (B), (C)의 각 네모 안에서 어법에 맞는 표현으로 가장 적절한 것은? ▸ 고2 연합

English speakers have a simple system for describing family relationships. For example, the word "cousin" applies to male and female relatives. However, in some cultures, it sounds (A) foolish / foolishly to use the same word to (B) describe / be described different types of relationships. People of Northern Myanmar have eighteen terms for describing their relatives. The words cannot (C) translate / be translated into English words.

(A)		(B)		(C)
① foolish	……	describe	……	translate
② foolish	……	describe	……	be translated
③ foolish	……	are described	……	translate
④ foolishly	……	describe	……	be translated
⑤ foolishly	……	are described	……	translate

2 다음 글의 밑줄 친 부분 중, 어법상 틀린 것은? (바르게 고칠 것) ▸ 고2 연합

Asking questions makes you ① listen actively and helps you ② to have a different learning experience. Sometimes when you should ③ be listening to someone, you might have trouble focusing. So you should think of questions to ask the speaker. It can make the difference. If you ask yourself questions while you ④ are being heard, even boring lectures can become interesting. This is because your interest will come from your own thoughts. Now when you listen to someone ⑤ speak, think and ask questions.

3 (A), (B), (C)의 각 네모 안에서 어법에 맞는 표현으로 가장 적절한 것은? › 고2 연합

Life is like an hourglass. The grains of sand drop one by one in an hourglass. Each day of our lives passes like that, too. We may have a long life ahead of us. However, if we (A) keep / are kept letting every moment escape from us, just like the grains in an hourglass, soon we will have no more days. Have the hourglass (B) remind / to remind us that each moment is an opportunity to live our lives and make our dreams (C) come / coming true.

	(A)		(B)		(C)
①	keep	······	remind	······	come
②	keep	······	remind	······	coming
③	keep	······	to remind	······	come
④	are kept	······	remind	······	come
⑤	are kept	······	to remind	······	coming

---

1 describe ⑧ 묘사하다　relationship ⑲ 관계　for example 예를 들어　apply to ~에 적용되다　relative ⑲ 친척　term ⑲ 용어　translate ⑧ 번역하다

2 actively ⑨ 활동적으로　experience ⑲ 경험　have trouble -ing ~하는 데 어려움이 있다　focus ⑧ 집중하다　lecture ⑲ 강의　This is because 이는 ~하기 때문이다　come from ~에서 나오다　thought ⑲ 생각, 사고

3 hourglass ⑲ 모래시계　grain ⑲ 알갱이　one by one 하나하나씩　ahead of ~ 앞에　keep -ing ~하는 것을 지속하다　escape ⑧ 달아나다　remind ⑧ 생각나게 하다, 일깨우다　moment ⑲ 순간　opportunity ⑲ 기회　make a dream come true 꿈을 이루다

05

코에 걸면 코걸이, 귀에 걸면 귀걸이,
만능 재주꾼

to부정사

to부정사의 명사적 용법

to부정사는 「to + 동사원형」 형태로, 문장에서 명사, 형용사, 부사 역할을 한다.

A 명사처럼 쓰는 to부정사

문장에서 명사처럼 주어, 목적어, 보어 역할을 할 수 있으며, '~하는 것'으로 해석한다.

1 주어

a **To ride** a bike here is safe.
　　주어　　　　　단수동사

b **To go** there by bike saves much time.
　　주어
→ **It** saves much time **to go** there by bike.
　가주어　　　　　　　　　　　진주어

1 to부정사 주어는 단수 취급하여 단수동사를 쓴다.

b 「It ~ to부정사 …」
주어가 to부정사일 경우, 주어 자리에 가주어 It을 대신 쓰고 to부정사를 뒤로 보내는 것이 일반적이다.

2 목적어

a Mina wanted **to stay** home yesterday.
　　　　　　　wanted의 목적어

b She decided **not to go** to the party.
　　　　　decided의 목적어

2 동사의 목적어 역할을 한다.

b to부정사의 부정형은 「not[never] + to부정사」이다.

3 보어

a My goal is **to clean** my room every day.
　　　　　　주격보어 (My goal의 내용)

b Mom wants me **to clean** my room.
　　　　　　목적격보어 (me의 행동)

3 주어나 목적어를 보충 설명하는 보어 역할을 한다.

a 주격보어로서 be동사 뒤에서 주어의 성질이나 상태를 설명한다.

b 목적격보어로서 목적어의 행동 등을 나타낸다.

☑ 목적격보어로 to부정사를 쓰는 동사: want, tell, ask, expect, allow, advise 등

B 의문사 + to부정사

to부정사와 같이 문장에서 명사처럼 주어, 목적어, 보어 역할을 한다. 「의문사 + 주어 + should[have to] + 동사원형」으로 바꿔 쓸 수 있다.

a **What to choose** here is difficult for me.
　주어
= What I should[have to] choose here

a what + to부정사: 무엇을 ~할지

b I don't know **who(m) to believe** among them.
= who(m) I should[have to] believe among them

b who(m) + to부정사: 누구를 ~할지

c The problem is **where to get** the limited edition.
　　　　　　　보어
= where I should[have to] get the limited edition

c where + to부정사: 어디서 ~할지

d **When to have** lunch is up to you.

d when + to부정사: 언제 ~할지

e Do you know **how to go** to the shopping mall?

e how + to부정사: 어떻게 ~할지, ~하는 방법

Exercise

Answers p.10

A 밑줄 친 부분이 문장에서 주어, 목적어, 보어 중 어느 역할을 하는지 쓰시오.

1 Mom told me to study hard.

2 She hopes to meet the famous singer, Daniel.

3 My dream is to become a game developer.

4 It's bad for your teeth to eat too much chocolate.

B 어법상 틀린 부분을 찾아 바르게 고치시오.

1 To watch Marvel movies are exciting.

2 Please tell me how find to the bus stop.

3 My teacher wants me to not be late for school.

4 That was interesting to listen to her story.

C 우리말과 일치하도록 괄호 안의 말을 이용하여 문장을 완성하시오.

1 나는 학교 밴드에 가입할 계획이다. (plan, join)

→ I _____ _____ _____ the school band.

2 선생님이 우리가 어디로 가야 할지 말씀해 주실 것이다. (go)

→ The teacher will tell us _____ _____ _____ .

3 온라인 게임을 하는 것은 재미있다. (fun, play)

→ _____ _____ _____ _____ _____ online games.

4 나의 부모님은 내가 모든 일에 최선을 다하기를 바라신다. (parents, want)

→ _____ _____ _____ _____ _____ do my best in everything.

Unit 02 to부정사의 형용사적·부사적 용법

to부정사는 형용사처럼 명사나 대명사를 수식할 수 있고, 부사처럼 동사, 형용사, 부사 혹은 문장 전체를 수식할 수 있다.

A 형용사처럼 쓰는 to부정사

형용사처럼 쓰여 명사나 대명사를 수식할 수 있으며, '~할', '~하는'으로 해석한다.

1 (대)명사를 수식하는 to부정사

a It's time **to have** breakfast.

b I have good news **to tell** you.

c We're looking for something *special* **to buy**.
   형용사   to부정사

2 (대)명사를 수식하는 「to부정사 + 전치사」

a They are looking for a house **to live** *in*.

b I need new music **to listen** *to*.

---

1 명사나 대명사를 뒤에서 수식한다.

☑ 「It's time + to부정사」: ~할 시간이다

c -thing, -one, -body로 끝나는 대명사를 형용사와 to부정사가 함께 수식할 때는 「대명사 + 형용사 + to부정사」 형태로 쓴다.

2 수식을 받는 (대)명사가 동사가 아닌 전치사의 목적어일 경우, to부정사 뒤에 꼭 전치사를 써야 한다.

a live a house 집을 살다 (✗)
   live <u>in</u> a house 집<u>에</u> 살다 (O)

b listen: 듣다 / listen to: ~을 듣다
   listen <u>to</u> new music 새로운 음악을 듣다

B 부사처럼 쓰는 to부정사

부사처럼 쓰여 동사, 형용사, 부사 또는 문장 전체를 수식할 수 있으며, 다양한 의미로 쓰인다.

a He worked on the farm **to help** his parents.
   = in order to help his parents
   = so as to help his parents

b She was disappointed **to hear** the news.
   감정   감정(disappointed)의 원인

c You are so kind **to help** the old lady.
   판단   판단의 근거

d His son grew up **to be** a famous pilot.
   '…해서'   '~하다'(결과)

e The translation app is easy **to use**.
   정도   '~하기에'

---

a 목적: ~하기 위해, ~하도록
   to 대신 in order to나 so as to를 쓸 수 있다.

b 감정의 원인: ~해서 (…한)
   감정을 나타내는 형용사를 뒤에서 수식한다.

☑ 감정을 나타내는 형용사: happy, glad, pleased, excited, surprised, shocked, sad, sorry, disappointed 등

c 판단의 근거: ~하다니 (…하다)

d 결과: (…해서 결국) ~하다

e 정도: ~하기에 (…한)
   난이도 등 어떤 성질의 정도를 나타내는 형용사를 뒤에서 수식한다.

Exercise

Answers p.10

A 우리말과 일치하도록 괄호 안의 말을 바르게 배열하시오.

1 잠자리에 들 시간이다. (go, time, to)

→ It's _____ to bed.

2 나는 따뜻한 먹을 것이 필요하다. (eat, something, to, hot)

→ I need _____.

3 너는 쓸 펜을 가지고 있니? (with, a pen, write, to)

→ Do you have _____?

B 밑줄 친 부분에 유의하여 우리말 해석을 완성하시오.

1 I called my teacher to get advice.

→ 나는 _____ 선생님께 전화했다.

2 They were pleased to win the game.

→ 그들은 _____ 기뻤다.

3 This math problem is difficult to solve.

→ 이 수학 문제는 _____.

4 He was smart to make that decision.

→ _____ 그는 영리했다.

C 우리말과 일치하도록 괄호 안의 말을 이용하여 문장을 완성하시오.

1 나는 오늘 저녁에 해야 할 많은 일이 있다. (things, do, a lot of)

→ I have _____ this evening.

2 그녀는 앉을 의자를 찾았다. (a chair, sit down)

→ She found _____.

3 나의 할머니는 95세까지 사셨다. (ninety-five, lived, be)

→ My grandmother _____.

4 그는 책을 사기 위해 서점에 갔다. (buy, some books, in order)

→ He went to the bookstore _____.

Unit 03 to부정사의 의미상 주어, 주요 to부정사 구문

to부정사의 의미상 주어란 to부정사가 나타내는 동작이나 상태의 주체를 말한다. 또한, to부정사는 다른 단어와 함께 구문을 이루어 다양한 의미로 쓰이기도 한다.

A to부정사의 의미상 주어

to부정사의 동작이나 상태의 주체가 문장의 주어와 다를 경우, to부정사 앞에 「for/of + 명사[목적격 대명사]」 형태로 to부정사의 의미상 주어를 밝혀 쓴다.

1 for + 명사[목적격 대명사]

a Chocolate is dangerous **for dogs** to eat.
                               to eat의 의미상 주어

b Henry asked **for Amber** to forgive him.

2 of + 명사[목적격 대명사]

a It was *considerate* **of him** to think of others.
                          to think의 의미상 주어

b It is very *nice* **of you** to say so.

1 to부정사의 의미상 주어는 보통 전치사 for와 함께 명사나 목적격 대명사 형태로 나타낸다.
  a 문장의 주어 Chocolate ≠ eat 하는 주체 dogs
  b 문장의 주어 Henry ≠ forgive 하는 주체 Amber

2 사람의 성격이나 태도를 나타내는 형용사가 쓰이면 to부정사의 의미상 주어는 전치사 of와 함께 명사나 목적격 대명사 형태로 쓴다.
  ☑ 사람의 성격이나 태도를 나타내는 형용사: kind, polite, nice, wise, careful, careless, rude, silly, foolish 등

B too ~ to부정사

a Mia was **too** shocked **to say** anything.
= Mia was **so** shocked **that** she **couldn't say** anything.

b Sam walks **too** fast *for me* **to follow**.
= Sam walks **so** fast **that** I **can't follow** him.
                                        = Sam

a 「too + 형용사/부사 + to부정사」는 '너무 …해서 ~할 수 없다', '~하기에 너무 …하다'라는 뜻으로, 「so + 형용사/부사 + that + 주어 + can't + 동사원형」으로 바꿔 쓸 수 있다.

b 위와 같이 문장을 전환할 때, to부정사의 의미상 주어가 that절의 주어가 된다. to부정사의 목적어가 문장의 주어와 같아 생략된 경우, that절에서는 밝혀 쓴다.

C ~ enough + to부정사

a He spoke loudly **enough to catch** our attention.
= He spoke **so** loudly **that** he **could catch** our attention.

b The box is light **enough** *for her* **to carry**.
= The box is **so** light **that** *she* **can carry** it.
                                        = The box

a 「형용사/부사 + enough + to부정사」는 '~할 만큼 충분히 …하다'라는 의미로, 「so + 형용사/부사 + that + 주어 + can + 동사원형」으로 바꿔 쓸 수 있다.

b 위와 같이 문장을 전환할 때, to부정사의 의미상 주어가 that절의 주어가 된다. to부정사의 목적어가 문장의 주어와 같아 생략된 경우, that절에서는 밝혀 쓴다.

A   괄호 안에서 알맞은 것을 고르시오.

1 It was not easy [for / of] me to get the correct answer.

2 It was careless [for / of] you to lose your cell phone.

3 I was [too / enough] hungry to walk any more.

4 She spoke slowly enough [to understand for me / for me to understand] her.

B   두 문장의 의미가 같도록 빈칸에 알맞은 말을 쓰시오.

1 He is so tall that he can reach the ceiling.

= He is _____ _____ to reach the ceiling.

2 I was so sleepy that I couldn't watch the movie.

= I was _____ _____ to watch the movie.

3 The puzzle is so difficult that I can't solve it.

= The puzzle is _____ _____ _____ _____ to solve.

4 This book is so easy that children can read it.

= This book is _____ _____ _____ to read.

C   우리말과 일치하도록 괄호 안의 말을 이용하여 문장을 완성하시오.

1 그녀가 매일 피아노 연습을 하는 것은 쉽지 않다. (practice, her)

→ It's not easy _____ _____ _____ _____ the piano every day.

2 그가 진실을 말한 것은 현명했다. (tell, him)

→ It was wise _____ _____ _____ _____ the truth.

3 우리는 좋은 자리를 차지할 만큼 충분히 일찍 왔다. (early, get)

→ We came _____ _____ _____ _____ good seats.

4 어젯밤에 너무 더워서 그들은 잠이 들지 못했다. (fall asleep, them, hot)

→ It was _____ _____ _____ _____ _____ _____ _____ last night.

Writing Practice

Answers p.10

A 우리말과 일치하도록 괄호 안의 말을 바르게 배열하시오. (필요하면 형태를 바꿀 것)

01 축구 경기를 보는 것은 흥미진진했다. (was, watch, it, to, exciting)

→ _____ the soccer game.

02 엄마는 내게 탁자를 옮기지 말라고 말씀하셨다. (the table, told, not, me, to, move)

→ Mom _____.

03 네가 선생님께 거짓말을 한 것은 어리석었다. (you, to, silly, of, lie)

→ It was _____ to the teacher.

04 우리는 앉을 벤치를 찾고 있었다. (on, a bench, sit, to)

→ We were looking for _____.

05 그녀는 너무 피곤해서 그 일을 마칠 수 없었다. (finish, too, to, the work, tired)

→ She was _____.

06 정현은 자라서 테니스 선수가 되었다. (be, a tennis player, grow up)

→ Chung Hyeon _____.

07 나는 나를 지지해 줄 누군가가 필요하다. (support, someone, me)

→ I need _____.

08 너에게 언제 전화해야 할지 내게 말해 줘. (call, when, you)

→ Please tell me _____.

09 그는 도둑을 잡을 만큼 충분히 용감하다. (enough, a thief, brave, catch)

→ He is _____.

10 이 바지는 너무 꼭 껴서 그녀가 입을 수 없다. (tight, for, too, her, wear)

→ These pants are _____.

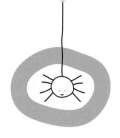

B 우리말과 일치하도록 괄호 안의 말을 이용하여 문장을 완성하시오.

01 a 외국어를 배우는 것은 재미있다. (learn)

→ _____ is fun _____ a foreign language.

b 유명한 가수가 되는 것은 무척 힘들다. (very difficult, become)

→ _____ a famous singer.

02 a Tommy는 함께 이야기할 친구가 많다. (talk)

→ Tommy has many friends _____ with.

b Stella는 가지고 놀 장난감이 없다. (any toys, play)

→ Stella doesn't have _____.

03 a 그는 케이크를 사기 위해 빵집에 갔다. (in order, buy)

→ He went to the bakery _____ a cake.

b 그녀는 돈을 빌리기 위해 은행에 갔다. (the bank, borrow, some money)

→ She went to _____.

04 a 그렇게 행동하다니 그는 경솔했다. (him, act)

→ It was careless _____ like that.

b 그렇게 말하다니 그녀는 무척 무례했다. (so rude, speak, like that)

→ _____

05 a 나는 지금 너무 바빠서 너를 도울 수 없다. (too, busy, help)

→ I am _____ you now.

b 나는 지금 너무 졸려서 숙제를 할 수 없다. (sleepy, do one's homework)

→ _____

Actual Test

Answers p.10

01
빈칸에 들어갈 말로 알맞은 것은?

> Dad told me _____ the dishes.

① wash ② washed
③ washing ④ to wash
⑤ to washing

02
우리말을 영어로 옮길 때 빈칸에 들어갈 말로 알맞은 것은?

> 나의 꿈은 한국에서 최고의 피아니스트가 되는 것이다.
> → My dream is _____ the best pianist in Korea.

① become ② becoming
③ to become ④ to becoming
⑤ became

03
빈칸에 들어갈 말이 순서대로 짝지어진 것은?

> • To eat fresh vegetables _____ good.
> • Please tell me where _____ transfer bus to subway.

① is – to ② is – by
③ are – to ④ is – should
⑤ are – should

04 서술형
우리말과 일치하도록 괄호 안의 말을 바르게 배열하시오.

> 언제 저녁을 먹을지 말씀해 주시겠어요?
> (when, you, me, can, have, tell, to, dinner)

→ _____

[05~06] 밑줄 친 부분의 쓰임이 나머지 넷과 다른 것을 고르시오.

05
① He decided to leave the house.
② Do you want to stay home?
③ I hope to see you soon again.
④ Are you planning to visit Seoul?
⑤ It is difficult to finish the book.

06
① It is time to brush my teeth.
② They allowed us to join them.
③ This is another chance to try.
④ Do you want something to eat?
⑤ I don't have much money to spend.

07
우리말을 영어로 바르게 옮긴 것은?

> 유리를 깨지 않도록 조심해라.

① Be careful not breaking the glass.
② Be careful to not breaking the glass.
③ Be careful not to breaking the glass.
④ Be careful not to break the glass.
⑤ Be careful to not break the glass.

08 서술형
괄호 안의 말을 바르게 배열하여 대화의 빈칸을 완성하시오.

> A: You are sweating a lot. _____
> _____ ?
> B: Yes, please. Thank you so much.

→ _____
  (like, cold, would, to, you, something, drink)

09

우리말을 영어로 옮길 때 빈칸에 들어갈 말로 알맞은 것은?

> 그렇게 어려운 시험을 통과하다니 Richard는 운이 좋았다.
> → Richard _____ such a difficult test.

① was lucky that pass
② was lucky to pass
③ was lucky passing
④ is lucky passing
⑤ is lucky to pass

10

밑줄 친 부분이 어법상 틀린 것은? (바르게 고칠 것)

① I have some books to read in.
② You should hurry not to be late.
③ Please tell me how to get there.
④ Her name is not easy to remember.
⑤ He decided never to stay up late again.

11

빈칸에 들어갈 말이 순서대로 짝지어진 것은?

> • She needs a desk to write _____.
> • I have many friends to play _____.
> • They found a hotel to stay _____.
> • He wants new songs to listen _____.

① on – with – in – to
② on – with – in – by
③ on – on – out – to
④ with – on – in – by
⑤ with – with – out – to

12

두 문장의 의미가 같지 <u>않은</u> 것은?

① I don't know how to explain it.
= I don't know how I should explain it.
② I'm thinking about what to wear.
= I'm thinking about what I should wear.
③ Tell me whom to invite.
= Tell me whom I have to invite.
④ He studied hard to pass the test.
= He studied hard so as to pass the test.
⑤ To fix the machine is impossible.
= That is impossible to fix the machine.

13

밑줄 친 부분의 쓰임이 보기와 같은 것은?

> 보기   I got a chance <u>to meet</u> the singer.

① You are so nice <u>to help</u> me.
② I don't have time <u>to play</u> games.
③ Her son grew up <u>to be</u> an actor.
④ They were happy <u>to hear</u> the news.
⑤ This new program is difficult <u>to use</u>.

14 서술형

우리말과 일치하도록 괄호 안의 말을 이용하여 문장을 완성하시오.

> 그런 질문들을 하다니 그는 어리석었다.
> (silly, ask such questions)

→ It _____.

[15~16] 두 문장의 의미가 같도록 빈칸에 알맞은 말을 쓰시오.

15 서술형

I am so nervous that I can't fall asleep.

= I am _____ _____ _____

_____ _____ .

16 서술형

Matthew is so smart that he can solve that math problem.

= Matthew is _____ _____

_____ _____ that math problem.

17

대화의 밑줄 친 부분 중 어법상 틀린 것은? (바르게 고칠 것)

A: This book is not difficult ①to understand.
B: Yeah, and ②it is also ③fun ④of ⑤us to read.
A: You're right.

18

다음 중 어법상 틀린 문장을 모두 고르면? (바르게 고칠 것)

① Does she like to dance?
② The food is too salty to eat.
③ I know nice someone to talk to.
④ Do you think it's time to go home?
⑤ Be careful to not catch a cold.

19

밑줄 친 부분의 쓰임이 보기와 같은 것은?

| 보기 | I recently started to learn Chinese. |

① To walk with my dog is always fun.
② I promised to help him paint the walls.
③ I want the rain to stop soon.
④ It was a pleasure to meet you.
⑤ My vacation plan is to go to the beach.

20

다음 중 어법상 틀린 문장은? (바르게 고칠 것)

① It is very kind of you to say so.
② It was foolish of her to get up late.
③ It was good for us to work together.
④ He spoke so fast that I couldn't follow him.
⑤ I worked hard enough for me to be a doctor.

21 서술형

우리말과 일치하도록 빈칸에 알맞은 말을 쓰시오.

이 모자는 너무 작아서 내가 쓸 수 없다.

→ This hat _____ _____ _____

_____ _____ to wear.

22

밑줄 친 부분 중 어법상 틀린 것은? (바르게 고칠 것)

It was ①too ②important ③for ④we ⑤to forget.

23

빈칸에 들어갈 말이 나머지 넷과 <u>다른</u> 것은?

① It was wise _____ you to save money.

② It is generous _____ you to understand me.

③ It is hard _____ me to believe that.

④ It was stupid _____ him to miss the chance.

⑤ It was very nice _____ you to help the old man.

24 서술형

다음 글에서 어법상 <u>틀린</u> 부분을 <u>모두</u> 찾아 바르게 고치시오.

I am 15 years old now. It is time to think about what to doing in the future. Actually, I wanted to be a cook before. Now my goal is to became a police officer. I will do my best for my dream. It will be great of me to work as a police officer.

25 서술형

대화에서 어법상 <u>틀린</u> 부분을 <u>두 곳</u> 찾아 바르게 고치시오.

A: Look at this dress. It's so beautiful.
B: Yeah, I think it'll look good on you.
A: Thanks, and it is so cheap that I can buying it.
B: Good. It's really beautiful for wear.

(1) _____ → _____

(2) _____ → _____

26

다음 중 어법상 옳은 문장은? (틀린 것들을 바르게 고칠 것)

① There are many things to buy with.

② He did not tell me where to stay.

③ I learned how for making a cake.

④ I promised not being late again.

⑤ To go to concerts are exciting.

27

다음 중 어법상 옳은 문장의 개수는? (틀린 것들을 바르게 고칠 것)

a. My advice is tries it again.
b. I can't decide what to do now.
c. He doesn't want to fail the exam.
d. To exercise regularly is necessary.
e. We were disappointed for lose the game.

① 1개   ② 2개

③ 3개   ④ 4개

⑤ 5개

28 서술형

대화의 내용을 한 문장으로 요약하고자 할 때, 빈칸에 들어갈 알맞은 말을 쓰시오.

A: Hi, Ann. Where did you go last night?
B: I went to the library.
A: Oh, did you borrow any interesting book?
B: No, I just returned a book.

→ Ann went to the library last night _____ _____ _____ _____ a book.

Recall My Memory

Answers
p.12

다음 문장이 어법상 맞으면 ○표 하고, 틀리면 바르게 고치시오.

01 Brad always carries to read something. ⊙ p. 78

02 *The Lord of the Rings* didn't be written by J.K. Rowling. ⊙ p. 60

03 Dad bought some books on computer programming of me. ⊙ p. 18

04 Jake has met his old friend Mark last Friday. ⊙ p. 34

05 I will must prepare for the math test tonight. ⊙ p. 46

06 This book is too difficult for me to read. ⊙ p. 80

07 Your brother looks cool and fashionable. ⊙ p. 18

08 My foreign friends are interested by Korean dramas. ⊙ p. 62

09 He has better not eat too much meat. ⊙ p. 48

10 Could you tell me to use how this copy machine? ⊙ p. 76

11 They are having spaghetti and pizza for lunch. ⊙ p. 32

12 She felt the wind to blow through her hair. ⊙ p. 20

13 This tree is planted by me two years ago. ⊙ p. 60

14 It's not easy of her to finish the race. ⊙ p. 80

15 Have you ever bought clothes on the Internet? ⊙ p. 34

Chapter

06

동사인 듯 동사 아닌,
명사 같은 너,

동명사

동명사의 역할, 동명사 관용표현

동명사는 「동사원형-ing」 형태로, 동사의 성질을 가진 명사이다. 동사처럼 뒤에 목적어나 수식어 등을 쓸 수 있으며, 명사처럼 문장에서 주어, 목적어, 보어 역할을 한다. '~하는 것', '~하기' 등으로 해석한다.

A 주어로 쓰이는 동명사

Keeping a diary is a good habit.
　　　주어　　　　단수 동사
= **It** is a good habit **to keep** a diary.

동명사 주어는 단수 취급하므로 단수동사를 쓴다. 동명사 주어를 to부정사로 바꿔 쓸 때는 「It ~ to부정사...」로 써 준다.

B 목적어로 쓰이는 동명사

1 동사의 목적어

a My dad loves **watching** baseball games.

b She enjoys **not doing** anything on weekends.

2 전치사의 목적어

The guest left after **saying** goodbye.

cf. The guest left after to say goodbye. ×

1 동사의 목적어 역할을 한다.

b 동명사의 부정형은 「not[never] + 동명사」이다.

2 전치사의 목적어 역할을 한다.

cf. to부정사는 동사의 목적어로는 쓰이지만 전치사의 목적어로는 쓰이지 않는다.

C 보어로 쓰이는 동명사

John's dream is **traveling** around the world.
　　　　　주격보어 (John's dream의 내용)
= John's dream is **to travel** around the world.

cf. John is **traveling** around the world.
　　　　　동사 (현재진행형)

be동사 뒤에 오는 동명사는 주어가 무엇인지 설명해 주는 주격보어 역할을 한다.

cf. be동사 뒤에 오는 동명사 보어('~하는 것(이다)')와 현재진행형('~하는 중(이다)')을 혼동하지 않도록 유의한다.

D 동명사 관용표현

a Let's **go hiking** this Saturday.

b I **spend** my weekends **watching** TV.

c Daniel **is used to waking** up early.

cf. Technology **is used to improve** our life.

d I **look forward to hearing** from you soon.

a go + 동명사: ~하러 가다

b spend + 시간[돈] + 동명사: ~하면서 (시간)을 보내다, ~하는 데 (돈)을 쓰다

c be used to + 동명사: ~하는 데 익숙하다

cf. be used + to부정사: ~하는 데 사용되다

d look forward to + 동명사: ~하기를 고대하다[몹시 기다리다]

그 밖의 자주 쓰이는 동명사 관용표현

- How about + 동명사 ~?: ~하는 것이 어때?
- be busy + 동명사: ~하느라 바쁘다
- be good[poor] at + 동명사: ~을 잘하다[못하다]
- feel like + 동명사: ~하고 싶다
- thank + 명사[목적격 대명사] + for + 동명사: ~에 대해 …에게 고마워하다
- have trouble[difficulty] (+ in) + 동명사: ~하는 데 어려움을 겪다

Exercise

Answers p.12

A 괄호 안에서 알맞은 것을 고르시오.

1 Reading comic books [are / is] fun.

2 [Be / Being] with my family makes me happy.

3 I'm looking forward to [go / going] to the concert.

4 He is interested in [playing / to play] the drums.

5 [Drinking not / Not drinking] enough water can make you feel tired.

B 어법상 <u>틀린</u> 부분을 찾아 바르게 고치시오. (to부정사는 쓰지 말 것)

1 Ride a bike is good exercise.

2 Elizabeth spends a lot of money shop for clothes.

3 Learning foreign languages are not easy.

4 I have a reason for going not his party.

5 Noah is used to stay up late at night.

C 우리말과 일치하도록 괄호 안의 말을 이용하여 문장을 완성하시오. (to부정사는 쓰지 말 것)

1 나는 내일 엄마와 쇼핑을 하러 갈 것이다. (shop, go)

→ I will _____ with my mom tomorrow.

2 오빠는 시험공부를 하느라 바쁘다. (study, busy, for the exam)

→ My brother _____.

3 그의 직업은 가구를 만드는 것이다. (make furniture)

→ His job _____.

4 나는 오늘 퇴원하고 싶지 않다. (feel like, leave the hospital)

→ I don't _____ today.

5 8시에 만나는 건 어때요? (how about, meet)

→ _____ at 8 o'clock?

6 스마트폰을 너무 많이 사용하는 것은 건강에 안 좋다. (use, too much, a smartphone)

→ _____ bad for your health.

Unit 02 동명사 vs. to부정사

동명사와 to부정사 모두 동사의 목적어 역할을 할 수 있지만, 동사의 종류나 목적어가 나타내고자 하는 의미에 따라 둘 중 한 가지 형태로만 쓰이기도 한다.

A 동명사와 to부정사 중 하나만 목적어로 쓰는 동사

1 동명사만 목적어로 쓰는 동사

a Someone **kept knocking** on the door.

b My uncle **quit smoking** a long time ago.

2 to부정사만 목적어로 쓰는 동사

a Chris **wants to make** new friends.

b Somi **decided to take** a nap for an hour.

1 동명사만 목적어로 쓰는 동사:
enjoy, keep, finish, mind, stop, give up, avoid, deny, quit, put off, practice 등

2 to부정사만 목적어로 쓰는 동사:
want, hope, wish, expect, plan, decide, promise, ask, learn, agree, refuse 등

B 동명사와 to부정사 둘 다 목적어로 쓰는 동사

like, love, hate, begin, start, continue 등의 동사는 의미 차이 없이 동명사와 to부정사를 모두 목적어로 쓸 수 있다.

a Lisa **loves talking** to people.
  = Lisa **loves to talk** to people.

b The dog **started barking** at me.
  = The dog **started to bark** at me.

a love + 동명사[to부정사]: ~하는 것을 좋아하다

b start + 동명사[to부정사]: ~하기 시작하다

C 동명사와 to부정사 목적어의 의미가 다른 동사

동명사와 to부정사를 모두 목적어로 쓸 수 있으나 의미가 달라지는 경우이다. 보통 동명사 목적어는 과거나 현재의 행동을, to부정사 목적어는 아직 하지 않은 미래의 행동을 의미한다.

a He **forgot reading** the book and read it again.
  I **forgot to tell** her to come home early.

b I **remember meeting** him last week.
  Remember to return the book tomorrow.

c Edi **tried using** the app out of curiosity.
  Jenny **tries to exercise** after school.

cf. Oscar **stopped looking** at his cell phone.
  <u>명사적 용법 (동사 stopped의 목적어)</u>

  I **stopped to take** a picture of the sunset.
  <u>부사적 용법 (목적)</u>

a forget + 동명사: (이전에) ~한 것을 잊다
  forget + to부정사: (앞으로) ~할 것을 잊다

b remember + 동명사: (이전에) ~한 것을 기억하다
  remember + to부정사: (앞으로) ~할 것을 기억하다

c try + 동명사: (시험 삼아) ~해 보다
  try + to부정사: ~하려고 노력하다

cf. stop + 동명사: ~하는 것을 멈추다
  stop + to부정사: ~하기 위해 멈추다

  stop은 동명사만을 목적어로 쓰는 동사이다. stop 바로 뒤에 오는 to부정사는 stop의 목적어가 아니라 목적('~하기 위해')을 나타내는 부사 역할을 한다.

A 괄호 안에서 알맞은 것을 고르시오.

1 Sophie enjoys [watching / to watch] Korean TV shows.

2 My little sister promised [brushing / to brush] her teeth.

3 Do you mind [turning / to turn] off the music?

4 Eric wants [becoming / to become] a movie director.

5 We're planning [going / to go] to an amusement park.

B 우리말과 일치하도록 괄호 안의 말을 빈칸에 알맞은 형태로 쓰시오.

1 그녀는 작년에 그 뮤지컬을 봤던 것을 기억한다. (see)

→ She remembers ＿＿＿＿＿＿ the musical last year.

2 내일 우산을 가져오는 것을 잊지 마라. (bring)

→ Don't forget ＿＿＿＿＿＿ your umbrella tomorrow.

3 Tom은 오카리나를 연주하려고 노력한다. (play)

→ Tom tries ＿＿＿＿＿＿ the ocarina.

4 나는 강아지와 함께 산책하는 것을 좋아한다. (take)

→ I like ＿＿＿＿＿＿ a walk with my dog.

C 우리말과 일치하도록 괄호 안의 말을 이용하여 문장을 완성하시오.

1 너는 왜 그 요리 경연대회에 참가하는 것을 포기했니? (give up, participate in)

→ Why did you ＿＿＿＿＿＿＿＿＿ the cooking contest?

2 Monica는 전화를 받기 위해 멈춰 섰다. (answer, stop)

→ Monica ＿＿＿＿＿＿＿＿＿ the phone.

3 그녀는 역사 보고서 쓰는 것을 끝마쳤다. (finish, write)

→ She ＿＿＿＿＿＿＿＿＿ the history report.

4 나는 알람 맞추는 것을 잊어서 오늘 아침에 늦게 일어났다. (set, forget)

→ I ＿＿＿＿＿＿＿＿＿ the alarm, so I got up late this morning.

Writing Practice

Answers p.12

A   우리말과 일치하도록 괄호 안의 말을 바르게 배열하시오. (필요하면 형태를 바꿀 것)

01 내 꿈은 우주를 여행하는 것이다. (traveling, is, into space)

→ My dream _____.

02 날씨가 너무 더워서 우리는 강에 캠핑하러 갔다. (camping, in the river, went)

→ It was very hot, so we _____.

03 어두운 데서 읽는 것은 너의 시력에 좋지 않다. (in the dark, reading, is)

→ _____ not good for your eyesight.

04 우리는 피곤해서 집에 가기로 했다. (to go, decided, home)

→ We were tired, so we _____.

05 제시간에 오지 않아서 미안하다. (coming, not, on time, for)

→ I'm sorry _____.

06 Rebecca는 나와 악수하는 것을 피한다. (shake hands, with me, avoid)

→ Rebecca _____.

07 그녀는 라디오 듣는 것을 멈췄다. (listen to, stop)

→ She _____ the radio.

08 나는 항상 치과에 가는 것을 미룬다. (go to, put off, the dentist)

→ I always _____.

09 내일 점심을 가져오는 것을 잊지 마세요. (your lunch, bring, forget)

→ Please don't _____ tomorrow.

10 그는 게을러서 어떤 일도 하고 싶어 하지 않는다. (any work, feel like, do)

→ He is lazy, so he never _____.

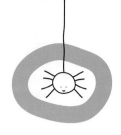

B 우리말과 일치하도록 괄호 안의 말을 이용하여 문장을 완성하시오.

01 **a** 거짓말하지 않는 것이 나의 좌우명이다. (tell a lie)

→ Not _____ is my motto.

b 쉽게 포기하지 않는 것이 그녀의 장점이다. (give up, easily)

→ _____ her strength.

02 **a** 이번 주말에 자원봉사하는 게 어때? (do)

→ How about _____ volunteer work this weekend?

b 방과 후에 농구를 하는 게 어때? (play basketball)

→ _____ after school?

03 **a** 우리는 그 호수 주변을 산책하는 것을 즐긴다. (take a walk)

→ We enjoy _____ around the lake.

b 우리는 그 공원에서 자전거 타는 것을 즐긴다. (ride bikes)

→ We _____ in the park.

04 **a** 그는 컴퓨터 게임을 하면서 방학을 보낸다. (spend, play)

→ He _____ his vacations _____ computer games.

b 그녀는 책을 사는 데 자신의 돈을 쓴다. (one's money, buy books)

→ _____

05 **a** 다섯 시에 그를 데리러 가는 것을 기억해라. (pick him up)

→ Remember _____ at five.

b 매일 자외선 차단제를 사용하는 것을 기억해라. (use sunscreen, every day)

→ _____

Actual Test

Answers p.12

[01~02] 빈칸에 들어갈 말로 알맞은 것을 고르시오.

01

I've just finished _____ my suitcase.

① pack   ② packed   ③ to pack
④ packing   ⑤ to be packed

02

_____ new friends is important.

① Make   ② Made   ③ Makes
④ Making   ⑤ To making

[03~04] 빈칸에 들어갈 말로 알맞은 것을 <u>모두</u> 고르시오.

03

Amy _____ going to the beach last summer.

① hoped   ② enjoyed   ③ wanted
④ planned   ⑤ avoided

04

The boy hates _____ carrots.

① eat   ② ate   ③ to eat
④ eaten   ⑤ eating

05

밑줄 친 부분 중 어법상 틀린 것은? (바르게 고칠 것)

<u>Speaking</u> <u>in front of</u> <u>others</u> <u>always</u> <u>make</u>
  ①   ②   ③   ④
me <u>nervous</u>.
    ⑤

06

다음 문장에서 not이 들어가기에 알맞은 곳은?

Please forgive (①) me (②) for (③) answering (④) your letter (⑤).

07 서술형

그림을 보고, 괄호 안의 말을 빈칸에 알맞은 형태로 쓰시오.

Oliver enjoys (1) _____ (sing). He decided (2) _____ (join) the school choir this year.

08

대화의 빈칸에 공통으로 들어갈 말로 알맞은 것은?

A: Are you interested in _____ Korean food?
B: Yes, I love _____ Korean food.

① cook   ② cooks   ③ cooking
④ to cook   ⑤ cooked

[09~10] 빈칸에 들어갈 말이 순서대로 짝지어진 것을 고르시오.

09

> • They kept _____ about the new restaurant.
> • The two leaders agreed _____ again in March.

① talk – to meet   ② to talk – to meet
③ talking – meeting   ④ to talk – meeting
⑤ talking – to meet

10

> • How often do you practice _____?
> • He had trouble _____ the file.

① dance – to open
② to dance – to open
③ dancing – opening
④ to dance – opening
⑤ dancing – to open

11

다음 중 어법상 **틀린** 문장은? (바르게 고칠 것)

① She likes discussing climate change.
② Tony stopped collecting Marvel figures.
③ I don't mind being alone.
④ He gave up studying French.
⑤ I didn't expect getting a good grade.

12

밑줄 친 부분의 쓰임이 보기와 같은 것은?

> 보기   His hobby is <u>writing</u> songs.

① He is <u>going</u> to school.
② The baby is not <u>sleeping</u>.
③ John is <u>fixing</u> his computer.
④ He likes <u>playing</u> badminton.
⑤ Are you <u>washing</u> the dishes?

13 서술형

대화를 읽고, 빈칸에 들어갈 알맞은 말을 쓰시오.

> Daisy: It's too hot in here. Can you open the windows, please?
> Sarah: Sure. No problem.

→ Sarah doesn't mind _____.

14 서술형

괄호 안의 말을 이용하여 우리말을 영어로 옮기시오.

> 그는 쓰기에 어려움을 느낀다. (difficulty, in, write)

→ _____

15

우리말을 영어로 바르게 옮긴 것을 <u>모두</u> 고르면?

> 신문을 읽는 것은 중요하다.

① Read newspapers are important.
② Reading newspapers is important.
③ Reading newspapers are important.
④ To read newspapers are important.
⑤ It is important to read newspapers.

16

다음 중 어법상 옳은 문장의 개수는? (틀린 것들을 바르게 고칠 것)

> **a.** They continued to sing.
> **b.** He was standing without apologize.
> **c.** Living in a big city is convenient.
> **d.** He hoped to win the gold medal.
> **e.** She regretted going not to the party.

① 1개   ② 2개   ③ 3개
④ 4개   ⑤ 5개

17

그는 혼자 사는 데 익숙하다.

① He is used living alone.
② He used to live alone.
③ He used to living alone.
④ He is used to live alone.
⑤ He is used to living alone.

18

나는 곧 너를 만나기를 고대한다.

① I'm looking forward see you soon.
② I'm looking forward seeing you soon.
③ I'm looking forward to see you soon.
④ I'm looking forward to seen you soon.
⑤ I'm looking forward to seeing you soon.

[19~20] 괄호 안의 말을 빈칸에 알맞은 형태로 쓰시오.

19 서술형

Chloe stopped _____ (eat) fast food for her health.

20 서술형

There's a nice pool at the hotel. Don't forget _____ (bring) your swimsuits!

21

두 문장의 의미가 같을 때 빈칸에 알맞은 것은?

I'm sure I locked the door.
= I remember _____ the door.

① locked
② to lock
③ locking
④ to be locked
⑤ to locking

22

(A), (B), (C)의 각 네모 안에서 어법상 알맞은 말이 순서대로 짝지어진 것은?

A: Playing computer games (A) is / are a waste of time. Don't you agree?
B: I don't think so. It is good for (B) to get / getting rid of stress.
A: You're right, but I think I should stop (C) to play / playing computer games.
B: Why?
A: My eyes hurt when I'm staring at the screen.

① is – to get – to play
② are – getting – playing
③ is – getting – playing
④ are – to get – to play
⑤ is – to get – playing

23

다음 중 어법상 틀린 문장을 모두 고르면? (바르게 고칠 것)

① The baby began cry loudly.
② Getting up early is my habit.
③ I'm excited about making a film.
④ He planned visiting the place again.
⑤ How about going to the movies tonight?

24 서술형

그 종업원은 주문을 받느라 바빴다.
(taking, busy, the waitress, orders, was)

→ _____

25 서술형

스마트폰을 사용하면서 너무 많은 시간을 보내지 마라.
(using, spend, don't, your smartphone, too much time)

→ _____

26 서술형

우리말과 일치하도록 A와 B에서 알맞은 말을 하나씩 골라 문장을 완성하시오. (필요하면 형태를 바꿀 것)

A	B
promise	do
remember	take
give up	water

(1) 식물에 물을 주는 것을 기억하세요.

Please _____ the plants.

(2) 옳은 일을 하는 것을 절대 포기하지 마라.

Never _____ the right things.

(3) 아빠는 우리를 동물원에 데려가시기로 약속하셨다.

Dad _____ us to the zoo.

27 서술형

다음은 미나가 짝인 Danny를 인터뷰하면서 적은 메모이다. 메모를 보고 인터뷰를 완성하시오.

Memo

이름: Danny
취미: 기타 연주
여가에 즐겨 하는 일: 음악 듣기
특기: 노래 부르기
장래희망: 가수

Mina: What is your hobby?
Danny: My hobby is (1) _____.
Mina: What do you like to do in your free time?
Danny: I enjoy (2) _____.
Mina: What are you good at?
Danny: I'm good at (3) _____.
Mina: What do you want to be in the future?
Danny: I want (4) _____.

28 서술형

다음 중 어법상 틀린 부분을 모두 찾아 바르게 고치시오.

a. Take a hot bath is relaxing.
b. Tony loves to play soccer.
c. How about joining the club?
d. She enjoys reading comic books.
e. His job is driving a school bus.
f. I feel like to sing in the rain.
g. Let's go swimming this Saturday.

Recall My Memory

Answers p.13

다음 문장이 어법상 맞으면 ○표 하고, 틀리면 바르게 고치시오.

01 My mom always has me to make the bed. ⊙ p. 20

02 She has worked at a hospital three years ago. ⊙ p. 34

03 I'm sorry for waste your time. ⊙ p. 90

04 Is the first car designed by Henry Ford? ⊙ p. 60

05 I need a black pen to write. ⊙ p. 78

06 The little girl looks very lovely. ⊙ p. 18

07 She finished to do the dishes after dinner. ⊙ p. 92

08 His novels are reading by millions of people. ⊙ p. 60

09 I was doing my science homework at 4 o'clock yesterday. ⊙ p. 32

10 It was too cold for us playing soccer outside. ⊙ p. 80

11 Collecting movie posters is my hobby. ⊙ p. 90

12 They gave hamburgers the children. ⊙ p. 18

13 He used to playing video games on weekends. ⊙ p. 48

14 This project cannot complete by this weekend. ⊙ p. 60

15 Don't forget bringing an umbrella today. ⊙ p. 92

Chapter

07

동사의 무한변신,

분사의 세계

Unit 01 현재분사와 과거분사

분사에는 현재분사(동사원형-ing)와 과거분사(동사원형-ed)가 있다. 분사는 명사를 수식하거나 주어 또는 목적어를 보충 설명하는 역할을 하며, 진행형(「be + 현재분사」), 완료형(「have + 과거분사」), 수동태(「be + 과거분사」)를 만들기도 한다.

A 분사의 역할

1 형용사 역할

a My favorite food is **fried** rice.
　　　　　　　　　　　　분사　명사

b The boy **wearing** large glasses is my son.
　　　명사　　분사구 (분사 + 목적어)

2 보어 역할

a I often go to school **listening** to music.
　주어　　　　　　　　　　　　주격보어 (I의 동작)

b She got her smartphone **fixed** today.
　　　　　목적어　　　　목적격보어 (her smartphone의 상태)

1 명사의 앞이나 뒤에서 명사를 수식한다.

a 분사는 명사를 앞에서 수식한다.

b 분사에 다른 어구가 붙은 형태인 분사구는 명사를 뒤에서 수식한다.

2 주어나 목적어의 동작이나 상태를 보충 설명한다.

a 주어를 보충 설명하는 주격보어 역할을 한다.

b 목적어를 보충 설명하는 목적격보어 역할을 한다.

B 현재분사 vs. 과거분사

1 현재분사

a Put the noodles in the **boiling** water.

b Some **developing** countries lack clean water.

2 과거분사

a Peel the shell off the **boiled** eggs.

b Canada is one of the **developed** countries.

1 「동사원형 + -ing」 형태로 쓴다.

a 능동의 의미: '~하는'

b 진행의 의미: '~하고 있는'

2 「동사원형 + -ed」 형태로 쓴다.

a 수동의 의미: '~된'

b 완료의 의미: '~한'

현재분사 vs. 동명사

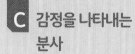

현재분사 (진행형)		동명사 (주격보어)	
He is **learning** Chinese. (He ≠ learning Chinese) 그는 중국어를 배우고 있다.	be동사와 함께 진행시제를 나타낸다.	His hobby is **learning** Chinese. (His hobby = learning Chinese) 그의 취미는 중국어를 배우는 것이다.	be동사 뒤에서 주격보어로 쓰인다.

C 감정을 나타내는 분사

a I heard some **surprising** news.

b I was **surprised** to hear the news.

a 어떤 감정을 느끼게 하는 것은 능동의 의미이므로 현재분사 형태로 쓴다.

b 어떤 감정을 느끼는 것은 수동의 의미이므로 과거분사 형태로 쓴다.

- exciting 신나는, 흥분시키는 　　excited 신이 난, 흥분한
- pleasing 기쁨을 주는 　　pleased 기쁜
- amazing 놀라운 　　amazed 놀란
- shocking 충격적인 　　shocked 충격을 받은
- boring 지루한 　　bored 지루해 하는
- disappointing 실망스러운 　　disappointed 실망한
- interesting 흥미로운 　　interested 흥미 있어 하는
- satisfying 만족감을 주는 　　satisfied 만족하는
- surprising 놀라운 　　surprised 놀란
- annoying 짜증 나게 하는 　　annoyed 짜증 난
- confusing 혼란시키는 　　confused 혼란스러운
- embarrassing 당황스럽게 하는 　　embarrassed 당황스러운

A 괄호 안에서 알맞은 것을 고르시오.

1 A huge dog came [barking / barked] at me.

2 I'd like to eat [freezing / frozen] yogurt.

3 The boys and girls [playing / played] tennis are my friends.

4 The soccer game made us [exciting / excited].

5 The accident was [shocking / shocked] news to me.

B 우리말과 일치하도록 괄호 안의 말을 빈칸에 알맞은 형태로 쓰시오.

1 너는 저 춤추고 있는 여자아이를 아니? (dance)

　　→ Do you know that ＿＿＿＿＿＿＿＿ girl?

2 그 코미디 쇼는 무척 지루했다. (bore)

　　→ The comedy show was very ＿＿＿＿＿＿＿＿.

3 그녀는 자신의 할머니가 만드신 인형을 좋아한다. (make)

　　→ She likes the doll ＿＿＿＿＿＿＿＿ by her grandmother.

4 학생들은 수학여행에 신이 나 있었다. (excite)

　　→ The students were ＿＿＿＿＿＿＿＿ about the school trip.

C 우리말과 일치하도록 괄호 안의 말을 이용하여 문장을 완성하시오.

1 그는 날고 있는 새들의 사진을 찍었다. (fly, birds)

　　→ He took a picture of ＿＿＿＿＿ ＿＿＿＿＿.

2 나는 지난 주말에 흥미로운 기사를 읽었다. (article, interest)

　　→ I read an ＿＿＿＿＿ ＿＿＿＿＿ last weekend.

3 우리 마을에는 1900년에 지어진 절이 있다. (build, a temple)

　　→ In my town, there is ＿＿＿＿＿ ＿＿＿＿＿ ＿＿＿＿＿ in 1900.

4 선생님은 내 보고서에 실망하셨다. (disappoint, my report, at)

　　→ The teacher was ＿＿＿＿＿ ＿＿＿＿＿ ＿＿＿＿＿ ＿＿＿＿＿.

5 그녀는 영어로 쓰인 이야기책 읽기를 즐긴다. (write, storybooks, in English)

　　→ She enjoys reading ＿＿＿＿＿ ＿＿＿＿＿ ＿＿＿＿＿ ＿＿＿＿＿.

02 분사구문

분사구문은 「접속사 + 주어 + 동사」 형태의 부사절을 분사를 이용해 간단하게 줄인 구문을 말한다.

A 분사구문 만들기

a When I received your letter, I was so happy.

① ~~When~~ I received your letter, I was so happy.
　　　　　　　부사절　　　　　　　　　　　주절

② ~~I~~ received your letter, I was so happy.
　　　　　　　　　＝

③ Received your letter, I was so happy.
　　　　　　　과거시제

→ **Receiving** your letter, I was so happy.
　　현재분사

b While he was walking home, he talked to his
　　　　진행형
mother on the phone.

→ (Being) **Walking** home, he talked to his
mother on the phone.

c **Not having** enough time, Victor had to hurry.

a 부사절을 분사구문으로 만드는 법
① 부사절의 접속사를 생략한다.
② 부사절의 주어와 주절의 주어가 같은
　경우, 부사절의 주어를 생략한다.
③ 부사절의 시제가 주절의 시제와 같으면
　부사절의 동사를 현재분사(동사원형 -ing)
　형태로 바꾼다.

b 부사절의 동사가 진행형인 경우, 분사구
문의 Being은 생략한다.

c 분사구문의 부정형은 분사 앞에 not 또는
never를 써서 표현한다.

B 분사구문의 다양한 의미

a **Coming** home, he changed his clothes.
(= **After he came** home, he changed his clothes.)
= **After coming** home, he changed his clothes.

b **Not feeling** well, I came home early.
(= **As I didn't feel** well, I came home early.)

c **Waiting** for the teacher, we talked about the
TV drama.
(= **While we were waiting** for the teacher, we
talked about the TV drama.)

d **Being** tired, I gave my seat to a little child.
(= **Though I was** tired, I gave my seat to a
little child.)

e **Taking** this bus, you can get to the theater.
(= **If you take** this bus, you can get to the
theater.)

a 시간:
~할 때 (when, as), ~하는 동안 (while),
~한 후에 (after), ~하기 전에 (before)
☑ 분사구문의 의미를 명확히 하고자 할 때,
접속사를 생략하지 않고 분사 앞에 쓴다.

b 이유: ~ 때문에 (because, as, since)

c 동시 동작: ~하면서 (while, as)

d 양보: 비록 ~일지라도, ~이지만
(though, although, even though)
☑ 양보의 부사절을 분사구문으로 줄여 쓰
는 경우는 많지 않다.

e 조건: ~라면, ~한다면 (if)

Exercise

Answers p.14

A 밑줄 친 부분을 분사구문으로 바꿔 쓸 때, 빈칸에 알맞은 말을 쓰시오.

1 <u>After we had lunch</u>, we went for a walk.

→ _____ lunch, we went for a walk.

2 <u>Since she didn't study hard</u>, she couldn't get good marks.

→ _____ _____ hard, she couldn't get good marks.

3 <u>When he saw me on the street</u>, he waved his hand at me.

→ _____ me on the street, he waved his hand at me.

4 <u>If you leave right now</u>, you can catch the train.

→ _____ right now, you can catch the train.

B 두 문장의 의미가 같도록 빈칸에 알맞은 말을 보기에서 골라 쓰시오.

보기	while	because	if

1 Having a bad cold, she didn't go to school.

= _____ she had a bad cold, she didn't go to school.

2 Taking a taxi, you will get there in time.

= _____ you take a taxi, you will get there in time.

3 Don't look at your phone walking on the street.

= Don't look at your phone _____ you're walking on the street.

C 우리말과 일치하도록 괄호 안의 말을 이용하여 문장을 완성하시오.

1 우리는 팝콘을 먹으면서 영화를 봤다. (eat, popcorn)

→ We watched the movie _____ _____.

2 네가 빨리 뛴다면 마지막 열차를 놓치지 않을 것이다. (run, fast)

→ _____ _____, you won't miss the last train.

3 나는 배가 불러서 그 케이크를 다 먹지 못했다. (be, full)

→ _____ _____, I couldn't finish the cake.

4 나는 팟캐스트를 들으면서 산책했다. (listen to, podcasts)

→ _____ _____ _____, I took a walk.

Writing Practice

Answers p.14

A   우리말과 일치하도록 괄호 안의 말을 바르게 배열하시오. (필요하면 형태를 바꿀 것)

01 파란색으로 칠해진 방이 Mike의 방이다. (painted, the room, blue)

→ _____ is Mike's room.

02 내 옆에 앉은 남자는 코를 골고 있었다. (me, the man, next to, sitting)

→ _____ was snoring.

03 나는 지난주에 나의 오래된 자전거를 수리했다. (my old bike, repaired, had)

→ I _____ last week.

04 그는 코트를 입지 않아서 추위를 느꼈다. (wearing, a coat, not)

→ _____, he felt cold.

05 그 기차는 4시에 서울을 떠난 후 7시에 이곳에 도착한다. (at four, leaving, Seoul)

→ _____, the train arrives here at seven.

06 그녀는 거울 속의 자신을 바라보며 서 있었다. (look at, stood, herself)

→ She _____ in the mirror.

07 그녀는 모래사장에서 놀고 있는 아이들을 보고 있다. (play, in the sand, the children)

→ She is watching _____.

08 그는 커피 한 잔을 마시면서 신문을 읽었다. (have, coffee, a cup of)

→ _____, he read a newspaper.

09 영어로 쓰인 책을 읽는 것은 영어를 배우는 데 도움이 된다. (books, in English, write)

→ Reading _____ is helpful for learning English.

10 그녀는 일에 집중하고 있었기 때문에 초인종 소리를 듣지 못했다. (her job, focus on)

→ _____, she didn't hear the doorbell.

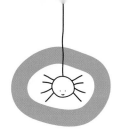

B 우리말과 일치하도록 괄호 안의 말을 이용하여 문장을 완성하시오.

01 **a** 잠자는 고양이는 쥐를 잡을 수 없다. (sleep)

→ A _____ cat cannot catch a rat.

b 그 길은 낙엽으로 뒤덮여 있다. (fall, leaves)

→ The path is covered with _____.

02 **a** 그것은 무척 흥미로운 축구 경기였다. (excite)

→ It was an _____ soccer game.

b 흥분한 사람들이 환호성을 지르고 있었다. (the, excite, people)

→ _____ were shouting.

03 **a** 나는 아침을 먹지 않아서 배가 고팠다. (have)

→ Not _____ breakfast, I was hungry.

b 나는 그 언어를 몰라서 그가 한 말을 이해할 수 없었다. (know, the language)

→ _____, I couldn't understand what he
said.

04 **a** 빵집에서 케이크를 사고 있는 여자아이는 내 친구이다. (buy, a cake)

→ The girl _____ in the bakery is my friend.

b 자동차 사고로 다친 그 남자는 유명한 배우이다. (injure, in a car accident, a famous actor)

→ The man _____.

05 **a** 그녀는 빗소리를 들으면서 일기를 썼다. (listen to)

→ She wrote her diary, _____ the rain.

b 그는 간식을 먹으면서 안에 머물렀다. (stay inside, eat, some snacks)

→ He _____.

Actual Test

Answers p.14

01

빈칸에 들어갈 말로 알맞지 않은 것은?

> James heard some _____ information.

① useful   ② good
③ exciting   ④ shocked
⑤ surprising

[02~03] 빈칸에 들어갈 말로 알맞은 것을 고르시오.

02

> The man _____ a yellow cap is my uncle.

① wear   ② wore
③ wears   ④ wearing
⑤ worn

03

> Look at the treasure _____ by him.

① find   ② finds
③ found   ④ founds
⑤ finding

04 　서술형

우리말과 일치하도록 괄호 안의 말을 바르게 배열하시오.

> 끓는 물을 컵에 부어라.
> (water, into, pour, boiling, the cup)

→ _____

05

빈칸에 들어갈 말이 순서대로 짝지어진 것은?

> • This magazine is _____.
> • I am _____ about the trip.

① bored – excited   ② bored – exciting
③ boring – excited   ④ boring – excites
⑤ boring – exciting

[06~07] 밑줄 친 부분의 쓰임이 나머지 넷과 다른 것을 고르시오.

06

① The teacher came <u>running</u>.
② He sat there <u>singing</u> a song.
③ She studied math <u>eating</u> ice cream.
④ I always say hello <u>smiling</u> brightly.
⑤ My dream is <u>traveling</u> around the world.

07

① I'm <u>learning</u> French.
② He is <u>playing</u> basketball.
③ We are <u>enjoying</u> spring days.
④ She is <u>studying</u> social studies.
⑤ Her goal is <u>speaking</u> Japanese.

08

밑줄 친 부분이 어법상 틀린 것은? (바르게 고칠 것)

① Look at that <u>slept</u> baby.
② I usually buy <u>sliced</u> bread.
③ There are lots of <u>fallen</u> leaves.
④ Who is the man <u>crying</u> there?
⑤ The girl <u>talking</u> to the teacher is Helen.

09

밑줄 친 부분의 쓰임이 보기와 다른 것은?

> 보기   Did you get your camera fixed?

① She had her car repaired.
② He does not like baked fish.
③ I had my picture taken by him.
④ I boiled water in a tea kettle.
⑤ It is served with steamed potatoes.

10

밑줄 친 부분 중 어법상 틀린 것은? (바르게 고칠 것)

> Sam ①had ②a hamburger ③sat ④on the ⑤bench.

11 서술형

괄호 안의 말을 바르게 배열하여 대화의 빈칸에 들어갈 말을 쓰시오.

> A: Hi, Jimmy. _____
> _____?
> B: She's my homeroom teacher, Ms. Smith.

→ _____

(standing, is, behind, who, the woman, Ben)

12

밑줄 친 부분이 어법상 옳은 것은? (틀린 것들을 바르게 고칠 것)

① What an amazed story!
② Please don't be disappointed.
③ He is not interesting in science.
④ I was surprising to see the spider.
⑤ We were satisfying with the result.

13 서술형

괄호 안의 말을 이용하여 우리말을 영어로 옮기시오.

> 개와 달리고 있는 남자는 Bryan이다. (run, a dog)

→ _____

14

대화의 밑줄 친 부분 중 어법상 틀린 것은? (바르게 고칠 것)

> A: How ①was the musical yesterday?
> B: ②It was very good. The story ③was so ④interested.
> A: Oh, I ⑤should go see it, too.

15

두 문장의 의미가 같도록 빈칸에 들어갈 말로 알맞은 것은?

> While he was playing tennis, he got hurt.
> = _____, he got hurt.

① Plays tennis
② Played tennis
③ Playing tennis
④ Being played tennis
⑤ Been playing tennis

16

다음 중 어법상 틀린 문장은? (바르게 고칠 것)

① She had her hair cut.
② The new rules are confusing.
③ The girl drawn a picture is Mina.
④ This letter was written by Mr. Kim.
⑤ I gave her a watch made in Korea.

[17~19] 다음 문장을 분사구문을 이용하여 바꿔 쓰시오.

17 서술형

When I entered the room, I saw people sitting around a table.

→ _____

18 서술형

Because he didn't have to wake up early, he got enough sleep.

→ _____

19 서술형

Though I was so sleepy, I had to finish my report.

→ _____

20

밑줄 친 부분의 의미로 가장 알맞은 것은?

Listening to music, she did the dishes.

① If she was listening to music
② Since she was listening to music
③ Because she was listening to music
④ Though she was listening to music
⑤ While she was listening to music

21

밑줄 친 부분을 분사구문으로 바르게 바꿔 쓴 것은?

As I didn't know what to say, I kept silent.

① Known not what to say
② Knowing not what to say
③ Not known what to say
④ Not knowing what to say
⑤ Doing not known what to say

22

우리말과 일치하도록 빈칸에 들어갈 말이 순서대로 짝지어진 것은?

그는 중고 컴퓨터와 새 세탁기를 샀다.
→ He bought a _____ computer and a new _____ machine.

① use – washed   ② used – washed
③ using – washing   ④ used – washing
⑤ using – washed

23

다음 중 어법상 옳은 문장은? (틀린 것들을 바르게 고칠 것)

① I had my shirt cleaning.
② He walked sang with his wife.
③ Seen me, they got so pleased.
④ Did you watch her played baseball?
⑤ The language spoken in Korea is Korean.

24

Doing his homework, he had lunch right away.
= _____ he did his homework, he had lunch right away.

① If   ② After
③ Though   ④ Even if
⑤ Although

25

Buying this shampoo, you can get another one free.
= _____ you buy this shampoo, you can get another one free.

① If   ② Until
③ While   ④ Even if
⑤ Although

26

대화의 빈칸에 들어갈 말이 순서대로 짝지어진 것은?

A: What's wrong? You look _____.
B: _____ my homework on my computer, I lost all my files.
A: Oh, that's too bad.

① worry – Doing   ② worried – Doing
③ worried – Done   ④ worrying – Done
⑤ worrying – Doing

27

밑줄 친 부분 중 생략할 수 없는 것은?

① You being so honest, I can trust you.
② As feeling sick, I don't want to go out.
③ While walking down the street, we met Jane.
④ After making dinner, she called her children.
⑤ Being attending the meeting, he checked his email.

28 서술형

다음 글에서 어법상 틀린 부분을 모두 찾아 바르게 고치시오.

Our school is having a school festival in May. The festival is an annual school event. Every student is waiting for it, expecting something fun. I am also very interested in some excited activities during the festival. I decided to prepare for the talent show on the second day. I will sing a K-pop song, danced with my friends. I hope May will come soon.

Recall My Memory

Answers p.15

다음 문장이 어법상 맞으면 O표 하고, 틀리면 바르게 고치시오.

01 The pizza will deliver in thirty minutes.   ⊃ p. 60

02 Frying chicken and beer go well together.   ⊃ p. 102

03 This jacket is too small to wear for me.   ⊃ p. 80

04 Frank helped us prepare the presentation.   ⊃ p. 20

05 The world-famous movie star has just arriving at the airport.   ⊃ p. 34

06 Ellen remembers to see a BTS concert last year.   ⊃ p. 92

07 Tommy was playing an online game, drunk coke.   ⊃ p. 104

08 Did your muffler made by your grandmother?   ⊃ p. 60

09 I have interesting something to tell you.   ⊃ p. 78

10 Thank you for come to my birthday party.   ⊃ p. 90

11 They are looking at the pictures taken by Nancy.   ⊃ p. 102

12 He's looking forward to speak with her soon.   ⊃ p. 90

13 The parking lot was filled by cars.   ⊃ p. 62

14 It isn't easy for her to get up early in the morning.   ⊃ p. 80

15 My math test score was very disappointed.   ⊃ p. 102

08

네 정체가 궁금해!
명사를 대신하는

대명사

Unit 01

부정대명사 I

부정대명사는 특별히 지정되지 않은 막연한 대상을 나타내는 대명사이다. another, other, each, all, both 등은 대명사인 동시에 같은 의미의 형용사로서 뒤에 오는 명사를 수식하기도 한다.

A one

a I've lost my bag. I need a new **one**.
　　　　　　　　　　　　　　= bag

b My glasses were broken. I should buy new **ones**.
　　　　　　　　　　　　　　　　　　= glasses

cf. I've lost my bag. I can't find **it**.
　　　　　　　　　　　　= my bag
You got new glasses. I like **them**.
　　　　　　　　　　　　= new glasses

a 앞에 나온 명사와 종류는 같지만 정해지지 않은 다른 대상을 나타낸다.

b 복수형은 ones로 쓴다.

cf. 앞에 나온 명사 자체를 가리킬 때는 지시대명사를 쓴다. 단수명사는 it, 복수명사는 they/them으로 나타낸다.

B another, other

1 another

This slice of pie tastes good. I'd like **another**.

cf. This shirt is too big for me. Please show me **another** one.
　　　　　　　= another (shirt)

2 other

Don't look at your smartphone when **others** are talking to you.

cf. Listen carefully when **other** people are speaking.
　　　　　　　　　　　　　　= others

1 '또 하나', '다른 하나'라는 의미로, 앞에 나온 단수명사와 종류는 같지만 정해지지 않은 다른 대상을 나타낸다.

cf. another는 '또 하나의', '다른 하나의'라는 뜻의 형용사로도 쓰이며, 단수명사를 수식한다.

2 the other((둘 중) 다른 하나[한 사람]), others(다른 것들[사람들]), the others(나머지 것들[사람들])의 형태로 쓰인다.

cf. other는 '다른'이라는 뜻의 형용사로도 쓰이며, 복수명사를 수식한다.

C the other, (the) others

a She bought two belts. **One** is white and **the other** is blue.

b He has three pets. **One** is a dog, **another** is a cat and **the other** is a hamster.

c There are a lot of people in the store. **Some** are foreigners and **the others** are Koreans.

d People enjoy different kinds of movies. **Some** like romance and **others** like horror.

a one ~ and the other ...:
(둘 중) 하나는 ~, 다른 하나는 …

b one ~, another ... and the other -:
(셋 중) 하나는 ~, 다른 하나는 …, 나머지 하나는 -

c some ~ and the others ...:
(특정 대상 중) 몇몇은 ~, 나머지 전부는 …

d some ~ and others ...:
(정해지지 않은 대상 중) 몇몇은 ~, 다른 몇몇은 …

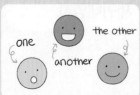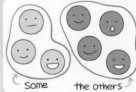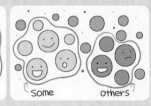

A 괄호 안에서 알맞은 것을 고르시오.

1 Apples are healthy. I usually have [one / it] for breakfast.

2 Mom bought me a blouse, but I don't like [one / it].

3 These jeans don't fit me anymore. I need new [one / ones].

4 One of my two brothers is 17 years old, and [another / the other] is 12.

B 빈칸에 알맞은 말을 보기에서 골라 쓰시오.

> 보기   others   another   the other   the others

1 I'm still thirsty. Can I have _____ glass of water?

2 Some like cream pasta. _____ like tomato pasta.

3 Here are two computers. One is mine and _____ is Jessy's.

4 He has three foreign friends. One is Canadian, and _____ are Chinese.

C 우리말과 일치하도록 빈칸에 알맞은 말을 쓰시오.

1 나는 펜이 없어. 하나 빌려줄 수 있니?

→ I don't have a pen. Can you lend me _____?

2 그녀는 이번 주에 해야 할 또 하나의 일이 있다.

→ She has _____ thing to do this week.

3 그들은 네 명의 아이가 있다. 한 명은 딸이고, 나머지 전부는 아들이다.

→ They have four children. One is a daughter, and _____ are sons.

4 많은 사람들이 겨울 스포츠를 즐긴다. 어떤 사람들은 스키를 즐기고, 다른 어떤 사람들은 스노보드를 즐긴다.

→ Many people enjoy winter sports. Some enjoy skiing, and _____ enjoy snowboarding.

5 쌍둥이 중 한 명은 가수이고, 다른 한 명은 무용수이다.

→ One of the twins is a singer, and _____ is a dancer.

부정대명사 2

A each, all, both

1 each

a I like Iron Man, Thor and Captain America.
   Each has his own superpower.
   단수동사

b **Each** of the superheroes has his own superpower.
   복수명사   단수동사

cf. **Each** superhero has his own superpower.
    단수명사   단수동사

2 all

a **All** in my family are musicians.
   '모든 사람'   복수동사

   All is going well.
   '모든 것' 단수동사

b **All** (of) the students take English classes.
   복수명사   복수동사

   All (of) the money is donated to charity.
   셀 수 없는 명사 단수동사

cf. **Every** cloud has a silver lining.
    단수명사 단수동사

3 both

a My favorite superheroes are Iron man and
   Batman. **Both** are popular all over the world.
                복수동사

b **Both** (of) my parents were born in Seoul.
           복수명사   복수동사

1 두 개[사람] 이상에 대해 '각각'을 의미한다.

a 늘 단수 취급한다.

b 「each of + 복수명사」 형태로도 쓰이며, each와 같이 단수 취급한다.

cf. each는 '각각의'를 의미하는 형용사로도 쓰이며, 단수명사를 수식하여 뒤에 단수동사가 온다.

2 '모두', '모든 것[사람]'을 의미한다.

a 사람을 나타낼 때는 복수 취급한다.
   사람이 아닌 것을 나타낼 때는 단수 취급한다.

b 「all (of) + 복수명사」는 복수 취급한다.
   「all (of) + 셀 수 없는 명사」는 단수 취급한다. 형용사 all은 '모든'이라는 의미이다.

cf. every는 세 개[사람] 이상에 대해 '모든'이라는 의미의 형용사로 쓰인다. 단수명사를 수식하여 뒤에 단수동사가 온다.

3 두 대상에 대해 '둘 다'를 의미한다.

a 늘 복수 취급한다.

b 「both (of) + 복수명사」는 both와 같이 복수 취급한다. 형용사 both는 '둘 다의'라는 뜻이다.

B -thing, -body, -one

something, anything, everything, nothing, somebody, anybody, everybody, nobody, someone, anyone, everyone, no one은 형용사 some, any, every, no에 명사 thing, body, one을 결합한 부정대명사이다.

a **Everything** is going well.
                단수동사

   Nobody was hurt in the accident.
            단수동사

b Would you like **something** to drink?

   Is there **anyone** left in the bus?

a -thing, -body, -one으로 끝나는 부정대명사는 단수 취급하며, 각각 앞에 쓰인 some, any, every, no의 용법을 따른다.

b to부정사(구), 분사(구) 등 수식하는 말은 -thing, -body, -one 부정대명사 뒤에 온다.

Exercise

Answers
p.16

A 괄호 안에서 알맞은 것을 고르시오.

1 [All / Every] the students have to attend the meeting.

2 Each of the [team / teams] has six players.

3 Every seat in the theater [was / were] taken.

4 Both tires on my bike [is / are] flat.

5 All the milk [has / have] gone sour.

B 우리말과 일치하도록 빈칸에 알맞은 말을 보기에서 골라 쓰시오.

보기	something	anything	nobody

1 내 전화기에 뭔가 이상이 있다.

　→ There is _____ wrong with my phone.

2 아무도 일찍 떠나고 싶어 하지 않았다.

　→ _____ wanted to leave early.

3 다른 필요한 것이 있니?

　→ Do you need _____ else?

C 우리말과 일치하도록 괄호 안의 말을 이용하여 문장을 완성하시오.

1 모든 학생이 그 영어 선생님을 좋아한다. (student, like, every)

　→ _____ _____ _____ the English teacher.

2 각각의 지붕은 다른 색이다. (roof, have, each)

　→ _____ _____ _____ a different color.

3 어제 그 상점들은 모두 문을 닫았다. (of, be, the shop, all)

　→ _____ _____ _____ _____ _____ closed

　yesterday.

4 비 온 후에는 모든 것이 싱그러워 보인다. (look, everything, fresh)

　→ _____ _____ _____ after rain.

Unit 03 재귀대명사

재귀대명사는 '~ 자신'이라는 의미로, 인칭대명사의 목적격 또는 소유격에 -self(단수)나 -selves(복수)를 붙인 형태이다.

A 재귀 용법

a I know **myself**[me] very well.

b Jenny voted for **herself** for class president.

cf. Jenny voted for her for class president.

c We heard a rumor about **ourselves**.

동사나 전치사의 목적어가 주어와 같은 대상일 때, 목적어로 목적격 인칭대명사 대신 재귀대명사를 쓴다.

☑ 재귀 용법의 재귀대명사는 문장의 필수 성분(목적어)이므로 생략할 수 없다.

B 강조 용법

a I **myself** cooked the scrambled eggs.
 = I cooked the scrambled eggs **myself**.

b They wanted to talk to the boss **himself**.

주어나 목적어를 강조하여 '직접', '~ 자체'의 의미를 더한다.

☑ 강조 용법의 재귀대명사는 덧붙이는 말이므로 생략할 수 있다.

a 주어를 강조하는 재귀대명사는 주어 바로 뒤나 문장 끝에 모두 올 수 있다.

b 목적어를 강조하는 재귀대명사는 목적어 바로 뒤에 온다.

재귀대명사의 형태

	1인칭	2인칭	3인칭
단수	myself	yourself	himself / herself / itself
복수	ourselves	yourselves	themselves

1인칭, 2인칭 재귀대명사는 「소유격-self[selves]」, 3인칭 재귀대명사는 「목적격-self[selves]」로 쓴다.

C 관용표현

재귀대명사는 동사 또는 전치사와 짝을 이루어 다양한 표현으로 사용된다.

a You're too young to travel abroad **by yourself**.

b Did you **enjoy yourself** at the beach?

c The castle **in itself** is a reason to visit Prague.

d I often **talk to myself** when I study.

a by oneself: 혼자서 (= alone)

b enjoy oneself: 즐거운 시간을 보내다

c in oneself: 그것 자체로, 본질적으로

d talk to oneself: 혼잣말을 하다

- for oneself: 혼자 힘으로, 스스로 (= on one's own)
- of oneself: 자연히, 저절로
- teach oneself: 독학하다, 혼자서 배우다
- beside oneself: 제정신이 아닌
- help oneself (to): (~을) 마음껏 먹다

Exercise

A 밑줄 친 부분을 생략할 수 있으면 ○표, 생략할 수 없으면 ×표 하시오.

1 Did you write the poem <u>yourself</u>?

2 The tennis player is very proud of <u>herself</u>.

3 We <u>ourselves</u> planned the school festival.

4 I can take the subway by <u>myself</u>.

B 우리말과 일치하도록 빈칸에 알맞은 말을 쓰시오.

1 나의 형이 직접 그 자전거를 고쳤다.

→ My older brother _____ fixed the bike.

2 그 어린 여자아이는 스케치북에 자기 자신을 그렸다.

→ The little girl drew _____ in the sketchbook.

3 안녕하세요, 여러분. 제 소개를 하겠습니다.

→ Hello, everyone. Let me introduce _____.

4 너는 혼자서 그 상자를 들 수 없다.

→ You can't lift the box by _____.

C 우리말과 일치하도록 괄호 안의 말을 이용하여 문장을 완성하시오.

1 그들이 직접 모든 채소를 재배한다. (grow)

→ They _____ _____ all the vegetables.

2 우리는 그 콘서트에서 즐거운 시간을 보냈다. (enjoy)

→ We _____ _____ at the concert.

3 TV가 종종 저절로 꺼진다. (turn off, by)

→ The TV is often _____ _____ _____ _____.

4 너희들은 너희 자신을 돌봐야 한다. (take care of)

→ You should _____ _____ _____ _____.

5 다른 사람들 주변에서 혼잣말하지 마라. (talk to)

→ Don't _____ _____ _____ around other people.

Writing Practice

Answers p.16

A

우리말과 일치하도록 괄호 안의 말을 바르게 배열하시오. (필요하면 형태를 바꿀 것)

01 내 코트가 낡아서 나는 새것이 하나 필요하다. (new, a, one, need)

→ My coat is old, and I _____.

02 모든 탑승객들이 자고 있었다. (the passengers, all, were)

→ _____ sleeping.

03 두 개의 입장권 중 하나는 내 것이고, 다른 하나는 Amy의 것이다. (is, the, Amy's, other)

→ One of the two tickets is mine, and _____.

04 여기에 있는 모든 책은 어린이들을 위한 것이다. (here, is, book, every)

→ _____ for children.

05 Austin은 거울 속의 자기 자신을 보았다. (in, himself, saw, the mirror)

→ Austin _____.

06 책상 위에는 책이 많이 있다. 어떤 것들이 네 것이니? (one, you, be)

→ There are many books on the desk. Which _____?

07 몇몇은 농구를 했고, 나머지는 모두 축구를 했다. (soccer, the, play, other)

→ Some played basketball and _____.

08 우리 부모님은 두 분 다 교사이다. (my parent, of, both, be)

→ _____ teachers.

09 그 학생들은 각각 다른 악기를 연주한다. (of, play, the student, each)

→ _____ a different instrument.

10 나의 할머니는 탁자 위에 있는 음식을 마음껏 드셨다. (the food, her, help, to)

→ My grandmother _____ on the table.

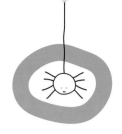

B   우리말과 일치하도록 괄호 안의 말을 이용하여 문장을 완성하시오.

01 a 몇몇은 커피를 좋아하고, 다른 몇몇은 녹차를 좋아한다. (other)

→ Some like coffee, and _____ green tea.

b 몇몇은 시험에 떨어졌고, 나머지는 모두 시험에 통과했다. (other, pass the test)

→ Some failed the test, and _____ .

02 a 모든 경기가 흥미진진했다. (the game)

→ All _____ were exciting.

b 모든 수업이 지루했다. (all, the class)

→ _____ boring.

03 a 그녀는 수영하는 법을 독학했다. (oneself)

→ She taught _____ how to swim.

b 그는 기타 치는 법을 독학했다. (how, play the guitar)

→ He taught _____ .

04 a 나는 개가 두 마리 있다. 하나는 회색이고, 다른 하나는 갈색이다. (the, one, other)

→ I have two dogs. _____ is grey and _____ is brown.

b 그는 자녀가 둘 있다. 한 명은 군인이고, 다른 한 명은 학생이다. (a soldier, a student)

→ He has two children. _____

05 a 꽃들 각각은 그것만의 향기를 지니고 있다. (the flower)

→ Each of _____ has its own scent.

b 나의 고양이들 각각은 자신만의 성격을 지니고 있다. (my cat, personality)

→ _____

Actual Test

Answers p.16

[01~02] 빈칸에 들어갈 말이 순서대로 짝지어진 것을 고르시오.

01

I bought a baseball cap last month, but I lost _____ yesterday. Now I need to buy a new _____.

① one – one   ② it – it
③ it – one   ④ one – it
⑤ one – ones

02

- All of the boys _____ playing volleyball.
- All my effort _____ useless.

① are – are   ② is – was
③ are – was   ④ is – were
⑤ are – were

[03~05] 빈칸에 들어갈 말로 알맞은 것을 고르시오.

03

We will protect _____ from the cold.

① we   ② our   ③ us
④ ourself   ⑤ ourselves

04

She has two aunts. One lives in Seoul and _____ lives in Busan.

① other   ② another
③ others   ④ the other
⑤ the others

05

Some people like summer and _____ like winter.

① one   ② other
③ others   ④ another
⑤ the other

06

밑줄 친 부분과 바꿔 쓸 수 있는 것은?

Can I have <u>one more</u> piece of cake?

① one   ② other   ③ another
④ the other   ⑤ others

07

우리말을 영어로 바르게 옮긴 것은?

두 레스토랑 모두 매우 인기 있다.

① Both the restaurant is very popular.
② Both the restaurants are very popular.
③ Both the restaurants is very popular.
④ Both of the restaurants is very popular.
⑤ Both of the restaurant are very popular.

08

대화의 빈칸에 들어갈 말로 알맞은 것은?

> A: What kind of headphones are you looking for?
> B: I'm looking for durable _____.

① one ② ones ③ those
④ others ⑤ the others

09

다음 문장에서 strange가 들어가기에 알맞은 곳은?

> I think (①) there (②) is (③) something (④) about this town (⑤).

10 서술형

그림을 보고, 괄호 안의 말을 이용하여 대화를 완성하시오.

> A: What is Fred doing?
> B: He is _____ _____ (introduce, he) to his classmates.

11 서술형

우리말과 일치하도록 빈칸에 알맞은 대명사를 쓰시오.

> 내 교과서들 중 일부는 내 책상 위에 있고, 나머지는 모두 내 가방 안에 있다.

→ _____ of my textbooks are on my desk, and _____ are in my bag.

12

빈칸에 들어갈 말로 알맞은 것은?

> Ms. Brown had a book in one hand and a water bottle in _____.

① other ② another
③ others ④ the other
⑤ the others

13

빈칸에 들어갈 말이 순서대로 짝지어진 것은?

> • Can you show me _____ hat?
> • He never thinks of _____ people.

① another – other ② other – others
③ another – another ④ other – another
⑤ another – others

14 서술형

다음 두 문장을 주어진 조건에 맞게 한 문장으로 바꿔 쓰시오.

| 조건 1 | both로 시작할 것 |
| 조건 2 | 총 6단어로 쓸 것 |

> My father is a cook. My mother is a cook, too.

→ _____

15 서술형

괄호 안의 말을 이용하여 우리말을 영어로 옮기시오.

> 모든 학생이 열심히 공부한다.
> (every, study, hard)

→ _____

16

① Both of the seats was taken.
② All his classmates like him.
③ Both of us enjoyed the trip.
④ All of my money were stolen.
⑤ All my relatives were at the event.

17

① Every dog has its day.
② Every rule has an exception.
③ Every bus were full of passengers.
④ Each child has his or her own locker.
⑤ Each of the group member has a special talent.

18 서술형

밑줄 친 문장을 어법상 바르게 고치시오.

Be careful, John! You might hurt you.

→ _____

19

두 문장의 의미가 같도록 빈칸에 들어갈 말로 알맞은 것은?

Nick solved all the problems on his own.
= Nick solved all the problems _____ himself.

① in   ② to   ③ of
④ for   ⑤ beside

20

빈칸에 공통으로 들어갈 말로 알맞은 것은?

- The door opened _____.
- The machine will start _____ in a few seconds.

① of oneself   ② in itself
③ for himself   ④ by itself
⑤ by themselves

21

밑줄 친 부분을 생략할 수 있는 것은?

① You should know yourself.
② The cat is cleaning itself.
③ I made the chocolate myself.
④ He is enjoying himself at the party.
⑤ She looked at herself for a moment.

22

밑줄 친 부분을 one이나 ones로 바꿔 쓸 수 없는 것은?

① Do you have a pen? I need a pen.
② Change your wet socks for dry socks.
③ Your jacket looks cool. Where did you get your jacket?
④ My chair is very old. I want a new chair.
⑤ I don't like white jeans. I would like black jeans.

23

밑줄 친 부분의 쓰임이 보기와 같은 것을 <u>모두</u> 고르면?

보기	We are proud of <u>ourselves</u>.

① Do it <u>yourself</u>.
② She <u>herself</u> cooked dinner.
③ I draw <u>myself</u> on the canvas.
④ He hurt <u>himself</u> on the stairs.
⑤ We can do this work <u>ourselves</u>.

24

밑줄 친 부분이 어법상 옳은 것끼리 짝지어진 것은? (틀린 것들을 바르게 고칠 것)

a. Please take care of <u>you</u>.
b. Don't laugh at <u>myself</u>.
c. The boy can dress <u>himself</u>.
d. I wrote a letter to <u>myself</u>.
e. We painted the room <u>ourself</u>.

① a, e   ② a, b, e   ③ b, c, d
④ c, d   ⑤ c, d, e

[25~26] 빈칸에 알맞은 말을 보기에서 골라 쓰시오.

25 서술형

보기	one another others
	the other the others

My classmate can speak three languages. (1) _____ is Korean, (2) _____ is English and (3) _____ is French.

26 서술형

보기	every	both	one
	another	other	the other

A: Do you have children?
B: Yes, two daughters.
A: What do they do?
B: (1) _____ of them are teachers. (2) _____ of them is a middle school teacher. (3) _____ is a high school teacher.

27 서술형

다음 중 어법상 <u>틀린</u> 부분을 <u>모두</u> 찾아 바르게 고치시오.

a. I want special something.
b. All his hope is gone.
c. Are there anybody hurt?
d. Henry gave all the flowers to me.
e. Each of the rooms have a bookshelf.
f. Would you like something to eat?
g. Every student in my class is very smart.

28 서술형

괄호 안의 말을 빈칸에 알맞은 형태로 써서 대화를 완성하시오.

A: I'm hungry. Do you have anything to eat?
B: Help (1) _____ (you) to this cheesecake.
A: Wow! This tastes really good. Where did you buy it?
B: I didn't buy it. I made it (2) _____ (I).
A: Really? You should be proud of (3) _____ (you). It's very delicious.
B: Thank you.

Recall My Memory

Answers p.17

다음 문장이 어법상 맞으면 ○표 하고, 틀리면 바르게 고치시오.

01　Do you know the sitting boy on the bench?　⊙ p. 102

02　You have to solve the problem by you.　⊙ p. 118

03　Jimmy is thinking of sing in a contest.　⊙ p. 90

04　Mr. Adams is enough rich to buy the expensive watch.　⊙ p. 80

05　Was *Interstellar* directing by Christopher Nolan?　⊙ p. 60

06　One of the twins is Isabella, and another is Sophia.　⊙ p. 114

07　The girls were excited about their new album.　⊙ p. 102

08　Are you already booked the concert tickets?　⊙ p. 34

09　Please tell me how to open this window.　⊙ p. 76

10　Each of their children have his or her own room.　⊙ p. 116

11　Don't forget to keep the deadline.　⊙ p. 92

12　It is difficult for she not to tell others secrets.　⊙ p. 80

13　Started late, we arrived there late at night.　⊙ p. 104

14　The dog house will made by my dad.　⊙ p. 60

15　I don't have any erasers. Please lend me one.　⊙ p. 114

point 1
🔗 Chapter 06

목적어로 쓰이는 동명사 vs. to부정사

Many families enjoy [to travel / **traveling**] from place to place. › 고1 연합
많은 가족들이 이곳저곳 여행하는 것을 즐긴다.

- 동사의 목적어 형태를 묻는 문제가 자주 출제되므로 목적어로 동명사만을 취하는 동사와 to부정사만을 취하는 동사를 구분해서 알아두어야 한다.
- 전치사의 목적어로 동명사 혹은 명사(구)만 가능하고 to부정사는 쓸 수 없음에 주의한다.

동명사를 목적어로 취하는 동사	to부정사를 목적어로 취하는 동사
enjoy, keep, finish, mind, stop, give up, avoid, deny, delay, put off, practice, quit 등	want, hope, wish, expect, plan, decide, promise, need, ask, learn, agree, refuse 등

point 2
🔗 Chapter 05

to부정사의 다양한 쓰임

The initial phase of any design process is the decision finds(→ **to find**) a solution to it. › 고2 연합
디자인 과정의 첫 번째 단계는 그것에 대한 해결책을 찾는 결정이다.

- 문장에서 주로 목적어 역할을 하는 「의문사 + to부정사」의 형태나, 명사를 꾸며 주는 형용사적 용법으로 쓰인 to부정사, 혹은 목적('~하기 위해')의 의미로 쓰인 부사적 용법의 to부정사에 밑줄을 넣어 쓰임이 올바른지를 묻는 문제가 출제되므로 to부정사의 여러 가지 쓰임을 알아두어야 한다.

point 3
🔗 Chapter 07

분사구문의 형태와 쓰임

A rabbit moves quickly back and forth, [**forcing** / forced] a coyote to change directions many times. › 고1 연합
토끼는 코요테가 어쩔 수 없이 여러번 방향을 바꾸게 하면서 앞뒤로 빠르게 움직인다.

- 문장 맨 앞이나 주절(+콤마(,)) 뒤에 오는 현재분사에 밑줄을 넣어 쓰임이 올바른지를 묻는 문제가 종종 출제되므로, 현재분사를 보고 동시 동작, 조건, 시간의 분사구문인지를 파악해야 한다.
- 능동의 의미를 나타내는 분사구문은 현재분사로, 수동의 의미를 나타내는 분사구문은 과거분사로 쓰는 것에 주의한다.

---

initial 휑 처음의, 초기의   phase 몡 단계   process 몡 과정   move back and forth 앞뒤로 움직이다   force 통 (어쩔 수 없이)
~하게 만들다   direction 몡 방향

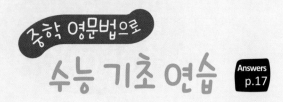

A 괄호 안에서 알맞은 말을 고르시오.

1 Stop [lying / to lie] to yourself about what is going on. › 고1 연합

2 He came up with the creative idea of [posting / to post] notes everywhere. › 고1 연합

3 You need to know how [managing / to manage] your money. › 고1 연합

4 [Keep / Keeping] this in mind, you'll have more fun drawing the unique art that comes from you. › 고1 연합

5 Indian kings sponsored great debating contests, [offering / offered] prizes for the winners. › 고2 연합

B 밑줄 친 부분이 어법상 맞으면 ○표 하고, 틀리면 바르게 고치시오.

1 Emily has a drive <u>to succeed</u> and will try anything. › 고2 연합

2 Why do viewers keep <u>to watch</u> reality TV programs? › 고1 연합

3 I kicked myself for <u>not to take</u> that position. › 고1 연합

4 He wanted <u>encouraging</u> Julia to play the piano. › 고1 연합

C 다음 글의 밑줄 친 부분 중, 어법상 틀린 것은? (바르게 고칠 것) › 고1 연합

My room is always a mess. My mom tries ① <u>to get</u> me to straighten it up, ② <u>tell</u> me, "Go clean your room!" I resist her at every opportunity. I hate to be told ③ <u>what to do</u>.

A **lie** ⑧ 거짓말하다   **come up with** ~을 생각해 내다   **creative** ⑧ 창의적인   **post** ⑧ 게시하다   **manage** ⑧ 이용하다, 다루다   **keep ~ in mind** ~을 명심하다   **sponsor** ⑧ 후원하다   **debating** ⑧ 토론   **offer** ⑧ 주다

B **drive** ⑧ 욕구   **succeed** ⑧ 성공하다   **reality** ⑧ 실제 (상황)   **encourage** ⑧ 격려하다, 권장하다

C **mess** ⑧ 엉망인 상태   **straighten up** ~을 정돈하다   **resist** ⑧ 저항하다, 반대하다   **opportunity** ⑧ 기회

1 **(A), (B), (C)의 각 네모 안에서 어법에 맞는 표현으로 가장 적절한 것은?** ▸ 고2 연합

The competition (A) sells / to sell manuscripts to publishers is very high. Only a few of the manuscripts (B) sent / sending to publishers are actually published. To be selected, a manuscript must be written well, have commercial value, and have no factual errors. Any manuscript with errors cannot be accepted for publication. Most publishers will not want (C) wasting / to waste time on manuscripts with too many mistakes.

	(A)		(B)		(C)
①	sells	......	sent	......	wasting
②	sells	......	sending	......	to waste
③	to sell	......	sent	......	wasting
④	to sell	......	sending	......	to waste
⑤	to sell	......	sent	......	to waste

2 **다음 글의 밑줄 친 부분 중, 어법상 틀린 것은? (바르게 고칠 것)**

We humans are social creatures and we often want to interact with each other. ① Making and being friends requires specific skills. We use "social skills" ② to get along with others. However, those skills don't work like superpowers. You can't expect ③ having them overnight. Social skills ④ are learned just like playing an instrument, throwing a ball, and speaking a foreign language. You need ⑤ to practice, and get used to them.

3

다음 글의 밑줄 친 부분 중, 어법상 틀린 것은? (바르게 고칠 것) ▸ 고2 연합

In ancient China, ① to demonstrate "time" to temple students, priests hung a rope from the ceiling. The rope had knots representing the hours. It was lit with a fire and burnt evenly, ② indicating the passage of time. However, many temples burnt down. Later, someone invented a similar kind of clock ③ made of water buckets. It had markings ④ showed the hours. Through holes in the bucket, water flowed out at a regular speed. The temple students learned that past time could never ⑤ be recovered.

---

1 competition ⑲ 경쟁 manuscript ⑲ 원고 publisher ⑲ 출판사 only a few 극소수의 commercial ⑳ 상업의 value ⑲ 가치 factual ⑳ 사실에 기반을 둔

2 creature ⑲ 생명이 있는 존재 require ⑤ 요구하다 get along 어울리다 expect ⑤ 기대하다 overnight ⑭ 밤사이에 instrument ⑲ 악기 get used to ~에 익숙해지다

3 ancient ⑳ 고대의 demonstrate ⑤ 설명하다 temple ⑲ 사원 priest ⑲ 사제 ceiling ⑲ 천장 knot ⑲ 매듭 represent ⑤ 나타내다 evenly ⑭ 균등하게 indicate ⑤ 보여주다 passage ⑲ 흐름 bucket ⑲ 양동이 recover ⑤ 되찾다

누가 더 잘하나 따져보자,

비교구문

Unit 01 원급 · 비교급 · 최상급 비교

형용사나 부사의 기본 형태를 그대로 사용하거나 변형하여 둘 이상의 대상을 비교할 수 있다.

A 원급 비교

A is **as big as** B.

A is **not as big as** B.

원급이란 형용사나 부사의 원래 형태를 말한다. 두 대상의 정도가 같거나 비슷함을 나타낼 수 있다.

a Liam is **as strong as** Tom.
Liam exercises **as much as** Tom.

b The movie is **not as[so] good as** the book.
I do**n't** like the movie **as[so] much as** the book.

a 「as + 형용사/부사의 원급 + as」:
~만큼 …한[하게]

b 「not + as[so] + 형용사/부사의 원급 + as」: ~만큼 …하지 않은[않게]

B 비교급 비교

A is **bigger than** B.

A is **much bigger than** B.

두 대상을 비교하여 하나의 대상이 다른 대상보다 정도가 크거나 작음을 표현한다.

a Sophia is **more diligent than** her friends.
(= Her friends are not as diligent as Sophia.)
She works **harder than** them.
(= They don't work as hard as her.)

b My brother is **a lot busier than** me.
He skips breakfast **much more often than** me.

a 「비교급 + than」: ~보다 더 …한[하게]

b 비교급 앞에 much, a lot, even, still, far 등을 써서 '훨씬'이라는 의미로 비교급을 강조할 수 있다.

☑ so, very, too는 형용사나 부사의 원급은 강조하지만, 비교급은 강조할 수 없다.

C 최상급 비교

A is **the biggest** *in* E.

셋 이상의 대상 중에서 정도가 가장 크거나 작음을 표현한다. 뒤에 in이나 of를 사용하여 비교 범위를 나타낼 수 있다.

a Ben is **the smartest** student **in** the class.

b Daisy is **the most beautiful of** all my cats.

a 「the 최상급 + in + 단수명사(장소/집단)」: ~에서 가장 …한[하게]

b 「the 최상급 + of + 복수명사(비교 대상)」: ~ 중에서 가장 …한[하게]

형용사 및 부사의
비교급/최상급 만들기

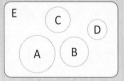

대부분의 단어	원급 + -er/-est	fast - faster - fastest
-e로 끝나는 단어	원급 + -r/-st	large - larger - largest
「단모음 + 단자음」으로 끝나는 단어	원급 + 마지막 자음 + -er/-est	big - bigger - biggest
「자음 + -y」로 끝나는 단어	원급의 y → i + -er/-est	easy - easier - easiest
3음절 이상이거나 -ive, -ful, -ous, -ing, -ed, -ly 등으로 끝나는 2음절 단어	more/most + 원급	creative - more creative - most creative
불규칙 변화	good/well - better - best many/much - more - most	bad/ill - worse - worst little - less - least

A 괄호 안에서 알맞은 것을 고르시오.

1 She looks as [pretty / prettier] as a picture.

2 My smartphone is [too / much] lighter than yours.

3 Jisu speaks English [well / better] than Miso.

4 Who is the most popular [in / of] all the members?

5 Family is [more / most] important than money.

B 우리말과 일치하도록 빈칸에 알맞은 말을 쓰시오.

1 Jessica는 Tiffany만큼 노래를 잘 부르지 못한다.

→ Jessica doesn't sing as _____ as Tiffany.

2 나는 수학이 영어보다 더 어렵다고 생각한다.

→ I think math is _____ _____ than English.

3 그 상은 그해의 최고의 배우에게 수여된다.

→ The award is given to _____ _____ actor of the year.

4 어제는 오늘보다 훨씬 더 더웠다.

→ It was even _____ yesterday than today.

C 우리말과 일치하도록 괄호 안의 말을 이용하여 문장을 완성하시오.

1 네 가방은 내 가방만큼 무겁지 않다. (as, heavy)

→ Your bag is _____ my bag.

2 Jacob은 나보다 훨씬 더 키가 크다. (a lot, tall)

→ Jacob is _____ me.

3 바티칸 시국은 세계에서 가장 작은 나라이다. (small, country)

→ Vatican City is _____ in the world.

4 나는 너만큼 신중하게 생각한다. (carefully, as)

→ I think _____.

5 Juliet은 그녀의 자매 중에서 가장 정직하다. (honest, her sisters)

→ Juliet is _____.

Unit 02 여러 가지 비교 표현

A 원급을 이용한 표현

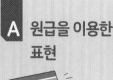

1 배수사 + as + 원급 + as

a The new book is **three times as expensive as** the used one. `'세 배'`
   = book
= The new book is **three times more expensive than** the used one.

b This library is **twice as big as** the one in my town.
   = library

2 as + 원급 + as + possible

a He ran **as fast as possible**.
= He ran **as fast as he could**.

b I always try to be **as positive as possible**.
= I always try to be **as positive as I can**.

1 「배수사 + as + 원급 + as」: ~의 (몇) 배만큼 …한[하게]
= 「배수사 + 비교급 + than」

☑ 배수사란 '(몇) 배'를 나타내는 말로, twice[two times], three times, four times 등으로 쓴다.

b twice는 「비교급 + than」보다 「as + 원급 + as」와 함께 쓰는 것이 자연스럽다.

☑ 대명사 one은 앞에 나온 셀 수 있는 명사를 대신하는 것으로, 비교 문장에서 자주 사용된다. (복수형: ones)

2 「as + 원급 + as + possible」: 가능한 한 ~한[하게]
= 「as + 원급 + as + 주어 + can[could]」

B 비교급을 이용한 표현

1 the 비교급 ~, the 비교급 …

a **The higher** you go up, **the colder** it gets.
b **The more** I thought, **the angrier** I got.

2 비교급 + and + 비교급

a It is getting **darker and darker** outside.
b The song became **more and more popular**[~~more popular and more popular~~].

1 「the 비교급 (+ 주어 + 동사), the 비교급 (+ 주어 + 동사)」: ~하면 할수록 더 …하다

2 「get[be, become] + 비교급 + and + 비교급」: 점점 더 ~해지다

b 비교급이 「more + 원급」 형태인 경우에는 「more and more + 원급」으로 쓴다.

C 최상급을 이용한 표현

one of the 최상급 + 복수명사

a Lisa is **one of the kindest students** in my school.
b Health is **one of the most important things** in life.

「one of the 최상급 + 복수명사」: 가장 ~한 것 중 하나

Answers p.18

A 괄호 안에서 알맞은 것을 고르시오.

1 His water bottle weighs twice as [much / more] as mine.

2 The more Pinocchio lies, the [longer / longest] his nose grows.

3 The world is getting hotter and [hotter / hottest].

4 She is one of the most famous [singer / singers] in the world.

5 The game is getting [more and more exciting / more exciting and more exciting].

B 두 문장의 의미가 같도록 빈칸에 알맞은 말을 쓰시오.

1 Eric kicked the ball as hard as possible.

= Eric kicked the ball as hard as _____ _____.

2 Kevin has three times as much money as I have.

= Kevin has three times _____ _____ than I have.

3 Hong Kong is five times as crowded as Beijing.

= Hong Kong is five times _____ _____ than Beijing.

C 우리말과 일치하도록 괄호 안의 말을 이용하여 문장을 완성하시오.

1 가능한 한 빨리 결과를 나에게 알려 주세요. (as, soon, possible)

→ Let me know the results _____.

2 그 TV 드라마는 점점 더 흥미로워졌다. (interesting)

→ The TV series became _____.

3 거실은 내 방의 두 배만큼 넓다. (large, as)

→ The living room is _____ my room.

4 서울은 세계에서 가장 분주한 도시 중 하나이다. (busy, city)

→ Seoul is _____ in the world.

Writing Practice

Answers
p.18

A 우리말과 일치하도록 괄호 안의 말을 바르게 배열하시오. (필요하면 형태를 바꿀 것)

01 민호는 하온만큼 랩을 잘하지 못한다. (so, not, as, well)

→ Minho raps _____ Haon.

02 가능한 한 빨리 집에 와라. (as, possible, soon, as)

→ Come home _____.

03 아이유의 커버 곡이 원곡보다 훨씬 더 좋다. (than, better, even)

→ IU's cover is _____ the original.

04 Jack이 우리 반에서 가장 높은 점수를 받았다. (score, my class, the highest, in)

→ Jack got _____.

05 음악실이 과학실의 네 배만큼 넓다. (large, as, times, the science room, as, four)

→ The music room is _____.

06 그녀는 오래 기다릴수록 더 초조해졌다. (wait, the, she, long)

→ _____, the more nervous she became.

07 그 연극은 점점 더 지루해졌다. (more, boring, more, and)

→ The play became _____.

08 그 학생들은 가능한 한 빠르게 교실을 떠났다. (as, they, quickly, can, as)

→ The students left the classroom _____.

09 그 절은 나의 동네에서 가장 평화로운 장소 중 한 곳이다. (of, peaceful, place, the, one)

→ The temple is _____ in my town.

10 이 건물은 우리 집보다 20배 더 높다. (than, twenty, tall, my house, times)

→ This building is _____.

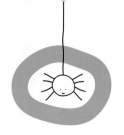

B 우리말과 일치하도록 괄호 안의 말을 이용하여 문장을 완성하시오.

01 a 이 드라이기가 더 무겁지만, 저것보다 훨씬 더 비싸다. (heavy)

→ This hair dryer is _____, but it's much more expensive than that one.

b 이 노트북 컴퓨터가 더 크지만, 저것보다 훨씬 더 싸다. (big, even, cheap)

→ This laptop is _____, but it's _____ that one.

02 a Daniel은 Dean만큼 자주 연습하지 않는다. (often)

→ Daniel doesn't practice _____ as Dean.

b 미라는 유미만큼 수영을 잘하지 않는다. (well)

→ Mira doesn't swim _____ Yumi.

03 a 그녀가 설명하면 할수록 나는 더 혼란스러워졌다. (much, confused)

→ _____ she explained, _____ I got.

b 당신은 일찍 올수록 좋은 자리를 얻게 될 것이다. (early, good, come)

→ _____ your seat will be.

04 a Bill Gates는 세계에서 가장 부유한 사람 중 한 명이다. (rich)

→ Bill Gates is one of _____ people in the world.

b 「캣츠」는 세계에서 가장 유명한 뮤지컬 중 하나이다. (famous, musical)

→ *Cats* _____.

05 a 상황이 점점 더 좋아지고 있다. (good)

→ The situation is getting _____ and _____.

b 그의 건강이 점점 더 나빠지고 있다. (health, get, bad)

→ _____

Actual Test

Answers p.19

01

원급, 비교급, 최상급이 잘못 짝지어진 것은?

① ill – worse – worst
② well – better – best
③ many – more – most
④ thin – thiner – thinest
⑤ easy – easier – easiest

02

빈칸에 들어갈 말로 알맞은 것은?

Edward is the _____ boy in my family.

① stronger
② strongest
③ more strong
④ most strong
⑤ most strongest

03

빈칸에 들어갈 말로 알맞지 않은 것은?

Judy is _____ than her sister.

① wiser
② prettier
③ more young
④ more generous
⑤ more intelligent

04 서술형

두 문장이 의미가 같도록 빈칸에 알맞은 말을 쓰시오.

Paul's voice is softer than John's.

= John's voice is _____ _____ _____ as Paul's.

05

우리말을 영어로 바르게 옮긴 것은?

Sam은 Peter만큼 빨리 달린다.

① Sam runs as fast as Peter.
② Sam runs as fast so Peter.
③ Sam runs as faster as Peter.
④ Sam runs so faster as Peter.
⑤ Sam runs as fastest as Peter.

06

밑줄 친 부분이 어법상 틀린 것은? (바르게 고칠 것)

① You are the luckiest man of us.
② Her friends are too busier than her.
③ Jane's idea is the most creative one.
④ The largest bird in the world is the ostrich.
⑤ Mango is much sweeter than apple.

07 서술형

그림을 보고, 빈칸에 알맞은 말을 쓰시오.

Jeff is _____ _____ Ben.
= Ben is _____ _____ Jeff.

08

빈칸에 들어갈 말로 알맞은 것을 <u>모두</u> 고른 것은?

Life is _____ more precious than gold.

a. far	**b.** even	**c.** most
d. very	**e.** still	**f.** so
g. much	**h.** too	**i.** a lot

① a, b, c, f
② a, d, e, i
③ a, b, e, g, i
④ b, c, f, g, h
⑤ d, f, g, h, i

09

다음 문장과 바꿔 쓸 수 있는 문장은?

I didn't like the movie so much as the novel.

① The novel was as good as the movie.
② I liked the novel more than the movie.
③ I liked the movie more than the novel.
④ The novel was not as good as the movie.
⑤ I didn't like the novel more than the movie.

10 서술형

대화의 밑줄 친 부분 중 어법상 틀린 것을 골라 바르게 고치시오.

A: ① Which river do you think is longer, the Han River or the Nakdong River?
B: Isn't the Han River ② longer than the Nakdong River? I think the Han River is ③ longest river ④ in Korea.
A: Well, actually the Nakdong River is longer ⑤ than the Han River.

_____ → _____

11

빈칸에 들어갈 말이 순서대로 짝지어진 것은?

• Mary is the cutest _____ all my dogs.
• Which is the hottest place _____ Asia?
• I think Jennifer is the funniest girl _____ the class.

① of – in – in
② of – in – by
③ in – in – of
④ in – by – in
⑤ in – by – of

12 서술형

빈칸에 들어갈 말을 보기에서 골라 알맞은 형태로 쓰시오.

| 보기 | difficult | early | beautiful |

(1) The test was _____ than the last one.
(2) My sister gets up _____ than my brother.
(3) I think this rose is the _____ in my garden.

13

대화의 밑줄 친 부분 중 어법상 틀린 것은? (바르게 고칠 것)

A: Bruce always studies ① harder than us.
B: You're right. He is ② very ③ more diligent than us.
A: I think he is ④ the most diligent ⑤ student in the school.

14 서술형

괄호 안의 말을 바르게 배열하여 대화의 빈칸에 들어갈 말을 쓰시오.

A: I'm so tired. I went to bed late last night.
B: You should go to bed early. _____

_____

(you, more, the, tired, sleep, go, to, later, you, the, feel).

→ _____

15

밑줄 친 부분 중 어법상 틀린 것은? (바르게 고칠 것)

Frank is ①one ②of ③the best basketball ④players ⑤of this country.

16

다음 그림을 묘사하는 문장으로 알맞은 것은?

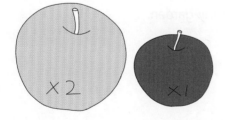

① The green apple is as big as the red one.
② The green apple is not so big as the red one.
③ The red apple is twice bigger than the green one.
④ The green apple is twice as big as the red one.
⑤ The red apple is two times bigger than the green one.

17

다음 중 어법상 틀린 문장은? (바르게 고칠 것)

① Call me back as soon as possible.
② He started to feel better and better.
③ The more people have, the more they want.
④ This box weighs third times as much as that one.
⑤ London is one of the most crowded cities in Europe.

18 서술형

다음 글에서 어법상 틀린 부분을 모두 찾아 바르게 고치시오.

There are many great students in my class. Mina is one of the smartest student in the school. I think she is as smart as Einstein. Jiho is the kindest student. He always tries to help the elders in the nursing home as often as possible. Suho is the better singer of all. He is becoming more popular and more popular these days.

19

두 문장의 의미가 같도록 빈칸에 들어갈 말로 알맞은 것은?

They spoke as quietly as possible.
= They spoke _____.

① as quietly as they could
② so quiet so they could
③ as quietly as they can
④ as quiet as they can
⑤ so quietly as they can

20

우리말을 영어로 옮길 때 필요하지 <u>않은</u> 것은?

> 우정은 내 인생에서 가장 중요한 것들 중 하나이다.

① of   ② one
③ more   ④ things
⑤ important

21 서술형

다음 문장을 보기와 같이 바꿔 쓰시오.

> 보기   Your sister is older than my sister.
>   → My sister is not as old as your sister.

Your bike is better than my bike.

→ _____

22

다음 중 어법상 옳은 문장은? (틀린 것들을 바르게 고칠 것)

① I can eat five times as more as him.
② Your room is more dirty than my room.
③ The days are getting short and short.
④ The more you practice, the better you will do.
⑤ Our lives become more convenient and more convenient.

23

대화의 빈칸에 들어갈 말로 알맞은 것은?

> A: What is your favorite sport?
> B: I like baseball a lot. It is the _____ _____ sport to me.

① excitingest   ② so exciting
③ much exciting   ④ more exciting
⑤ most exciting

24

밑줄 친 부분과 바꿔 쓸 수 있는 것은?

> Today is not <u>as</u> cold as yesterday.

① by   ② in
③ so   ④ for
⑤ from

25

빈칸에 공통으로 들어갈 말로 알맞은 것은?

> It is getting _____ and _____.

① dark   ② darker
③ darkest   ④ more dark
⑤ most dark

26

우리말을 영어로 바르게 옮긴 것은?

> 그것은 서울에서 가장 큰 시장 중 하나이다.

① It is the largest market in Seoul.
② It is the largest markets in Seoul.
③ It is one of largest markets in Seoul.
④ It is one of the largest markets in Seoul.
⑤ It is one of the largest market in Seoul.

27 서술형

두 문장의 의미가 같도록 괄호 안의 말 중 필요한 것을 골라 바르게 배열하시오.

> This cap is four times cheaper than that one.

= This cap is _____

_____.

(time, times, that, one, as, four, fourth, as, so, cheap, cheaper)

Recall My Memory

Answers p.20

다음 문장이 어법상 맞으면 O표 하고, 틀리면 바르게 고치시오.

01   Pikachu is introduced to Korea in 1998.   ⊛ p. 30

02   The songs composed by Psy are exciting.   ⊛ p. 160

03   Hip-hop music is getting more popular and more popular.   ⊛ p. 134

04   Some of the gloves are for men, and the other are for women.   ⊛ p. 114

05   Mom forgot to turn off the stove, so she had to go back home.   ⊛ p. 92

06   Please let me to know how to solve this problem.   ⊛ p. 20

07   She didn't walk as faster as he did.   ⊛ p. 132

08   Victoria is known by every student in my school.   ⊛ p. 62

09   Julie is thinking about to join the drama club.   ⊛ p. 90

10   This watermelon is twice as big as that one.   ⊛ p. 134

11   My mom looked at himself in the mirror before going out.   ⊛ p. 118

12   Stood on the hill, she watched the rainbow.   ⊛ p. 104

13   She has a fever. She has better see a doctor.   ⊛ p. 48

14   It was wise of you to keep silent during the argument.   ⊛ p. 80

15   The little we use plastic bags, the healthier the earth gets.   ⊛ p. 134

Chapter

10

너와 나의 연결고리,

접속사

시간, 이유의 부사절 접속사

부사절 접속사는 부사절(문장에서 부사 역할을 하는 절)을 이끌며 이를 주절(문장에서 주가 되는 절로, 부사절이 수식하는 절)에 연결하는 역할을 한다. 부사절은 문장의 앞과 뒤에 모두 올 수 있다.

A 시간을 나타내는 부사절 접속사

시간의 부사절 접속사로 when, as, while, until[till], since 등이 있다.

a I write stories **when** I have free time.
　　　　　　주절　　　　　　　부사절
　= **When** I have free time, I write stories.

b **As** we had lunch, we talked about the news.

c Be quiet **while** the movie is playing.
　　　　　　　　　　　　진행시제

d We have to wait **until[till]** he comes[~~will come~~]
　　　　　　　　　　　미래시제를 대신하는 현재시제
　home.

e I have been busy **since** I went back to school.
　현재완료시제　　　　　　　　　　과거시제

f Amy had ice cream **before** she brushed her teeth.

g Amy brushed her teeth **after** she had ice cream.

---

a when: ~할 때

☑ 부사절이 주절의 앞에 올 때는 부사절 끝에 콤마(,)를 쓴다.

b as: ~할 때, ~하면서, ~하는 동안

c while: ~하는 동안

☑ while이 이끄는 부사절에는 진행시제가 자주 쓰인다.

d until[till]: ~할 때까지

어떤 일이 특정 시점까지 계속되는 것을 나타낸다.

☑ 시간의 부사절에서는 미래시제 대신 현재시제를 사용하여 미래의 의미를 나타낸다.

e since: ~한 이래로, ~했을 때부터

어떤 일이 과거 시점부터 계속된 것을 나타낸다.

☑ since 부사절에는 과거시제, 주절에는 현재완료 시제가 주로 쓰인다.

f before: ~하기 전에

g after: ~한 후에

B 이유를 나타내는 부사절 접속사

이유의 부사절 접속사로는 because, as, since가 대표적이다.

a I stayed home **because** it was raining heavily.
　　　　　　　　　　　　절 (주어 + 동사 ~)

cf. I stayed home **because of** the heavy rain.
　　　　　　　　　　　　　　명사구

b **As** he broke his leg, Jake couldn't participate in the marathon.

c **Since** you've finished your homework, you may go out and play.

---

because, as, since: ~하기 때문에

a 이유가 중요하거나 Why 의문문에 답할 때는 because를 쓴다.

cf. because는 접속사이므로 뒤에 주어와 동사를 포함한 절이 오지만, because of는 전치사이므로 뒤에 명사(구)가 온다.

Answers p.20

A 괄호 안에서 알맞은 것을 고르시오.

1 My family has lived in Seoul [when / since] I was 10.

2 I like this novel [because / because of] it's interesting.

3 I'll do my homework until dinner [is / will be] ready.

4 You have to see a doctor [when / until] you are sick.

5 It started to snow [as / since] they got off the train.

B 보기에서 알맞은 말을 골라 빈칸에 쓰시오. (한 번씩만 쓸 것)

보기	when	until	while	because

1 Emily was late for school _____ she missed the school bus.

2 _____ I was walking on the street, I found a 10,000 won bill.

3 My mom was 28 _____ I was born.

4 I didn't know the problem _____ you told me about it.

C 우리말과 일치하도록 괄호 안의 말을 이용하여 문장을 완성하시오. (서로 다른 접속사를 사용할 것)

1 그가 노크했을 때 내가 문을 열었다. (knock)

→ I opened the door _____ _____ _____.

2 그녀는 아들이 잠들 때까지 책을 읽어 줄 것이다. (fall asleep)

→ She'll read to her son _____ _____ _____ _____.

3 우리가 저녁 식사를 하는 동안 Roy가 도착했다. (have dinner)

→ Roy arrived _____ _____ _____ _____ _____.

4 Olivia는 친절하기 때문에 나를 도와줄 것이다. (friendly)

→ _____ _____ _____ _____, she'll help me.

Unit 02 조건, 양보, 결과의 부사절 접속사

A 조건을 나타내는 부사절 접속사

조건('(만약) ~하면', '(만약) ~하지 않으면')을 의미하는 대표적인 부사절 접속사로 if와 unless가 있다.

a **If** you stay[~~will stay~~] up all night, you will feel
　　　　　　미래시제를 대신하는 현재시제
very tired the next day.

　If you get there early, please save a seat for me.

b **Unless** you run, you will be late for school.
　　　　　　　미래시제를 대신하는 현재시제
= **If** you don't run, you will be late for school.

a if: (만약) ~하면

☑ 조건의 부사절에서는 미래시제 대신 현재시제를 사용하여 미래의 의미를 나타낸다.

b unless: (만약) ~하지 않으면
(= if ~ not)

B 양보를 나타내는 부사절 접속사

양보('~함에도 불구하고', '(비록) ~하지만')를 의미하는 부사절 접속사에는 though, although, even though 등이 있다.

a We went on a picnic **though** the weather was
　　　　　　　　　　　　　　　　　절 (주어 + 동사 ~)
bad.

cf. We went on a picnic **despite[in spite of]** the bad weather.
　　　　　　　　　　　명사구

b **Although** it was true, nobody believed it.

c **Even though** Joe did his best, he couldn't solve the problem.

though, although, even though:
~함에도 불구하고, (비록) ~하지만

cf. 「though[although, even though] + 절」= 「despite[in spite of] + 명사(구)」

접속사 though, although, even though 뒤에는 주어와 동사로 이루어진 절이 오지만, despite와 in spite of는 전치사이므로 뒤에 명사(구)가 온다.

C 결과를 나타내는 부사절 접속사

결과('(너무 …해서) ~하다')를 나타내는 부사절 접속사 that은 「so + 형용사/부사 + that + 절」의 형태로 자주 쓰인다.

a The pizza was **so** delicious **that** we ate it all.
　　　　　　　　　절 (원인)　　　　　　　　절 (결과)
(= The pizza was really delicious, so we ate it all.)

b Darcy studied **so** hard **that** she could pass the test.
(= Darcy studied really hard, so she could pass the test.)

cf. Monica went on a diet **so that** she could be healthy.

a 「so + 형용사/부사 + that + 절」:
너무 …해서 ~하다

that 앞에는 원인에 해당하는 절이, 뒤에는 결과를 나타내는 절이 온다.

cf. so that은 '~하도록', '~하기 위해서'라는 의미로, 목적을 나타내는 부사절 접속사이다.

Exercise

Answers p.20

A 괄호 안에서 알맞은 것을 고르시오.

1 [If / Unless] you are a teenager under 19, you can't watch *Kingsman*.

2 [Though / Despite] the church is old, it is very clean.

3 The desk is [heavy so that / so heavy that] I can't move it.

4 If I [finish / will finish] my homework quickly, I'll watch TV.

B 두 문장의 의미가 같도록 빈칸에 알맞은 말을 쓰시오.

1 If he doesn't agree, we can't begin the project.

= _____ he agrees, we can't begin the project.

2 Despite her busy schedule, she loves her work.

= _____ she has a busy schedule, she loves her work.

3 Alex is very kind, so everybody likes him.

= Alex is _____ kind _____ everybody likes him.

C 우리말과 일치하도록 보기와 괄호 안의 말을 이용하여 문장을 완성하시오. (한 번씩만 쓸 것)

보기	if	so that	unless	although	that

1 너는 그 수업을 들으면 좋은 성적을 받을 거야. (take the class)

→ _____, you'll get good grades.

2 너는 아침을 먹지 않으면 곧 배가 고플 거야. (have breakfast)

→ _____, you'll feel hungry soon.

3 그는 드론을 사기 위해 돈을 모으고 있다. (can buy)

→ He is saving money _____ a drone.

4 그 질문은 너무 어려워서 나는 대답할 수 없었다. (difficult)

→ The question was so _____ answer it.

5 그녀는 피곤했음에도 불구하고 그를 기다렸다. (tired)

→ _____, she waited for him.

명사절 접속사

명사절이란 문장 안에서 명사처럼 주어, 목적어, 보어의 역할을 하는 절을 말한다. 명사절을 이끄는 접속사에는 대표적으로 that, if, whether, 의문사가 있다.

A that

1 주어, 목적어, 보어 역할을 하는 that절

a **That** the rules changed is important.
　　명사절 (주어)　　　　　단수동사

→ **It** is important **that** the rules changed.
　가주어　　　　　　진주어

b I think (**that**) Sam is from Australia.
　　동사　　　　명사절 (think의 목적어)

c The problem is **that** I can't swim.
　　주어　　　　명사절 (주격보어)

2 동격을 나타내는 that절

I can't accept the fact **that** she's gone.
　　　　　　　└─ = ─┘ 명사절 (동격)

that절은 접속사 that이 이끄는 절이다.

a 주어로 쓰인 that절은 단수 취급하며, 보통 가주어 it을 사용하여 「It ~ that절」로 쓴다.

b 목적어로 쓰인 that절에서 접속사 that은 생략할 수 있다.

☑ that절을 목적어로 쓰는 동사: think, know, believe, hope, say, hear 등

c be동사 뒤에서 주격보어로 쓰인 that절은 주어가 무엇인지 설명한다.

2 the fact, the news, the idea, the belief 등의 명사 뒤에서 그 내용을 구체적으로 설명한다.

B if, whether

a I can't remember. + Did I turn off the light?

→ I can't remember **if[whether]** I turned off the light (**or not**).

b Do you know? + Has he had dinner yet?

→ Do you know **whether**[if] **or not** he has had dinner yet?

「if[whether] + 주어 + 동사 (+ or not)」
'~인지 (아닌지)'라는 뜻으로, 의문사가 없는 의문문이 다른 문장 안에서 명사절로 쓰일 때 사용한다.

b whether 바로 뒤에는 or not이 올 수 있지만, if or not으로는 쓰지 않는다.

C 의문사

a I don't know. + **What** is his name?
　　　　　　　　　의문사　동사　주어

→ I don't know what his name is.
　　　　　　　의문사　주어　동사

b Please tell me. + **Who** broke my kickboard?
　　　　　　　　　의문사　동사

→ Please tell me **who** broke my kickboard.
　　　　　　　　　의문사　동사

c Do you think? + Why should we learn history?

→ **Why** do you think [~~why~~] we should learn history?
　　　　　　'생각하다'　　의문사절 (think의 목적어)

「의문사 (+ 주어) + 동사」

의문사절은 의문사가 있는 의문문이 다른 문장 안에서 명사절로 쓰이는 것을 말한다.

a 의문사가 있는 의문문은 의문사절을 「의문사 + 주어 + 동사」 형태로 쓴다.

b 의문사가 주어인 의문문은 의문사절을 의문문 그대로 「의문사 + 동사」로 쓴다.

c 의문사절이 생각이나 추측과 관련된 동사 (think, believe, guess, suppose 등)의 목적어일 때는 의문사를 문장의 맨 앞으로 보낸다.

Exercise

Answers p.20

A 괄호 안에서 알맞은 것을 고르시오.

1 That elephants like cookies [are / is] interesting.

2 I don't know where [live they / they live].

3 The problem is [that / whether] he will agree or not.

4 [It / This] is certain that Minho likes Jisu.

5 I'm not sure [if / whether] or not it will rain tomorrow.

B 두 문장을 한 문장으로 바꿔 쓸 때, 빈칸에 알맞은 말을 쓰시오.

1 He has a twin brother. It is interesting.

→ _____ is interesting _____ he has a twin brother.

2 I wonder. Is BTS popular in America?

→ I wonder _____ _____ _____ _____ in America.

3 Do you think? Who is wrong?

→ _____ do you think _____ _____?

4 I heard. France won the World Cup.

→ I heard _____ _____ _____ _____ _____.

C 우리말과 일치하도록 괄호 안의 말을 바르게 배열하여 문장을 완성하시오.

1 너는 그 소문이 사실인지 아닌지 아니? (or not, true, if, is, the rumor)

→ Do you know _____?

2 오늘이 일요일이라는 사실이 나를 행복하게 만든다. (that, Sunday, the fact, is, today)

→ _____ makes me happy.

3 나는 그녀가 왜 울고 있었는지 그녀에게 물어볼 것이다. (was, she, crying, why)

→ I will ask her _____.

4 너는 그가 시장에서 산 게 무엇이라고 짐작하니? (guess, bought, you, what, do, he)

→ _____ at the market?

Unit 04 그 밖의 접속사

and, but, or, so는 단어와 단어, 구와 구, 절과 절 같이 문법적으로 같은 성격의 말들을 서로 연결해 주는 접속사이다. 이는 명령문과 평서문을 연결하거나, 다른 단어들과 짝을 이루어 새로운 의미를 나타내기도 한다.

A 명령문, and / or ~

명령문은 뒤에 and 또는 or와 함께 평서문이 올 때 조건의 의미를 나타내며, 조건의 접속사 if 또는 unless가 이끄는 부사절로 바꿔 쓸 수 있다.

a **Leave** now, **and** you can catch the bus.
　　명령문　　'그러면'
= **If** you leave now, you can catch the bus.
　　조건을 나타내는 부사절

Turn right, **and** you will find City Hall.
= **If** you turn right, you will find City Hall.

b **Study** hard, **or** you may fail the test.
　　명령문　　'그렇지 않으면'
= **Unless** you study hard, you may fail the test.
　　　　조건을 나타내는 부사절
= **If** you don't study hard, you may fail the test.
　　　조건을 나타내는 부사절

a 「명령문, and 평서문」:
~해라, 그러면 …할 것이다
= 「If you ~, 평서문」

b 「명령문, or 평서문」:
~해라, 그렇지 않으면 …할 것이다
= 「Unless you ~, 평서문」
= 「If you … not ~, 평서문」

B 짝을 이루는 접속사

and, but, or는 다른 단어들과 짝을 이룬 형태의 접속사로 자주 쓰인다. 항상 복수 취급하는 both A and B를 제외하고는 보통 B에 동사의 수와 인칭을 일치시킨다.

a **Both** Jack **and** his older brother are very tall.
　　　　　　　　　　　　　　　　　　　　복수동사

b **Not only** I **but (also)** Jiho is going there.
　　　　　　　　　　　Jiho에 수·인칭 일치
= Jiho **as well as** I is[am] going there.
　　　　　　　　　　Jiho에 수·인칭 일치

c **Not** she **but** you have to clean your room.
　　　　　　　　you에 수·인칭 일치

d **Either** you **or** I am mistaken.
　　　　　　　　I에 수·인칭 일치

e **Neither** you **nor** he likes spicy food.
　　　　　　　　　he에 수·인칭 일치

a both A and B: A와 B 둘 다
☑ 항상 복수 취급한다.

b not only A but (also) B:
A뿐만 아니라 B도
(= B as well as A)
☑ B에 동사의 수와 인칭을 일치시킨다.

c not A but B: A가 아니라 B
☑ B에 동사의 수와 인칭을 일치시킨다.

d either A or B: A 또는 B 중 하나
☑ B에 동사의 수와 인칭을 일치시킨다.

e neither A nor B: A도 B도 아닌
☑ B에 동사의 수와 인칭을 일치시킨다.

짝을 이루는 접속사의 구조

짝을 이루는 접속사가 연결하는 A와 B는 문법적으로 같은 형태의 단어나 구, 절이어야 한다.
• He is not only kind but also intelligent.
　　　　　　　형용사　　　　　　형용사
• I know your age as well as your name.
　　　　　명사구　　　　　　　명사구

Exercise

Answers p.20

A   괄호 안에서 알맞은 것을 고르시오.

1 Start right now, [and / or] you will meet the deadline.

2 Turn off your smartphone, [and / or] you can't sleep well.

3 Either you [or / nor] he is responsible for that matter.

4 Both Ella and Jess [is / are] 15 years old.

5 You as well as your sister [has / have] a good voice.

B   두 문장의 의미가 같도록 빈칸에 알맞은 말을 쓰시오.

1 Push the button, and the door will open.

= _____ you push the button, the door will open.

2 Clean your room now, or your mom will get angry.

= _____ you clean your room now, your mom will get angry.

3 It is not a musical. It is an opera.

= It is _____ a musical _____ an opera.

4 Sally doesn't like math. I don't like math, too.

= _____ Sally _____ I like math.

C   우리말과 일치하도록 괄호 안의 말을 이용하여 문장을 완성하시오.

1 아침을 먹어라, 그러면 너의 뇌가 더 잘 기능할 것이다. (work, and)

→ Eat breakfast, _____ better.

2 그는 영어뿐만 아니라 중국어도 말할 수 있다. (Chinese, not only)

→ He can speak _____ .

3 너는 오늘이나 내일 떠나도 된다. (either, tomorrow)

→ You can leave _____ .

4 Anna와 Elsa는 둘 다 겨울 스포츠를 좋아한다. (both, like)

→ _____ winter sports.

Writing Practice

Answers p.21

A 우리말과 일치하도록 괄호 안의 말을 바르게 배열하시오. (필요하면 형태를 바꿀 것)

01 Emily는 저녁 식사를 준비하는 동안 음악을 들었다. (dinner, was, she, while, cooking)

→ Emily listened to music _____.

02 그 식당은 깨끗하지도 편안하지도 않았다. (clean, nor, neither, comfortable)

→ The restaurant was _____.

03 이 책은 너무 어려워서 나는 그것을 이해할 수 없다. (difficult, that, I, so)

→ This book is _____ can't understand it.

04 나는 그녀가 어디 출신인지 모른다. (she, from, where, is)

→ I don't know _____.

05 보고서를 끝내라, 그러면 너는 게임을 할 수 있다. (you, the game, and, play, can)

→ Finish your report, _____.

06 Robert가 그녀의 생일 파티에 가면, 그녀는 기쁠 것이다. (if, to, Robert, go)

→ _____ her birthday party, she'll be pleased.

07 경기가 끝날 때까지 우리는 최선을 다할 것이다. (the game, over, until, be)

→ We will do our best _____.

08 나는 그가 올 것인지 안 올 것인지 그에게 물어볼 것이다. (come, or, if, he, not)

→ I'll ask him _____.

09 너는 그들이 무엇을 하고 있다고 생각하니? (you, they, think, what, be, do)

→ _____ doing?

10 너나 나 둘 중 한 명이 승자다. (you, be, I, either, or)

→ _____ the winner.

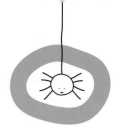

B 우리말과 일치하도록 괄호 안의 말을 이용하여 문장을 완성하시오.

01 a 네가 조용히 하지 않으면 아기가 깰 것이다. (be quiet)

→ Unless you _____, the baby will wake up.

b 그가 창문을 닫지 않는다면 그 벌레가 들어올 것이다. (close the window)

→ _____, the bug will come in.

02 a 이 카메라를 써라, 그러면 너는 좋은 사진을 얻을 것이다. (and, get)

→ Use this camera, _____ good photos.

b 직진해라, 그러면 너는 그 콘서트홀에 도착할 것이다. (go straight, get to)

→ _____ the concert hall.

03 a 엄마와 아빠 모두 야식을 드시지 않는다. (have)

→ _____ Mom _____ Dad _____ a late-night snack.

b James와 Linda 둘 다 댄스 동아리에 가입하지 않을 것이다. (be going to, nor)

→ _____ join the dance club.

04 a 그 나무가 100살이라는 것은 사실이다. (that, old)

→ It is true _____.

b 그 소년이 5개 국어를 하는 것은 놀랍다. (it, amazing, speak 5 languages)

→ _____

05 a 나는 왜 그녀가 자신의 이름을 좋아하지 않는지 모르겠다. (like)

→ I don't know why _____.

b 나는 왜 그가 나에게 화가 났는지 이해한다. (understand, be angry at)

→ _____

Actual Test

Answers p.21

[01~02] 빈칸에 들어갈 말이 순서대로 짝지어진 것을 고르시오.

01

- _____ he was 9, his family moved to Canada.
- We've been close friends _____ we were young.

① While – until ② While – since
③ When – until ④ When – since
⑤ When – while

02

- I just don't know _____ I can make it.
- I am sure _____ I left my keys on the table.

① that – if ② if – that ③ if – because
④ that – that ⑤ that – because

03

밑줄 친 부분과 바꿔 쓸 수 있는 것은?

As you are new here, I'll give you a tour.

① If ② When ③ Though
④ Because ⑤ Unless

04

다음 문장에서 that이 들어가기에 알맞은 곳은?

She (①) doesn't (②) believe (③) he (④) will keep (⑤) his promise.

[05~06] 우리말을 영어로 바르게 옮긴 것을 고르시오.

05

그 수수께끼는 너무 어려워서 아무도 풀지 못했다.

① The puzzle was difficult that so nobody could solve it.
② The puzzle was difficult so that nobody could solve it.
③ The puzzle was so that difficult nobody could solve it.
④ The puzzle was so difficult that nobody could solve it.
⑤ The puzzle was that difficult nobody could solve it.

06

그녀는 생선도 고기도 좋아하지 않는다.

① She doesn't like fish nor meat.
② She doesn't like fish or meat.
③ She likes not fish but meat.
④ She likes either fish or meat.
⑤ She likes neither fish nor meat.

07

대화의 밑줄 친 부분 중 어법상 틀린 것은? (바르게 고칠 것)

A: Thank you ①for carrying my bag.
B: No problem. Just ②call me any time ③if you ④will need my help.
A: You're so kind.
B: I hope ⑤that your arm gets better soon.

08

다음 중 어법상 **틀린** 문장은? (바르게 고칠 것)

① Despite it was warm, she wore winter clothes.

② Though she was hit by a bike, she wasn't hurt.

③ Even though I was really tired, I couldn't sleep.

④ In spite of the heavy rain, we enjoyed our vacation.

⑤ Although they have little money, they are happy.

[09-10] 밑줄 친 부분의 쓰임이 나머지 넷과 **다른** 것을 고르시오.

09

① Nancy is nervous <u>since</u> she has a big presentation.

② I haven't seen her <u>since</u> I saw her last Friday.

③ <u>Since</u> he spoke so fast, I couldn't understand him.

④ He was late for school <u>since</u> there was traffic.

⑤ You'll have to hurry <u>since</u> the train leaves at 7 in the morning.

10

① I don't know <u>if</u> I can trust him.

② Please check <u>if</u> the door is locked.

③ I doubt <u>if</u> he will come on time.

④ Please call me <u>if</u> you meet Andy.

⑤ I wonder <u>if</u> she knows the answer.

11 서술형

다음 두 문장을 한 문장으로 바꿔 쓸 때, 빈칸에 알맞은 말을 쓰시오.

> Blueberries are good for your eyes. It is true.

→ _____ is true _____ blueberries are good for your eyes.

12

다음 중 빈칸에 While이 들어가기 **어색한** 것은?

① _____ Mom was cooking, she got a call.

② _____ I was shopping, I met Cathy.

③ _____ Nick was reading a book, I was watching TV.

④ _____ I took a shower, I went to bed.

⑤ _____ you were in the bathroom, I ordered your coffee.

13 서술형

다음 문장에서 어법상 **틀린** 부분을 찾아 바르게 고치시오.

> The children won't go to bed until their mom will come home.

_____ → _____

14 서술형

다음 문장을 unless를 이용하여 바꿔 쓰시오.

> It's difficult to find the place if you don't have a map.

→ _____

[15~16] 빈칸에 들어갈 말이 나머지 넷과 <u>다른</u> 것을 고르시오.

15

① _____ you exercise every day, you will feel healthier.

② _____ you have some money, please lend me some.

③ _____ you feel cold, drink this hot tea.

④ _____ you can keep a secret, I'll tell you everything.

⑤ _____ he is too busy, he will help you finish your work.

16

① Be careful, _____ you will get hurt.

② Get some rest, _____ you'll feel much better.

③ Wear a jacket, _____ you'll catch a cold.

④ Call your mom, _____ she will worry about you.

⑤ Do your best, _____ you won't achieve your goal.

[17~18] 괄호 안의 말을 이용하여 다음 문장을 다시 쓰시오.

17 서술형

The book was very popular, so it sold out quickly. (so, that)

→ _____

18 서술형

We tried our best to win the game, but we lost in the end. (although)

→ _____

19

밑줄 친 that의 쓰임이 나머지 넷과 다른 것은?

① I believe that you are right.

② I guess that she is a pilot.

③ Just accept the fact that life is tough.

④ They think that the English test was difficult.

⑤ We hope that this park becomes a wonderful place.

20

빈칸에 들어갈 말이 순서대로 짝지어진 것은?

- Either I or you _____ honest.
- Neither you nor she _____ trustful.

① am – are   ② am – is

③ are – are   ④ are – is

⑤ is – are

[21~22] 우리말과 일치하도록 주어진 조건에 맞게 문장을 완성하시오.

21 서술형

조건 1	whether를 사용할 것
조건 2	총 9단어로 쓸 것

너는 그가 올지 안 올지 알고 있니?

→ _____

22 서술형

조건 1	명령문을 사용할 것
조건 2	괄호 안의 말을 포함하여 총 8단어로 쓸 것

일찍 일어나라, 그러면 너는 아침을 먹을 수 있다.
(wake up, have)

→ _____

23 서술형

다음 두 문장을 한 문장으로 바꿔 쓰시오.

> Can you tell me? Where did you go last weekend?

→ _____

24

어법상 옳은 것끼리 바르게 짝지어진 것은? (틀린 것들을 바르게 고칠 것)

> **a.** Either you or Jack has to wash the car.
> **b.** Not he but you is responsible for it.
> **c.** Not only you but also I were invited.
> **d.** Both my mom and dad are teachers.

① a, b   ② b, c
③ a, d   ④ b, d
⑤ a, c, d

25 서술형

다음 문장을 as well as를 이용하여 바꿔 쓰시오.

> Not only I but also my sister likes Black Pink.

→ _____

26 서술형

두 문장의 의미가 같도록 빈칸에 알맞은 말을 쓰시오.

> You can go there by bus, or you can go there by subway.

= You can go there _____ by bus _____ by subway.

27 서술형

다음 중 어법상 틀린 부분을 모두 찾아 바르게 고치시오.

> **a.** Please tell me who wrote this letter.
> **b.** Do you know if or not they have finished the project?
> **c.** Do you know how tall he is?
> **d.** Do you think why the accident happened?
> **e.** Peter as well as you likes pizza.
> **f.** Not only I but also my brother are a big fan of the player.
> **g.** Do you know when his birthday is?

28 서술형

다음 표를 보고, 괄호 안의 말을 바르게 배열하여 대화를 완성하시오.

Paper Art Museum
- Opening Hours: 10:00~18:00
- Ticket: $15

> A: Have you ever been to the Paper Art Museum?
> B: Yes. I've been there many times.
> A: Do you know (1)_____?
>   (how, a ticket, costs, much)
> B: It's fifteen dollars.
> A: I want to know (2)_____.
>   (opens, the museum, what, time)
> B: It opens at 10 o'clock in the morning.

Recall My Memory

Answers p.22

다음 문장이 어법상 맞으면 ○표 하고, 틀리면 바르게 고치시오.

01 The older he got, the strong he became.

⤷ p. 134

02 Be busy, my sister didn't help me with my homework.

⤷ p. 104

03 If your bag is too heavy, I'll carry it for you.

⤷ p. 146

04 I remember to see the ballet *Swan Lake* last Christmas.

⤷ p. 92

05 My webtoon will post on the web tomorrow.

⤷ p. 60

06 All of the money were stolen yesterday.

⤷ p. 116

07 Either you or she have to attend the meeting.

⤷ p. 150

08 It was surprising news to many people.

⤷ p. 102

09 The cathedral built in 1886 by Gaudi.

⤷ p. 58

10 I want to know what is your plan.

⤷ p. 148

11 Please stop to talk and listen to me.

⤷ p. 92

12 When have you visited the Colosseum?

⤷ p. 34

13 I was too sleepy sitting through the movie.

⤷ p. 80

14 Put on sunscreen, or you can protect your skin from sunlight.

⤷ p. 150

15 I heard a scream. It sounded like my sister.

⤷ p. 18

이웃한 명사와
은밀한 관계를 맺어주는

관계사

관계대명사 I

관계대명사는 두 문장을 연결하는 접속사 역할과 대명사 역할을 동시에 한다. 관계대명사가 이끄는 절은 형용사처럼 선행사(앞에 오는 명사)를 수식하며, 관계대명사는 관계대명사절에서 주어, 목적어, 소유격 역할을 한다.

A 주격 관계대명사 who, which

관계대명사절에서 주어 역할을 하는 관계대명사로, 선행사의 종류에 따라 who 또는 which를 쓴다. 주격 관계대명사절의 동사는 선행사의 수와 인칭에 일치시킨다.

a I know the boy. **+ He** was sitting next to you.
→ I know the boy (**who** *was*) *sitting* next to you.
  선행사   주격 관계대명사절

b Ms. Lee moved to Busan. **+ It** is her hometown.
→ Ms. Lee moved to Busan **which** is her hometown.

a 선행사가 사람일 때는 who를 쓴다.

☑ 주격 관계대명사절의 동사가 「be동사 + 분사」 형태인 경우, 「주격 관계대명사 + be동사」를 생략할 수 있다.

b 선행사가 사람이 아닌 대상(사물, 동물 등)일 때는 which를 쓴다.

B 목적격 관계대명사 who(m), which

관계대명사절에서 동사나 전치사의 목적어 역할을 하는 관계대명사로, 선행사의 종류에 따라 who(m) 또는 which를 쓴다.

a The customers are very important. **+ I** mentioned **them**.
→ The customers (**who[whom]**) I *mentioned* are very important.
  선행사   목적격 관계대명사절

She is my neighbor. **+ I** often talk to **her**.
→ She is my neighbor (**who[whom]**) I often talk *to*.

b This is a camera. **+ I** always carry **it** with me.
→ This is a camera (**which**) I always *carry* with me.

a 선행사가 사람일 때는 who 또는 whom을 쓴다.

☑ 목적격 관계대명사는 생략할 수 있다.

b 선행사가 사람이 아닌 대상(사물, 동물 등)일 때는 which를 쓴다.

C 소유격 관계대명사 whose

관계대명사절에서 선행사의 소유격 역할을 하는 관계대명사이다.

a I have a friend. **+ Her** father is a famous actor.
→ I have a friend **whose** father is a famous actor.
  선행사   소유격 관계대명사절

b George entered the classroom. **+ Its** door was open.
→ George entered the classroom **whose** door was open.

선행사의 종류에 관계없이 whose의 형태로 쓴다. 뒤에 오는 명사를 선행사에 연결하여 '(선행사)의 (뒤에 오는 명사)'라는 의미를 나타낸다.

a 선행사가 사람일 때

b 선행사가 사람이 아닌 대상일 때

Exercise

Answers p.22

A 빈칸에 알맞은 말을 보기에서 골라 쓰시오. (한 번씩만 쓸 것)

> 보기   who   whom   which   whose

1 Andrew is the boy _____ I met at the book club.

2 There is a cat _____ is sleeping on the sofa.

3 Michelle is the girl _____ lives next door.

4 I want to buy a jacket _____ design is unique.

B 두 문장을 한 문장으로 바꿔 쓸 때, 빈칸에 알맞은 말을 쓰시오.

1 I like the rapper. He is performing on the stage.

→ I like _____ _____ _____ is performing on the stage.

2 Julie is my friend. I called her last night.

→ Julie is my friend _____ I called last night.

3 Look at the house. Its windows are broken.

→ Look at the house _____ _____ are broken.

4 Do you know the man? He is wearing a pink shirt.

→ Do you know the man _____ _____ wearing a pink shirt?

C 우리말과 일치하도록 보기와 괄호 안의 말을 이용하여 문장을 완성하시오. (한 번씩만 쓸 것)

> 보기   who   whom   which   whose

1 음악을 좋아하는 누구나 대회에 참여할 수 있다. (anybody, like, music)

→ _____ can participate in the contest.

2 머리카락이 짧은 여자가 그의 아내이다. (short, hair)

→ The woman _____ is his wife.

3 나는 삼촌이 나에게 주신 돈을 저금했다. (the money, my uncle, give)

→ I saved _____ to me.

4 내가 어제 만났던 그 의사는 Jane의 오빠이다. (the doctor, meet, yesterday)

→ _____ is Jane's older brother.

관계대명사 2

A 주격·목적격 관계대명사 that

that은 선행사의 종류에 상관없이 쓰며, 소유격으로는 쓰이지 않는다.

1 주격 관계대명사

a I have a sister **that[who]** is good at sports.
　　선행사 　　　　　　주격 관계대명사절

b I'm looking for a bakery **that[which]** sells eclair.

2 목적격 관계대명사

a He is an illustrator (**that[who(m)]**) I *follow* on Instagram.
　　선행사 　　　　　　목적격 관계대명사절

b Carrie has a YouTube channel (**that[which]**) many children *like*.

3 관계대명사 that을 쓰는 경우

a Look at the man and the dog **that** are dancing together!

b She is the brightest person **that** I know.

주격 또는 목적격 관계대명사로 쓰이는 who, whom, which와 바꿔 쓸 수 있다. 소유격 관계대명사 whose를 대신해서는 쓸 수 없다.

1 관계대명사절에서 주어 역할을 한다.

2 관계대명사절에서 동사나 전치사의 목적어 역할을 한다.

☑ 목적격 관계대명사는 생략할 수 있다.

3 선행사가 「사람 + 사람이 아닌 대상」이거나 -thing으로 끝나는 부정대명사인 경우, 최상급, 서수, all, much, little, no, the only, the very, the same, the last 등의 수식을 받는 경우에는 관계대명사로 주로 that을 쓴다.

관계대명사 that vs. 접속사 that

관계대명사 that	접속사 that
형용사처럼 선행사를 수식하는 관계대명사절을 이끈다.	주어, 목적어, 보어, 동격으로 쓰이는 명사절을 이끈다.
Minions is the movie **that** he has watched six times. 　　　　　목적격 관계대명사절	I know **that** he has watched *Minions* six times. 　　　　동사 know의 목적어 명사절

B 선행사를 포함하는 관계대명사 what

사람이 아닌 선행사를 포함한 관계대명사로, the thing(s) which[that](~하는[한] 것)의 의미이다. 앞에 다른 선행사가 오지 않음에 유의한다.

a **What(= The thing which[that])** matters is that we do our best.
　　　　　　　　　　주어　　　　　　　　　　　단수동사

b That is not **what(= the thing which[that])** I am trying to say.
　　　　　　　　　　　　　　　　보어

what이 이끄는 명사절은 문장에서 주어, 목적어, 보어 역할을 한다.

관계대명사의 종류

선행사	주격	목적격	소유격
사람	who	who(m)	whose
사람이 아닌 대상	which	which	whose
모든 대상	that	that	-
선행사 포함	what	what	-

A

괄호 안에서 알맞은 것을 고르시오.

1 This is the most interesting book [that / what] I've ever read.

2 We talked about [which / what] we usually have for breakfast.

3 Raymond has a dog [that / whose] name is Happy.

4 The first thing [that / what] I do in the morning is stretch.

5 [That / What] she said in her last interview is not true.

B

빈칸에 관계대명사 that 또는 what을 쓰고, 우리말 해석을 완성하시오.

1 Here is the student ID _____ you lost yesterday.

→ 여기에 _____ 학생증이 있다.

2 _____ I need is a true friend.

→ _____ 진실한 친구이다.

3 You can eat the sandwich _____ is on the table.

→ 너는 _____ 먹어도 돼.

4 I can't believe _____ he told me.

→ 나는 _____ 믿을 수 없다.

C

우리말과 일치하도록 관계대명사와 괄호 안의 말을 이용하여 문장을 완성하시오.

1 김 선생님은 내가 좋아하는 수학 선생님이다. (like)

→ Mr. Kim is the math teacher _____ _____ _____.

2 너에게 정말 중요한 것을 나에게 말해 봐. (something)

→ Tell me _____ _____ _____ very important to you.

3 June은 그녀가 벼룩시장에서 산 것을 나에게 주었다. (buy)

→ June gave me _____ _____ _____ at the flea market.

4 너는 네가 오늘 배운 것을 이해하니? (learn)

→ Do you understand _____ _____ _____ today?

Unit 03 관계부사

관계부사란 「전치사 + 관계대명사」를 대신하는 말로, 두 문장을 연결하는 접속사 역할과 시간, 장소, 이유, 방법 등을 나타내는 부사 역할을 동시에 한다. 관계부사가 이끄는 절은 형용사처럼 선행사를 수식한다.

A 시간을 나타내는 관계부사 when

I remember the day. + We first met **on the day**.
→ I remember the day **when(= on which)** we first met.
선행사 ─── 관계부사절

선행사가 시간(the time, the day, the year 등)을 나타낼 때 쓰며, at which, in which, on which 등으로 바꿔 쓸 수 있다.

B 장소를 나타내는 관계부사 where

This is the city. + Sarah grew up **in the city**.
→ This is the city **where(= in which)** Sarah grew up.
선행사 ─── 관계부사절

선행사가 장소(the place, the city, the house 등)를 나타낼 때 쓰며, at which, in which, on which, to which 등으로 바꿔 쓸 수 있다.

선행사 또는 관계부사의 생략

관계부사 when, where의 선행사가 the time(때, 시간), the place(곳, 장소)와 같이 일반적인 것일 때는 선행사와 관계부사 중 하나를 생략할 수 있다.

This is the place **where** he was born.
= This is **where** he was born. 선행사 the place 생략
= This is the place he was born. 관계부사 where 생략

Tell me the time **when** you will arrive.
= Tell me **when** you will arrive. 선행사 the time 생략
= Tell me the time you will arrive. 관계부사 when 생략

C 이유를 나타내는 관계부사 why

We understand the reason. + You are upset **for the reason**.
→ We understand the reason **why(= for which)** you are upset.
선행사 ─── 관계부사절
= We understand **why** you are upset.
= We understand the reason you are upset.

선행사가 '이유'라는 의미의 the reason일 때 쓰며, for which로 바꿔 쓸 수 있다.

☑ 선행사 the reason과 관계부사 why 중 하나를 생략할 수 있다.

D 방법을 나타내는 관계부사 how

Emily taught me the way. + I can use the AI speaker **in the way**.
→ Emily taught me [the~way] **how** I can use the AI speaker.
관계부사절
= Emily taught me the way **(in which)** I can use the AI speaker.
cf. Emily taught me *the way how* I can use the AI speaker. ✗

선행사가 '방법'이라는 뜻의 the way일 때, 선행사를 생략하고 쓴다.

☑ 선행사 the way와 관계부사 how는 같이 쓰지 않으며, 둘 중 하나만 쓴다. 선행사 the way를 쓸 경우, 뒤에 관계부사 how 대신 in which를 쓸 수 있다.

A 빈칸에 알맞은 말을 보기에서 골라 쓰시오.

보기	when	where	why	how

1 I want to know _____ he got good grades.

2 Write the date _____ you arrived in Seoul.

3 This is the palace _____ Napoleon lived.

4 Tell me _____ you didn't answer my call.

B 두 문장의 의미가 같도록 빈칸에 알맞은 말을 쓰시오.

1 Do you know the reason why the event was canceled?

= Do you know the reason _____ _____ the event was canceled?

2 This is the church at which my parents got married.

= This is the church _____ my parents got married.

3 Namjun explained how he learned English.

= Namjun explained _____ _____ he learned English.

4 Now is the time at which you have to make a decision.

= Now is _____ you have to make a decision.

C 우리말과 일치하도록 보기와 괄호 안의 말을 이용하여 문장을 완성하시오.

보기	when	where	why	how

1 제가 콘서트홀에 갈 수 있는 방법을 알려 주세요. (can, get to)

→ Please let me know _____ the concert hall.

2 10월은 학교 축제가 열리는 달이다. (the month, the school festival, be held)

→ October is _____.

3 나는 새 자전거가 필요한 이유가 있다. (need, a reason)

→ I have _____ a new bike.

4 이곳은 학생들이 코딩하는 것을 배우는 교실이다. (the students, the classroom, learn)

→ This is _____ to code.

Writing Practice

Answers p.22

A   우리말과 일치하도록 괄호 안의 말을 바르게 배열하시오. (필요하면 형태를 바꿀 것)

01 그녀는 손잡이가 빨간 우산을 하나 샀다. (handle, red, whose, is, an umbrella)

→ She bought _____ .

02 나는 그 작가가 쓴 모든 책을 읽었다. (wrote, all the books, the author)

→ I have read _____ .

03 스파게티는 내가 먹고 싶은 것이 아니다. (eat, want, what, I, to)

→ Spaghetti is not _____ .

04 내가 가장 좋아하는 할리우드 배우가 한국을 방문할 것이다. (like, most, the Hollywood actor, I)

→ _____ will visit Korea.

05 환불을 원하시는 이유를 말씀해 주세요. (why, want, the reason, you)

→ Please tell me _____ a refund.

06 책상 아래에 있는 가방은 내 것이다. (which, under the desk, be, the bag)

→ _____ is mine.

07 너는 무대 위에서 노래하고 있는 저 여자아이를 아니? (sing, the girl, on the stage)

→ Do you know _____ ?

08 그는 내가 매일 아침 학교 가는 길에 보는 정원사이다. (the gardener, see, who, every morning, I)

→ He is _____ on my way to school.

09 그녀를 슬프게 만든 것은 그의 사고 소식이었다. (be, what, sad, make, her)

→ _____ the news of his accident.

10 나는 그 경기가 시작하는 시간을 잊어버렸다. (which, start, the time, at, the game)

→ I forgot _____ .

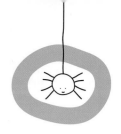

B 우리말과 일치하도록 괄호 안의 말을 이용하여 문장을 완성하시오.

01 **a** 수의사는 아픈 동물을 치료하는 사람이다. (who, treat)

→ A vet is a person _____ sick animals.

b 삼림소방대원은 산불을 진화하는 사람이다. (a person, put out, forest fires)

→ A smokejumper is _____.

02 **a** 나는 다리가 부러진 새 한 마리를 보았다. (leg)

→ I saw a bird _____ was broken.

b 나는 직업이 웹툰 작가인 누나가 있다. (an older sister, job, a webtoonist)

→ I have _____.

03 **a** John은 회의에 도착한 첫 번째 사람이었다. (that, arrive)

→ John was the first man _____ at the meeting.

b BTS는 빌보드 차트 1위에 오른 최초의 한국 그룹이다. (the first Korean group, hit)

→ BTS is _____ No. 1 on a Billboard chart.

04 **a** 허브는 그녀가 기르고 있는 것이다. (what, grow)

→ A herb is _____.

b 이 빨간 코트는 그가 찾고 있던 것이다. (this red coat, look for)

→ _____.

05 **a** 이곳이 내가 그 치즈케이크를 샀던 빵집이다. (where, buy)

→ This is the bakery _____ the cheesecake.

b 이곳이 우리가 나무를 심었던 공원이다. (the park, plant, a tree)

→ _____.

Actual Test

Answers p.23

[01~02] 빈칸에 들어갈 말로 알맞은 것을 고르시오.

01

I met a family _____ is from Thailand.

① who ② what
③ whom ④ which
⑤ whose

02

Last weekend, I went to Tokyo _____ is the capital of Japan.

① who ② what
③ whom ④ which
⑤ whose

03

밑줄 친 부분이 어법상 틀린 것은? (바르게 고칠 것)

① I know a girl whose name is Fiona.
② Jack is my friend who helps me a lot.
③ I have a cat whom hair is so soft.
④ Is that the bicycle which David bought?
⑤ Do you have a magazine which is about Korean culture?

[04~05] 관계대명사를 이용하여 다음 두 문장을 한 문장으로 바꿔 쓰시오.

04 서술형

This is a TV show. All my friends watch it.

→ _____

05 서술형

I'd like to borrow the books. Their titles are interesting.

→ _____

06

밑줄 친 부분과 바꿔 쓸 수 있는 것은?

The people who I invited just arrived.

① what ② when
③ whom ④ which
⑤ whose

07 서술형

대화에서 어법상 틀린 부분을 찾아 바르게 고치시오.

A: Who is the man wearing sunglasses over there?
B: Oh, he is Mr. Kim who teaches P.E.
A: He looks so popular.
B: Yes, he is a teacher which we all like.

_____ → _____

08

밑줄 친 부분을 생략할 수 있는 것은?

① This is a picture which my son drew.

② Maya is an American who can speak Korean.

③ We have a garden which looks beautiful.

④ The notebook which is on the table is mine.

⑤ There are some children who are playing basketball.

09

빈칸에 공통으로 들어갈 말로 알맞은 것은?

- Picasso is an artist _____ works are familiar to us.
- I have a shirt _____ buttons are colorful.

① who   ② what

③ whom   ④ whose

⑤ which

10

밑줄 친 부분이 어법상 옳은 것은? (틀린 것들을 바르게 고칠 것)

① It's a gift who my friend gave to me.

② It is the song that I want to listen to.

③ The man which wife is sick looks sad.

④ He is a teacher which I respect a lot.

⑤ I have a daughter whom is good at soccer.

11

다음 문장에서 that이 들어가기에 알맞은 곳은?

This is (①) the cake (②) I (③) made (④) for my mom (⑤).

12 서술형

다음 문장에서 생략할 수 있는 부분을 찾아 쓰시오.

The music which was played by the pianist was wonderful.

→ _____

13

밑줄 친 부분 중 어법상 틀린 것은? (바르게 고칠 것)

Look ①at the girl ②and the rabbit ③that ④is playing ⑤in the park.

14 서술형

두 문장의 의미가 같도록 빈칸에 알맞은 말을 쓰시오.

What I really want in life is happiness.

= _____ _____ _____ I really want in life is happiness.

15

다음 중 어법상 틀린 문장은? (바르게 고칠 것)

① This is the town where he met her.

② That is the reason why I like the rapper.

③ They don't believe the story what I told.

④ You are the only person that trusts me.

⑤ 2018 was the year when she entered middle school.

16

밑줄 친 부분을 that으로 바꿔 쓸 수 <u>없는</u> 것은?

① They are students <u>who</u> sing in a choir.

② I read the article <u>which</u> you told me about.

③ She is the woman <u>who</u> I imagined.

④ James is the smartest man <u>whom</u> I know.

⑤ He is a kid <u>whose</u> dream is to be a teacher.

17 서술형

괄호 안의 말을 바르게 배열하여 대화를 완성하시오.

> A: Timmy, you left your clothes on the floor, again.
> B: Sorry, Mom.
> A: Have you already _____
> _____ ?
> (have, forgotten, I, you, told, what)
> B: No, I will never do that.

18

밑줄 친 부분을 <u>잘못</u> 바꿔 쓴 것은?

① This is <u>how</u> we use chopsticks.
   → in which

② May 7th is the day <u>when</u> I met Claire.
   → on which

③ I understand the reason <u>why</u> you think so.
   → for which

④ He didn't tell me the time <u>when</u> the movie starts.
   → at which

⑤ Do you know the city <u>where</u> she is moving?
   → to which

[19~20] 밑줄 친 부분의 쓰임이 나머지 넷과 <u>다른</u> 것을 고르시오.

19

① I don't know <u>which</u> you will like more.

② She wrote a novel <u>which</u> became famous.

③ There is a tree <u>which</u> I planted years ago.

④ The animation <u>which</u> we like is on TV.

⑤ Look at the horse <u>which</u> is running fast.

20

① Can I take anything <u>that</u> is in the box?

② Did you know <u>that</u> it has a long history?

③ There is not much water <u>that</u> we can drink.

④ I took out all the things <u>that</u> I had in my bag.

⑤ She is the only student <u>that</u> has passed the test.

21

빈칸에 들어갈 말이 순서대로 짝지어진 것은?

> • She is the person _____ I talked about.
> • _____ makes her happy is her children's smile.

① that – That   ② that – What

③ what – That   ④ what – What

⑤ that – Why

22 서술형

다음 문장에서 생략할 수 있는 부분을 두 곳 찾아 쓰시오.

> Canada is the place where he studied English.

_____ 또는 _____

23

밑줄 친 부분의 쓰임이 보기와 같은 것은?

> 보기 I heard something <u>that</u> is very shocking.

① We can't walk <u>that</u> far.
② You said <u>that</u> it was true.
③ What can they do about <u>that</u>?
④ How much is <u>that</u> red T-shirt?
⑤ There is little food <u>that</u> I can eat.

24

밑줄 친 부분을 생략할 수 <u>없는</u> 것은?

① This is <u>how</u> the tablet PC works.
② He visited <u>the town</u> where he was born.
③ It is the place <u>where</u> they had lunch.
④ I want to know <u>the reason</u> why you are so late.
⑤ Do you remember the day <u>when</u> I became a middle school student?

25

다음 두 문장을 한 문장으로 바꿔 쓸 때, 빈칸에 들어갈 말로 알맞은 것은?

> I don't know the reason. Emma called me.
> → I don't know _____ .

① why for which Emma called me
② why the reason Emma called me
③ the reason for why Emma called me
④ the reason in which Emma called me
⑤ the reason for which Emma called me

26 서술형

빈칸에 공통으로 들어갈 알맞은 말을 쓰시오.

> • There is the house _____ I was raised.
> • Can you teach us the way _____ you develop apps?

→ _____

27

다음 중 어법상 옳은 문장은? (틀린 것들을 바르게 고칠 것)

① He asked that they discussed before.
② The planet on which we stand is moving.
③ We can improve the way which we work.
④ She showed me the way how I can make *kimchi*.
⑤ Italy is the country in where the first pizza was made.

28 서술형

다음 글에서 어법상 틀린 부분을 모두 찾아 바르게 고치시오.

> My favorite singer is Matt Miller. He was a little boy who liked singing and dancing. When he was 25, he took part in a TV talent show what was famous all over the world. This is the show when he won. Now he is a singer who albums are always on the music charts. He is one of the most popular singers in the world.

Recall My Memory

Answers
p.24

다음 문장이 어법상 맞으면 ○표 하고, 틀리면 바르게 고치시오.

01   If it will rain hard, our sports day will be canceled.

⟹ p. 146

02   She was won the Academy Award for Best Actress in 2012.

⟹ p. 58

03   My neighbor who name is Messi is a soccer player.

⟹ p. 160

04   The students were getting bored with the class.

⟹ p. 102

05   The wearing sunglasses man is a famous singer.

⟹ p. 102

06   I don't know why this computer doesn't work.

⟹ p. 148

07   Are you good at play the guitar?

⟹ p. 90

08   My family has been to Hawaii last summer vacation.

⟹ p. 34

09   I would like something to drink cold.

⟹ p. 78

10   The house which I was born had a beautiful garden.

⟹ p. 164

11   Finished his homework, he played games on his smartphone.

⟹ p. 104

12   I want to know whether Amy will come to the party or not.

⟹ p. 148

13   Don't forget taking care of my dog tomorrow.

⟹ p. 92

14   That I want to buy is a long winter jacket.

⟹ p. 162

15   It was very kind for Sam to help the old lady.

⟹ p. 80

내가 아닌 나의 모습을
상상해 보는 거야!

가정법

가정법 과거

가정법은 사실과 반대되는 상황이나 실현 가능성이 없는 일을 가정할 때 사용한다. 어느 시점을 가정하는지에 따라 특정한 동사 형태를 쓰며, 현재 시점을 가정하는 경우에는 가정법 과거를 쓴다.

A 조건문 vs. 가정법

조건문과 가정법은 모두 접속사 if를 쓰지만 서로 다른 의미를 나타내는데, 이는 동사의 형태에 따라 구분할 수 있다.

1 조건문

a **If** he **likes** action movies, we **can watch** *Mission*
'~이면'　'…할 수 있다'
Impossible together.
(그가 액션 영화를 좋아할 수도 있음)

b **If** I **have** time and money, I **will travel** abroad.
(시간과 돈이 생길 수도 있음)

2 가정법

a **If** he **liked** action movies, we **could watch**
'~이라면'　'…할 텐데'
Mission Impossible together.
(그는 액션 영화를 좋아하지 않음)

b **If** I **had** time and money, I **would travel** abroad.
(지금은 시간과 돈이 없음)

> 1 조건문은 실제로 있을 수 있는 일을 가정할 때 사용한다. 조건을 나타내는 if절에서는 현재시제가 미래시제 대신 미래 시점을 표현한다.

> 2 가정법은 사실과 반대되거나 실제로 일어날 가능성이 거의 없는 일을 가정할 때 사용한다. 현재 시점을 가정하는 경우, if절의 동사와 주절의 조동사를 모두 과거형으로 쓴다. (가정법 과거)
>
> ☑ 조동사의 과거형: would(← will), could(← can), might(← may) 등

B 가정법 과거

현재 사실과 반대되는 상황이나 실현될 가능성이 거의 없는 일을 가정할 때 사용한다. 형태는 과거시제이지만 현재시제의 의미를 나타낸다.

a **If** William **had** Kate's number, he **could call**
가정법 긍정　　　　　　　　　가정법 긍정
her.
(← As William doesn't have Kate's number, he
이미 알려진 이유를 나타내는 접속사　직설법 부정
can't call her.)
직설법 부정

b **If** the weather **were**[was] nice, we **would go**
on a picnic.
(← As the weather isn't nice, we don't go on a picnic.)

c **If** he **were**[was] **not** busy, he **would join** us.
가정법 부정　　　　　　　가정법 긍정
(← As he is busy, he doesn't join us.)
직설법 긍정　　　　　　직설법 부정

> 「If + 주어 + 동사의 과거형 ~, 주어 + 조동사의 과거형(would/could/might) + 동사원형 …」: 만약 ~이라면 …할 텐데 (그럴 수 없거나 그럴 수 있을 것 같지 않다)
>
> ☑ 가정법 과거는 긍정-부정을 반대로 한 직설법 현재시제와 같은 의미를 지닌다.

> b if절의 동사가 be동사일 경우, 수와 인칭에 관계없이 were의 형태로 쓴다.

Exercise

A 괄호 안에서 알맞은 것을 고르시오.

1 If I [am / were] you, I would follow the teacher's advice.

2 If you [hurry / hurried] up, you will get there in time.

3 If we have time, we [will see / would see] the dolphin show.

4 If you were here with me, I [won't feel / wouldn't feel] lonely.

B 다음 문장을 가정법 문장으로 바꿔 쓸 때, 빈칸에 알맞은 말을 쓰시오.

1 As he doesn't know her email address, he can't send her an email.

→ If he _____ her email address, he _____ _____ her an email.

2 As she doesn't tell the truth, I don't forgive her.

→ If she _____ the truth, I _____ _____ her.

3 As it is too cold, we can't go hiking.

→ If it _____ _____ too cold, we _____ _____ hiking.

4 As I don't live near my school, I'm often late for school.

→ If I _____ near my school, I _____ _____ often _____ late for school.

C 우리말과 일치하도록 괄호 안의 말을 이용하여 문장을 완성하시오.

1 내가 대학생이라면 그 연극부에 들어갈 텐데. (be, will, join)

→ If I _____ a college student, I _____ the theater group.

2 나에게 이어폰이 있다면 음악을 들을 수 있을 텐데. (have, can, listen to)

→ If I _____ the earphones, I _____ the music.

3 네가 부탁하면 Shawn이 너에게 그의 태블릿 PC를 빌려줄 텐데. (ask, will, lend)

→ If you _____, Shawn _____ you his tablet PC.

4 그 소문이 사실이라면 사람들이 충격을 받을 수도 있을 텐데. (be, may)

→ If the rumor _____ true, people _____ shocked.

Unit 02 다양한 형태의 가정법 과거

if절 외에도 I wish ~, as if ~, It's time ~ 등 다양한 형태의 가정법 과거 표현이 있다.

A I wish 가정법 과거

a **I wish I had** a talent for singing like Jihyo.
　　　　　가정법 긍정
(← I'm sorry I don't have a talent for singing
　　'~해서 아쉽다[유감이다]'　　직설법 부정
like Jihyo.)

b **I wish** we **didn't suffer** from fine dust.
　　　　　　가정법 부정
(← I'm sorry we suffer from fine dust.)
　　　　　　직설법 긍정

c **I wish I were**[was] good at math.
(← I'm sorry I am not good at math.)

「I wish + 주어 + 동사의 과거형/were」:
~이라면 좋을 텐데 (실제로는 그렇지 않다)
현재 사실과 반대되는 상황을 소망하면서 아쉬움이나 안타까움을 나타낸다.

c I wish 뒤에 오는 절의 동사가 be동사인 경우, 수와 인칭에 관계없이 were의 형태로 쓴다.

B as if 가정법 과거

a The man talks **as if** he **knew** me very well.
　　　　　　　　　　　가정법 긍정
(← In fact, he doesn't know me very well.)
　'사실은', '실제로는'　　직설법 부정

b He acts **as if** he **didn't have** homework to do.
　　　　　　　　　가정법 부정
(← In fact, he has homework to do.)
　　　　　　　직설법 긍정

c Henry is dressed up **as if** he **were**[was] **going**
to a party.
(← In fact, he isn't going to a party.)

「as if + 주어 + 동사의 과거형/were」:
(사실은 그렇지 않지만) 마치 ~인 것처럼
현재 사실과 반대되는 상황을 가정하면서 주어의 행동이나 상태를 나타낸다. 주절에는 현재시제가 쓰이고, as if절에는 과거시제가 쓰인다.

c as if절의 동사가 be동사일 경우, 수와 인칭에 관계없이 were의 형태로 쓴다.

C It is time 가정법 과거

a **It's time** you **watered** the plants.
(← As you haven't watered the plants, the
　　　　　　　'~하지 않았다'
leaves are turning brown.)

cf. It's time you should water the plants.
= It's time for you to water the plants.

b **It's time** we **left** for the airport.
(← As we haven't left for the airport earlier, we
might be a little late.)

「It is time + 주어 + 동사의 과거형/were」:
(이제는 정말) ~해야 할 때이다
어떤 일을 일찍이 해야 했지만 지금까지 하지 않았음을 나타낸다. 해야 하지만 하지 않은 일은 과거시제로 표현한다.

cf. 「It's time + 주어 + should + 동사원형」,
「It's time + for + 목적어 + to부정사」는
단순히 '(지금은) ~할 시간이다'를 의미한다.

A 괄호 안에서 알맞은 것을 고르시오.

1 I wish we [aren't / weren't] stuck in traffic.

2 Adam treats me as if I [am / were] his little brother.

3 She talks as if she [has / had] a lot of experience.

4 It's time for us [to prepare / prepared] for the exam.

B 다음 문장을 가정법으로 바꿔 쓸 때, 빈칸에 알맞은 말을 쓰시오.

1 I'm sorry I don't have time to go to the movies.

  → I wish I _____ _____ to go to the movies.

2 He spends money like a billionaire, but he is not a billionaire.

  → He spends money as if he _____ a billionaire.

3 He hasn't done any exercise for a year, and now he's getting overweight.

  → It's time he _____ some exercise.

4 I'm sorry it is raining now.

  → I wish it _____ _____ now.

C 우리말과 일치하도록 괄호 안의 말을 이용하여 문장을 완성하시오.

1 내가 긴 생머리면 좋을 텐데. (I wish, have)

  → _____ long straight hair.

2 그는 마치 내 말에 동의하는 것처럼 고개를 끄덕인다. (as if, agree)

  → He nods his head _____ with me.

3 이제는 정말 우리가 점점 더 오래 공부해야 할 때이다. (it's time, study)

  → _____ longer and longer.

4 내가 지금 바닷가에 있으면 좋을 텐데. (I wish, be)

  → _____ at the beach now.

5 그녀는 마치 그 이론을 이해하는 것처럼 말한다. (as if, understand)

  → She talks _____ the theory.

Writing Practice

Answers p.24

A 우리말과 일치하도록 괄호 안의 말을 바르게 배열하시오. (필요하면 형태를 바꿀 것)

01 내가 아프지 않으면 수영을 하러 갈 텐데. (not, if, were, sick, I)

→ _____, I would go swimming.

02 내가 스포츠를 잘하면 좋을 텐데. (wish, I, were, good, I)

→ _____ at sports.

03 Jim은 마치 그 축구팀의 주장인 것처럼 행동한다. (the captain, if, he, were, as)

→ Jim acts _____ of the soccer team.

04 이제는 네가 뭔가 다른 것을 시도해 볼 때이다. (you, time, is, tried, it)

→ _____ something else.

05 내가 L.A.에 있다면 다니엘 헤니를 만날 수 있을 텐데. (meet, Daniel Henney, I, could)

→ If I were in L.A., _____.

06 시간이 충분히 있다면 우리가 그 일을 끝낼 수 있을 텐데. (we, enough time, if, have)

→ _____, we could finish the work.

07 내가 그 문제의 답을 알면 좋을 텐데. (wish, I, know, I, the answer)

→ _____ to the question.

08 Peter는 마치 기쁘지 않은 것처럼 보인다. (if, not, he, as, be, happy)

→ Peter looks _____.

09 이제는 우리가 그 문제에 대해 무언가를 해야 할 때이다. (time, we, it, do, is)

→ _____ something about the problem.

10 그녀에게 열쇠가 있다면 그녀가 사물함을 열 수 있을 텐데. (can, the locker, she, open)

→ If she had the key, _____.

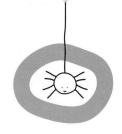

B 우리말과 일치하도록 괄호 안의 말을 이용하여 문장을 완성하시오.

01 a 내가 부자라면 많은 돈을 기부할 텐데. (be)

→ If I _____ rich, I would donate a lot of money.

b 내가 너라면 그런 일은 하지 않을 텐데. (will, not, do)

→ If I _____, I _____ such a thing.

02 a 내가 영어를 더 잘 말하면 좋을 텐데. (speak)

→ I wish I _____ English better.

b 내가 매일 아침 일찍 일어나면 좋을 텐데. (wake up, early)

→ _____ every morning.

03 a 이제는 정말 네가 책가방을 쌀 때이다. (pack)

→ It's time you _____ your school bag.

b 이제는 정말 그가 기회를 잡을 때이다. (get a chance)

→ It's time _____.

04 a 그녀는 마치 의사인 것처럼 말한다. (be)

→ She talks as if she _____ a doctor.

b 그는 마치 패션 디자이너인 것처럼 보인다. (look, as if, a fashion designer)

→ _____

05 a 내일 시험이 없으면 내가 오늘 밤에 잠을 잘 잘 텐데. (not, have, will, sleep)

→ If I _____ a test tomorrow, I _____ well tonight.

b 나에게 우주선이 있다면 달로 여행을 갈 수 있을 텐데. (a spaceship, can, fly to the moon)

→ _____

Actual Test

Answers p.25

[01~03] 빈칸에 들어갈 말로 알맞은 것을 고르시오.

01

> If Ariana _____ the secret, she would tell you.

① find   ② finds   ③ found
④ has found   ⑤ was found

02

> The clock is made of plastic, but it looks as if it _____ made of metal.

① be   ② is   ③ was
④ were   ⑤ has been

03

> I'm not good at drawing. I wish I _____ a talent for drawing.

① have   ② had
③ will have   ④ would have
⑤ have had

04

빈칸에 들어갈 말로 알맞은 것을 <u>모두</u> 고르면?

> If I cooked well like you, I _____ open a restaurant.

① may   ② can   ③ will
④ would   ⑤ could

05

빈칸에 들어갈 말이 순서대로 짝지어진 것은?

> I don't have a pet. If I _____ a pet, I _____ lonely.

① have – don't feel
② have – didn't feel
③ had – won't feel
④ had – wouldn't feel
⑤ had – wouldn't have felt

06

밑줄 친 부분 중 어법상 <u>틀린</u> 것은? (바르게 고칠 것)

> Emma <u>behaves</u> <u>as if</u> she <u>is</u> a grown-up. In
>   ①   ②   ③
> fact, she <u>is</u> only a <u>14-year-old</u> girl.
>   ④   ⑤

07

다음 문장과 바꿔 쓸 수 있는 문장은?

> I wish I had a sister.

① I'm glad that I have a sister.
② I was glad that I had a sister.
③ I'm sorry that I don't have a sister.
④ I'm sorry that I didn't have a sister.
⑤ I was sorry that I didn't have a sister.

08 서술형

두 문장의 의미가 같도록 빈칸에 알맞은 말을 쓰시오.

> The bike is too expensive, so I can't buy it.

= If _____,

 I _____.

09

두 문장의 의미가 같도록 빈칸에 들어갈 말로 알맞은 것은?

> They are not twins, but they look just like each other.
> = They look just like each other as if _____.

① they are twins
② they were twins
③ they aren't twins
④ they weren't twins
⑤ they have been twins

10

우리말을 영어로 바르게 옮긴 것은?

> 만약 바쁘지 않다면 그가 파티에 올 텐데.

① If he isn't busy, he will come to the party.
② If he isn't busy, he would come to the party.
③ If he wasn't busy, he will come to the party.
④ If he weren't busy, he will come to the party.
⑤ If he weren't busy, he would come to the party.

11

다음 문장으로 알 수 있는 것은?

> It's time Andy went to bed.

① Andy has already gone to bed.
② Andy should not go to bed.
③ Andy hasn't gone to bed yet.
④ Andy went to bed early.
⑤ Andy doesn't have to go to bed.

12

다음 문장을 가정법 문장으로 바르게 바꾼 것은?

> As she is not here with us, she can't help us.

① If she is here with us, she can't help us.
② If she isn't here with us, she can help us.
③ If she were here with us, she couldn't help us.
④ If she were here with us, she could help us.
⑤ If she weren't here with us, she could help us.

[13~14] 괄호 안의 말을 이용하여 문장을 완성하시오.

13 서술형

> Don't talk _____ _____ _____ _____ (as if, know) everything about me.
> You don't know everything about me.

14 서술형

> It's time you _____ (wash) the dog.
> As you haven't washed the dog for a long time, it smells bad.

15 서술형

다음 문장을 가정법 문장으로 바꿔 쓰시오.

> As he doesn't practice every day, he can't play the piano well.

→ _____

16

다음 문장으로 알 수 있는 것은?

> Jimin talks as if he weren't a good soccer player.

① Actually, Jimin is not a good soccer player.
② Actually, Jimin is a good soccer player.
③ Actually, Jimin wasn't a good soccer player.
④ Actually, Jimin was a good soccer player.
⑤ Actually, Jimin will be a good soccer player.

17

다음 문장을 가정법 문장으로 바르게 바꾼 것은?

> It's raining, so we won't play outside.

① If it's raining, we wouldn't play outside.
② If it were raining, we would play outside.
③ We would play outside if it weren't raining.
④ We wouldn't play outside if it weren't raining.
⑤ We won't play outside if it were raining.

18

다음 중 어법상 **틀린** 문장을 **모두** 고르면? (바르게 고칠 것)

① If I were you, I will not wait for her.
② If he said sorry, I would forgive him.
③ I could pick you up if I have a car.
④ If it were Saturday tomorrow, I would wake up late.
⑤ He might not have any money if he didn't work.

19

대화의 빈칸에 들어갈 말로 알맞은 것은?

> A: _____ if you won the lottery?
> B: I would donate it to a charity.

① What do you do
② What will you do
③ What can you do
④ What would you do
⑤ What are you going to do

[20~21] 다음 문장을 가정법 문장으로 바꿔 쓰시오.

20 서술형

> I'm sorry my headphones are broken.

→ I wish _____.

21 서술형

> I can't visit my grandparents often because they live so far away.

→ If _____.

22

빈칸에 들어갈 말로 알맞은 것은?

> I want to go to the EXO concert, but I should study for the final exams. I wish _____.

① I go to the concert
② I had to study for the final exams
③ I don't have final exams
④ I didn't have final exams
⑤ I had final exams

23

다음 중 어법상 틀린 문장은? (바르게 고칠 것)

① I wish I were a grown-up.

② I wish it snows right now.

③ It's time we prepared a meal.

④ If it were cheap, I could buy one.

⑤ If we had enough time, we would stay longer.

24

다음 중 어법상 옳은 문장의 개수는? (틀린 것들을 바르게 고칠 것)

> **a.** If you are taller, you could reach the top shelf.
>
> **b.** If I liked baseball, I will go to see the game with you.
>
> **c.** If I can speak five languages, everyone would admire me.
>
> **d.** If I were wrong, I would apologize to him.
>
> **e.** If we had a magic car, we can go anywhere.

① 1개　　　② 2개　　　③ 3개
④ 4개　　　⑤ 5개

25 서술형

다음 중 어법상 틀린 부분을 모두 찾아 바르게 고치시오.

> **a.** If I weren't busy, I could help you.
>
> **b.** He talks as if he has a lot of ideas.
>
> **c.** If you knew the webtoon, we could talk about it.
>
> **d.** I wish I have a good memory.
>
> **e.** If I didn't want to go to your party, I won't go.
>
> **f.** It's time you came back home.
>
> **g.** Don't act as if you were a little child.

26 서술형

(A), (B), (C)의 각 네모 안에 알맞은 말을 골라 쓰시오.

> A: Mom, I wish I (A) am / were thin.
>
> B: Oh, you look good, Minji.
>
> A: I don't think so. All my friends are thinner than me.
>
> B: Hmm. You don't have to worry about that. If I (B) am / were you, I (C) will worry / would worry about your grades.
>
> A: Oh, Mom!

(A) _____

(B) _____

(C) _____

[27~28] 우리말과 일치하도록 괄호 안의 말을 이용하여 문장을 완성하시오.

27 서술형

> Fred는 아프지 않지만, 마치 아픈 것처럼 행동하고 있다. (as if)

→ Fred is not sick, but he is acting _____ _____ _____ _____ sick.

28 서술형

> 동물들이 나에게 말을 걸면 좋을 텐데.
> (animals, speak)

→ I _____ _____ _____ to me.

Recall My Memory

다음 문장이 어법상 맞으면 〇표 하고, 틀리면 바르게 고치시오.

01   Jeju Island visit by millions of tourists every year.   ⊙ p. 60

02   If he has a bike, he would go bike riding with us.   ⊙ p. 174

03   Every students in the class has an email address.   ⊙ p. 116

04   Listening to the radio, she cleaned the house.   ⊙ p. 104

05   I wish I am popular in school.   ⊙ p. 176

06   Son is the soccer player which Koreans love the most.   ⊙ p. 160

07   They themselves built a house to live.   ⊙ p. 78

08   The sea level is rising because of global warming.   ⊙ p. 144

09   My brother acts as if he is a baby.   ⊙ p. 176

10   I spent two hours to write the history report.   ⊙ p. 90

11   Neither Tommy nor his brother help their mom.   ⊙ p. 150

12   This is the hospital when my sister works.   ⊙ p. 164

13   It is time we saved water and energy.   ⊙ p. 176

14   The dress is so expensive for her to buy.   ⊙ p. 80

15   My little brother is interested with making robots.   ⊙ p. 62

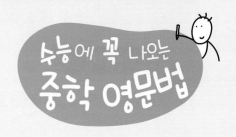

point 1

🔗 Chapter 11

접속사/관계대명사 that과 관계대명사 what의 구별

Customers get [that / **what**] they desire with their hard-earned money.

고객들은 자신이 힘들게 번 돈으로 그들이 원하는 것을 얻는다. ▸ 고1 연합

- 동사의 목적어로 「주어 + 동사」의 절이 올 경우, 이어지는 문장이 완전한 문장이면 접속사 that을, 이어지는 문장에 주어나 목적어가 빠져 있으면 관계대명사 what을 쓴다.
- 관계대명사절 앞에 선행사가 있으면 관계대명사 that[which, who, whose]을 쓰고, 선행사가 없으면 관계대명사 what을 쓴다.

point 2

🔗 Chapter 11

관계대명사를 쓸 것인가, 관계부사를 쓸 것인가?

A long downward road could be the perfect area which(→ **where**) you practice basic skills. ▸ 고1 연합

길게 아래로 뻗은 도로는 당신이 기본적인 기술을 연습하는 완벽한 지역일 수 있다

- 관계사절에서 주어나 목적어 역할을 하면 관계대명사를, 장소, 시간, 이유, 방법 등의 부사구 역할을 하면 관계부사를 쓴다.

point 3

🔗 Chapter 09

원급 비교 구문과 비교급을 강조하는 다양한 표현

The existing set of conditions is [very / **much**] less satisfactory. ▸ 고2 연합

기존의 일련의 조건들은 훨씬 덜 만족스럽다.

- '~만큼 …한'의 원급 비교 구문은 「as + 원급 + as」의 형태로 as와 as 사이에 형용사나 부사의 원급을 쓴다.
- 비교급을 강조하여 '훨씬 더'의 의미를 나타낼 때는 비교급 앞에 much, even, still, a lot, far 등을 쓰며, very는 비교급 앞에 쓸 수 없음에 주의한다.

---

customer 명 고객 desire 통 바라다, 원하다 hard-earned 형 애써서 번 downward 형 아래쪽으로 내려가는 perfect 형 완벽한 existing 형 기존의 condition 명 조건, 상황 less 형 덜 ~한 satisfactory 형 만족스러운

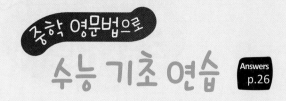
A 괄호 안에서 알맞은 말을 고르시오.

1 In the past, people commonly searched for food in any place [which / where] food could be found. › 고1 연합

2 Do [what / that] you have to do to improve things. › 고1 연합

3 The inventions made the cities powerful trading centers with as [many / more] as 30,000 people each. › 고1 연합

4 Pay attention to [that / what] you like most about your drawings. › 고1 연합

B 밑줄 친 부분이 어법상 맞으면 O표 하고, 틀리면 바르게 고치시오.

1 In terms of social impact, the Internet revolution has not been as <u>more important</u> as the washing machine. › 고1 연합

2 One cool thing about my uncle Arthur was <u>what</u> he could always pick the best places to camp. › 고1 연합

3 Asphalt tends to hurt <u>much</u> more than snow when you fall down. › 고1 연합

4 I was able to find another job <u>what</u> was a better match. › 고1 연합

C (A), (B), (C)의 각 네모 안에서 어법에 맞는 표현으로 적절한 것을 고르시오. › 고1 연합

Researchers say (A)[that / what] reality TV programs offer several benefits to viewers, including satisfying their curiosity. "We all like to watch people in situations (B)[which / where] we ourselves might be pressured. We can feel (C)[that / what] they are feeling but at a safe distance," says Professor Kip Williams.

A commonly ⓟ 주로 search for ~을 찾다 improve ⓥ 개선하다, 향상시키다 invention ⓝ 발명(품) pay attention to ~에 주목하다

B in terms of ~라는 측면에서 impact ⓝ 영향 revolution ⓝ 혁명, 혁신 pick ⓥ 뽑다, 선정하다 tend to ~하는 경향이 있다, ~하기 쉽다

C benefit ⓝ 이익, 이점 include ⓥ 포함하다 satisfy ⓥ 충족시키다, 만족시키다 curiosity ⓝ 호기심 at a safe distance 안전한 거리에서

 Answers p.26

1 **(A), (B), (C)의 각 네모 안에서 어법에 맞는 표현으로 가장 적절한 것은?** › 고1 연합

Plastic is very slow to break down and tends to float in the ocean for miles. Most plastics break down into (A) more / much smaller pieces when they are exposed to sunlight, (B) forming / formed micro-plastics. These micro-plastics are very difficult to measure. These tiny things are eaten by many animals and they get into the food chain. Most of the plastic pieces in the ocean are so small (C) that / what there is no practical way to clean up the ocean.

	(A)		(B)		(C)
①	more	······	forming	······	that
②	more	······	formed	······	what
③	more	······	formed	······	that
④	much	······	formed	······	what
⑤	much	······	forming	······	that

2 **다음 글의 밑줄 친 부분 중, 어법상 틀린 것은? (바르게 고칠 것)** › 고1 연합

Many people agree ① that we need friends in our life. However, it is not easy to make great friendships. It takes time, patience, and a little bit of hard work. Being friends can be ② as difficult as riding a bicycle. Sometimes the ride feels ③ smooth and easy, but other times, you hit bumps in the road ④ where you can get hurt. You have to steer carefully and pedal hard to make sure ⑤ what you stay on the right path. Friendship is worth the ride in the end.

3 다음 글의 밑줄 친 부분 중, 어법상 틀린 것은? (바르게 고칠 것) › 고1 연합

The first underwater pictures were taken by an Englishman ① who was named William Thompson. In 1856, he waterproofed a camera and lowered it beneath the coast. The camera slowly flooded with water, but the picture survived. Underwater photography was born. Near the surface ② where the water is clear and there is enough light, it is possible ③ that you can take great shots with a cheap underwater camera. In ④ far deeper water, photography is the principal way of exploring a mysterious world ⑤ what has never been seen before.

---

1 tend to ~하는 경향이 있다   float ⑧ 떠다니다   break down into ~로 분해하다   expose ⑧ 노출시키다   micro-plastic ⑨ 미세 플라스틱   measure ⑧ 측정하다   tiny ⑲ 아주 작은   food chain 먹이 사슬   practical ⑲ 실질적인

2 make friendships 우정을 맺다   patience ⑨ 인내심   ride ⑨ (탈것 등에) 타기   smooth ⑲ 순조로운   hit a bump 쿵하고 부딪치다   get hurt 다치다   steer ⑧ 조종하다   pedal ⑧ 페달을 밟다   make sure ~을 확실하게 하다, 반드시 ~하다   path ⑨ 길   worth ⑲ ~의 가치가 있는   in the end 결국

3 underwater ⑲ 물속의   waterproof ⑧ 방수 처리를 하다   beneath ~ 아래로   flood with ~이 넘쳐나다   survive ⑧ 살아남다   photography ⑨ 사진술   surface ⑨ 표면   principal ⑲ 주요한   explore ⑧ 탐험하다

동사의 불규칙 변화형

구분	원형	과거형	과거분사형 (동사의 -ed형)	현재분사형 (동사의 -ing형)	3인칭 단수 현재형	뜻
A–A–A형 (원형, 과거형, 과거분사형이 같은 동사)	beat	beat	beat/beaten	beating	beats	이기다; 때리다
	cost	cost	cost	costing	costs	비용이 들다
	cut	cut	cut	cutting	cuts	베다, 자르다
	hit	hit	hit	hitting	hits	치다
	hurt	hurt	hurt	hurting	hurts	다치다
	let	let	let	letting	lets	~하게 하다
	put	put	put	putting	puts	놓다
	read[riːd]	read[red]	read[red]	reading	reads	읽다
	set	set	set	setting	sets	놓다
	shut	shut	shut	shutting	shuts	닫다
	spread	spread	spread	spreading	spreads	퍼지다
A–B–B형 (과거형과 과거분사형이 같은 동사)	bring	brought	brought	bringing	brings	가져오다
	build	built	built	building	builds	짓다
	buy	bought	bought	buying	buys	사다
	catch	caught	caught	catching	catches	잡다
	feel	felt	felt	feeling	feels	느끼다
	fight	fought	fought	fighting	fights	싸우다
	find	found	found	finding	finds	발견하다
	get	got	got/gotten	getting	gets	얻다
	have	had	had	having	has	가지다; 먹다
	hear	heard	heard	hearing	hears	듣다
	hold	held	held	holding	holds	잡다; 개최하다
	keep	kept	kept	keeping	keeps	유지하다
	lay	laid	laid	laying	lays	놓다; 낳다
	leave	left	left	leaving	leaves	떠나다

구분	원형	과거형	과거분사형 (동사의 -ed형)	현재분사형 (동사의 -ing형)	3인칭 단수 현재형	뜻
	lend	lent	lent	lending	lends	빌려주다
	lose	lost	lost	losing	loses	잃어버리다
	make	made	made	making	makes	만들다
	meet	met	met	meeting	meets	만나다
	pay	paid	paid	paying	pays	지불하다
	stand	stood	stood	standing	stands	서다
	say	said	said	saying	says	말하다
	sleep	slept	slept	sleeping	sleeps	자다
	sell	sold	sold	selling	sells	팔다
	send	sent	sent	sending	sends	보내다
	sit	sat	sat	sitting	sits	앉다
	spend	spent	spent	spending	spends	소비하다
	teach	taught	taught	teaching	teaches	가르치다
	tell	told	told	telling	tells	말하다
	think	thought	thought	thinking	thinks	생각하다
	win	won	won	winning	wins	이기다
A−B−C형 (원형, 과거형, 과거분사형이 다른 동사)	be	was/were	been	being	am/are/is	~이다; 있다
	bear	bore	born	bearing	bears	참다; 낳다
	begin	began	begun	beginning	begins	시작하다
	bite	bit	bitten	biting	bites	물다
	blow	blew	blown	blowing	blows	불다
	break	broke	broken	breaking	breaks	깨뜨리다
	choose	chose	chosen	choosing	chooses	선택하다
	do	did	done	doing	does	하다
	draw	drew	drawn	drawing	draws	그리다
	drink	drank	drunk	drinking	drinks	마시다
	drive	drove	driven	driving	drives	운전하다
	eat	ate	eaten	eating	eats	먹다
	fall	fell	fallen	falling	falls	떨어지다
	fly	flew	flown	flying	flies	날다

구분	원형	과거형	과거분사형 (동사의 -ed형)	현재분사형 (동사의 -ing형)	3인칭 단수 현재형	뜻
	forget	forgot	forgotten	forgetting	forgets	잊다
	forgive	forgave	forgiven	forgiving	forgives	용서하다
	freeze	froze	frozen	freezing	freezes	얼다
	give	gave	given	giving	gives	주다
	go	went	gone	going	goes	가다
	grow	grew	grown	growing	grows	자라다
	hide	hid	hidden	hiding	hides	숨기다
	know	knew	known	knowing	knows	알다
	lie	lay	lain	lying	lies	눕다; 놓여 있다
	ride	rode	ridden	riding	rides	타다
	ring	rang	rung	ringing	rings	울리다
	rise	rose	risen	rising	rises	오르다
	see	saw	seen	seeing	sees	보다
	sew	sewed	sewn/sewed	sewing	sews	바느질하다
	shake	shook	shaken	shaking	shakes	흔들다
	show	showed	shown	showing	shows	보여주다
	sing	sang	sung	singing	sings	노래하다
	sow	sowed	sown/sowed	sowing	sows	(씨를) 뿌리다
	speak	spoke	spoken	speaking	speaks	말하다
	steal	stole	stolen	stealing	steals	훔치다
	swim	swam	swum	swimming	swims	수영하다
	take	took	taken	taking	takes	가지고 가다
	throw	threw	thrown	throwing	throws	던지다
	wake	woke	woken	waking	wakes	깨다
	wear	wore	worn	wearing	wears	입다
	write	wrote	written	writing	writes	쓰다
A-B-A형 (원형과 과거분사형이 같은 동사)	become	became	become	becoming	becomes	되다
	come	came	come	coming	comes	오다
	run	ran	run	running	runs	달리다

GRAMMAR BITE

핵심 문법만 콕! 쉽게 이해하는
중등 영문법

바른답·알찬풀이

Grade
2

GRAMMAR BITE
바른답 • 알찬풀이

STUDY POINT

1 **Explanation**
상세한 문제 해설로 정·오답의 이유를 정확하게 파악합니다.

2 **Translation**
정확한 해석으로 이해를 돕습니다.

GRAMMAR
BITE

Grade 2

Answers

문장의 형태를 지배하는 자, 그 이름 동사

Unit 01 Exercise   p. 19

A   **1** soft   **2** looks like   **3** me her camera   **4** to

B   **1** to us   **2** for me   **3** of her   **4** for her son

C   **1** smells terrible
    2 doesn't sound like English
    3 them advice
    4 cooked spaghetti for us

Unit 02 Exercise   p. 21

A   **1** cross   **2** knock, knocking   **3** do, to do
    4 solve, solving

B   **1** to perform → perform[performing]
    2 brushing → brush
    3 goes → go[going]   **4** get → to get

C   **1** heard her talk[talking]   **2** have him clean
    3 got us to leave   **4** feel someone come[coming]

Writing Practice
pp. 22~23

A   **01** sounds very interesting
    02 let me go out
    03 looks like a spaceship
    04 get some water for me
    05 hear the dog bark[barking]
    06 feels great
    07 bought Mom a robot cleaner
    08 smelled the bread burn[burning]
    09 got me to do my homework
    10 watched her children build[building]

B   **01 a** smells   **b** tastes sweet
    02 a send Jade
      b tell my friends the news 또는 tell the news to
       my friends
    03 a me wash   **b** let me use
    04 a looks like   **b** This place feels like my home.
    05 a saw her plant[planting]
      b I listened to him play[playing] the cello.

Actual Test
pp. 24~27

※ (바르게 고칠 것)의 답은 해설을 참조하세요.

01 ③   **02** ④   **03** ③   **04** ①   **05** wrote a letter to
06 ⑤   **07** ⑤   **08** ⑤   **09** ④   **10** ①   **11** ④   **12** ②
13 ②   **14** Ms. Kim teaches English to us.   **15** ④
16 ③   **17** A girl is helping a boy to stand up.   **18** ②
19 (A) saw something stand[standing]   (B) noticed it
come[coming]   **20** ③   **21** to → for, making → make
[to make], smiled → smile[smiling]   **22** ④   **23** ⑤
24 ③   **25** The boss ordered us to finish the project.
26 wonderfully → wonderful   **27** ①   **28** heard
someone call[calling] my name

01 「make/buy + 직접목적어 + for + 간접목적어」

02 감각동사 smell 뒤에는 주격보어로 형용사가 온다. ④ well은 부사이
므로 빈칸에 올 수 없다.

03 사역동사 let, have, make와 지각동사 see는 목적격보어로 동사원형
을 쓸 수 있다. ③ get은 사역동사의 의미를 나타내지만 목적격보어로
to부정사를 쓴다.

04 ① 「ask + 직접목적어 + of + 간접목적어」(to → of)

05 문장의 마지막에 간접목적어가 나오므로 「동사 + 직접목적어 + 전치사
+ 간접목적어」의 어순이 되어야 한다. 동사 write는 간접목적어 앞에
전치사 to를 쓴다.

06 「watch + 목적어 + 동사원형/현재분사」

07 수여동사 send, bring, show, give는 간접목적어 앞에 전치사 to를
쓰는 반면, ⑤ get은 for를 쓴다.

08 ⑤ 「feel + 목적어 + 동사원형/현재분사」(→ beat[beating])
해석 A: 오늘 너 정말 행복해 보인다. 무슨 일이야?
     B: 아빠가 생일 선물로 나에게 콘서트 표를 사 주셨거든.
     A: 잘 됐다! 콘서트는 언제야?
     B: 다음 주야. 나는 벌써 내 심장이 빠르게 뛰는 걸 느낄 수 있어.

09 「want + 목적어 + to부정사」

10 「tell + 간접목적어 + 직접목적어」, 「tell + 직접목적어 + to + 간접목적
어」: ~에게 …을 말하다

11 「make + 목적어 + 동사원형」: ~가 …하게 하다
    「tell + 목적어 + to부정사」: ~에게 …하라고 말하다
    「help + 목적어 + 동사원형/to부정사」: ~가 …하는 것을 도와주다

12 ① 뒤에 명사(구)가 아닌 형용사가 있으므로 전치사 like 없이 동사만 써
야 한다. (like 삭제)
    ③ 「call + 목적어 + 명사」(to 삭제)
    ④ 「bring + 직접목적어 + to + 간접목적어」(→ to me)
    ⑤ 「give + 직접목적어 + to + 간접목적어」(→ to you)

13 사역동사 make는 목적어 다음에 목적격보어로 동사원형이 쓰인다. 두 번째 빈칸 다음의 a good idea는 명사구이므로 앞에 감각동사 sound와 전치사 like가 함께 와야 한다.

해석 A: Chris, 영화는 어땠어?
B: 매우 재미있었어. 그 이야기는 나를 많이 웃게 했어.
A: 응, 나도 그래. 그건 그렇고, 뭔가 먹지 않을래? 나는 배가 고파.
B: 좋은 생각이야. 내가 근처의 좋은 음식점을 알아.

14 「teach + 간접목적어 + 직접목적어」 = 「teach + 직접목적어 + to + 간접목적어」

15 ①, ②, ③, ⑤의 have는 모두 사역동사로, 「have + 목적어 + 동사원형」의 형태로 쓰였다. ④의 have a cold는 '감기에 걸리다'라는 의미로, 여기서 have는 사역동사가 아닌 일반동사이다.

16 「ask, tell, get, expect + 목적어 + to부정사」
「help + 목적어 + to부정사/동사원형」

17 그림은 소녀가 소년이 일어나도록 돕고 있는 상황으로, 「help + 목적어 + to부정사」 구문을 사용하여 문장을 구성한다.

18 ②「see + 목적어 + 동사원형/현재분사」: ~가 …하는 것을 보다
(→ walk[walking])

19 (A)「see + 목적어 + 동사원형/현재분사」: ~가 …하는 것을 보다
(B)「notice + 목적어 + 동사원형/현재분사」: ~가 …하는 것을 알아차리다

해석 지난 일요일에 나는 가족들과 함께 숲으로 캠핑을 갔다. 밤에, 나는 무언가가 텐트 밖에 서 있는 것을 보았다. 나는 그것이 곰이라고 생각했다. 나는 무척 두려워졌다. 그때, 나는 그것이 텐트 안으로 들어오는 것을 알았다. 휴! 그것은 곰이 아니라 아빠였다.

20 ③「feel + 목적어 + 동사원형/현재분사」(shook → shake[shaking])

21 「make + 직접목적어 + for + 간접목적어」(to → for)
「help + 목적어 + 동사원형/to부정사」(making → make[to make])
「see + 목적어 + 동사원형/현재분사」(smiled → smile[smiling])

해석 어제는 엄마의 생신이었다. 아빠는 엄마에게 초콜릿 케이크를 만들어 주셨다. 나는 아빠가 그것을 만드는 것을 도와 드렸다. 그것은 달콤한 냄새가 났고 맛있었다. 남동생은 엄마에게 예쁜 꽃들을 드렸다. 나는 엄마가 꽃을 보고 미소 지으시는 것을 보았다. 우리는 함께 정말 즐거운 시간을 보냈다.

22 ④ '내 친구들은 나를 Jack이라고 불렀다.'
「call + 목적어 + 명사」: ~를 …라고 부르다

23 수여동사 lend는 뒤에 직접목적어가 먼저 오는 경우 간접목적어 앞에 전치사 to를 쓴다. 노트를 빌려줄 수 있냐는 말에 '여기 있다'라고 답하고 있으므로, 승낙의 표현인 Sure가 알맞다.

24 「name + 목적어 + 명사」: ~를 …라고 이름 짓다
주어진 문장을 영어로 옮기면 He named his son Luke.이며, 동사 name은 수여동사가 아니므로 전치사가 필요하지 않다.

25 「order + 목적어 + to부정사」: ~에게 …하라고 지시하다

26 「감각동사 sound + 형용사」: ~하게 들리다

27 사역동사 let은 목적격보어로 동사원형이 오므로 ①의 빈칸에는 현재분사가 들어갈 수 없다. 나머지 선택지의 동사인 hear, listen to, feel, watch는 모두 지각동사로, 목적격보어로 동사원형과 현재분사가 모두 올 수 있다.

28 「hear + 목적어 + 동사원형/현재분사」: ~가 …하는 것을 듣다
주어진 두 문장을 하나로 합치면 '나는 누군가가 나의 이름을 부르는 것을 들었다.'라는 문장이 된다.

Recall My Memory
p. 28

01 deliciously → delicious　**02** ○　**03** to take → take
04 ○　**05** wash → to wash　**06** ○　**07** to → for
08 sweetly → sweet　**09** ○　**10** to feed → feed
11 to call → call[calling]　**12** looks → looks like
13 a Christmas card me → a Christmas card to me 또는 me a Christmas card　**14** ○　**15** going → go

Chapter **2** 사람은 주제를 파악하고, 영어는 시제를 파악하라!

Unit 01　Exercise
p. 31

A **1** is going to rain　**2** plays　**3** ended
4 go　**5** won

B **1** stretches　**2** will be　**3** to visit
4 went　**5** comes

C **1** gets up　**2** broke out　**3** will meet
4 going to get married

Unit 02　Exercise
p. 33

A **1** knows　**2** were having　**3** am visiting
4 are studying　**5** will be doing

B **1** belongs to　**2** want　**3** smells
4 Are the children eating　**5** was sleeping

C **1** Do you own　**2** were playing online games
3 is riding his bicycle　**4** will be watching a movie

A 1 been 2 for 3 broke 4 visited
  5 hasn't changed

B 1 did you buy 2 have lived 3 has gone to
  4 met 5 has never watched

C 1 has had 2 Have, eaten 3 have not finished
  4 did you go

Writing Practice
pp.36~37

A 01 closes on Mondays
  02 is going to be fine
  03 has watched the movie
  04 were dancing on the stage
  05 has Mark lived in Korea
  06 are looking for the missing dog
  07 will be having lunch
  08 have not seen the actor
  09 When did you learn
  10 have stayed at this hotel

B 01 a am going to
    b I am going to visit 또는 I will visit
  02 a was eating b Eric was updating his blog
  03 a will be writing
    b I will be taking a walk
  04 a have, finished
    b They have just finished their homework.
  05 a has, been
    b Selena has never studied Chinese.

Actual Test
pp.38~41

01 ① 02 ② 03 ④ 04 ② 05 ⑤ 06 They are playing badminton. 07 ④ 08 ⑤ 09 ③ 10 ②, ③, ⑤ 11 ② 12 will rain → rains 13 He swam in the pool. 14 He will be taking a violin lesson. 15 (1) are play → are playing (2) is loving → loves (3) will is → will be 16 (1) were (2) was washing 17 will be taking a shower 18 ④ 19 ③ 20 ②, ⑤ 21 ③ 22 ③ 23 ④ 24 They have lived in Germany since 2010. 25 Ellie has gone to Singapore. 26 c. have been to → went to e. have been → has been

g. have studied → studied 27 (1) Has he finished his homework? (2) I have not[never] watched the movie. 28 (1) has lived in Seoul for 7 years (2) started teaching math last year

01 now(지금)로 보아 현재시제이고, 주어가 1인칭이므로 현재형 동사인 like가 빈칸에 알맞다. like는 상태 동사이므로 현재진행형으로 쓸 수 없다.

02 과거 시점인 last weekend(지난 주말)에 한 일을 묻고 있으므로 과거 시제로 답하는 것이 알맞다. 따라서 빈칸에는 과거형 동사 went가 들어가야 한다.

03 과거 시점을 나타내는 when I got home으로 보아 빈칸에는 과거진행형 was cooking이 알맞다.

04 숙제하고 있는 것이 아니라 자고 있다고 했으므로, 부정의 응답이 와야 한다. 현재진행형 질문에 대한 부정의 응답은 「No, 주어 + be동사 + not.」가 된다.

05 ⑤ 과거 시점을 나타내는 부사구 at that time이 있으므로 동사는 과거진행형이 되어야 한다. (is lying → was lying)

06 현재진행형으로 물었으므로 현재진행형으로 답한다.

07 ④ 지금 하고 있는 일을 물었으므로 현재진행시제 He is cooking dinner for us.로 답해야 한다.

08 미래시제 will meet이 쓰였으므로 빈칸에는 미래 시점을 나타내는 말이 알맞다. ⑤ two days ago(이틀 전에)는 과거를 나타내는 말이므로 빈칸에 알맞지 않다.

09 ③ want는 상태를 나타내는 동사이므로 진행형으로 쓸 수 없다.

10 미래시제는 「will + 동사원형」이나 「be going to + 동사원형」으로 쓸 수 있으며, 이미 계획된 가까운 미래의 일은 현재진행형으로도 표현할 수 있다.

11 ②는 「be going to + 명사」 형태로, '~에 가고 있다'라는 진행의 의미로 쓰였다. 이때 to는 장소를 나타내는 전치사이다. ②를 제외한 나머지는 「be going to + 동사원형」 형태로, '~할 예정이다'를 의미하는 미래시제이다.

12 조건을 나타내는 if 부사절에서는 미래시제 대신 현재시제를 쓴다.

13 과거시제로 물었으므로 과거시제로 답한다.

14 미래진행형으로 물었으므로 미래진행형 「will be + 현재분사」로 답한다.

15 (1) 현재진행형: 「be동사의 현재형 + 현재분사」
  (2) love는 상태를 나타내는 동사이므로 현재진행형으로 쓸 수 없다.
  (3) 미래시제: 「will + 동사원형」
해석 미나는 지금 지루하다. 그녀는 창밖을 내다보고 있다. 밖에서 두 명의 아이들이 공을 가지고 놀고 있다. 그녀는 아이들을 매우 좋아한다. 그녀는 미래에 선생님이 될 것이다.

16 과거에 무엇을 하고 있었는지를 묻는 과거진행형 질문에는 과거진행형으로 답한다.

17 미래에 하고 있을 동작은 미래진행형으로 표현한다.

18 b. understand는 상태 동사이므로 진행형으로 쓸 수 없다. (am understanding → understand)
e. 조건을 나타내는 부사절에서는 미래시제 대신 현재시제를 쓴다. (won't → don't)

19 (A) 현재의 반복적인 습관을 이야기할 때는 현재시제를 쓴다.
(B) last week(지난주)는 과거를 나타내는 말이므로 과거시제를 쓴다.
(C) next Saturday(다음 주 토요일)는 미래를 나타내는 말이므로 미래시제를 쓴다.
해석 나는 매주 토요일에 축구를 한다. 하지만 나는 지난주에 발이 부러졌다. 나는 다음 주 토요일 축구 경기는 하지 않을 것이다.

20 ② 현재완료 부정문은 「주어 + have/has + never[not] + 과거분사 ~.」 (never has heard → has never heard)
⑤ 어떤 일이 과거 시점부터 계속되어 왔음을 나타내는 since ('~부터', '~ 이후로')가 있으므로 현재완료시제로 써야 한다. (knew → have known)

21 '~에 가 본 적이 있다'라는 경험의 의미는 현재완료시제로 나타낸다.

22 보기와 ③은 완료를 의미하는 현재완료이다. ①, ④는 경험, ②는 계속, ⑤는 결과를 의미한다.

23 계속을 의미하는 현재완료는 「for + 기간」, 「since + 특정 시점」 부사구와 함께 자주 쓰인다.

24 과거에 시작해서 현재까지 계속되고 있는 일은 현재완료시제로 나타낸다. '~부터', '~ 이후로'는 전치사 since로 표현한다.

25 have/has gone to는 '~로 갔다 (그래서 지금 여기에 없다)'를 뜻한다.

26 c., g. 과거의 특정 시점을 표현하는 말(two years ago, yesterday)은 현재완료와 쓸 수 없으며 과거시제가 알맞다.
e. 주어 Henry가 3인칭 단수이므로 have는 has가 되어야 한다.

27 (1) 현재완료 의문문은 「Have/Has + 주어 + 과거분사 ~?」
(2) 현재완료 부정문은 「주어 + have/has + not[never] + 과거분사 ~.」

28 (1) 과거에서 현재까지 계속되고 있는 일은 현재완료로 나타낸다. '~ 동안'은 「for + 기간」으로 표현할 수 있다.
(2) 박 선생님이 수학을 가르치기 시작한 과거의 특정 시점을 묻는 질문이므로 과거시제로 답한다.
해석 A: 박 선생님은 서울에서 얼마나 오랫동안 사셨나요?
B: 그는 서울에서 7년 동안 사셨어요.
A: 그는 언제 수학을 가르치기 시작하셨나요?
B: 그는 작년에 수학을 가르치기 시작하셨어요.

Recall My Memory

p. 42

01 is smelling → smells **02** have you visited → did you visit **03** ○ **04** to sing → sing[singing]
05 strangely → strange **06** Did you have watched → Have you watched **07** walking → walk **08** ○
09 wash → to wash **10** ○ **11** to go → go **12** ○
13 some pocket money me → some pocket money to me 또는 me some pocket money **14** never have traveled → have never traveled **15** ○

Chapter 3 동사에 맛을 더하는 양념 같은 존재, 조동사

Unit 01 Exercise

p. 45

A **1** May **2** can't **3** may not

B **1** will be able to go
2 may not be
3 wasn't able to eat
4 couldn't enter
5 Could you wait

C **1** Can you spend **2** may not be clear
3 May I bring **4** be able to find

Unit 02 Exercise

p. 47

A **1** must **2** will have to **3** had to
4 don't have to **5** to walk

B **1** has to → had to
2 have not to → don't have to
3 don't should → should not
4 will must → will have to
5 ought to not → ought not to

C **1** will have to take
2 must not touch
3 don't have to bring
4 should not go

A 1 like 2 to be 3 used to 4 had better not
5 would

B 1 would like to 2 used to 3 had better

C 1 Would you like to see 2 would tell
3 had better not play 4 used to be

Writing Practice

pp. 50~51

A 01 may I come in
02 must not forget
03 should not listen to
04 will be able to do it
05 had better not go out
06 is able to read English
07 had to wake up early
08 would like to visit
09 had better not talk
10 doesn't have to cook dinner tonight

B 01 a were able to b I was able to see the sunset
02 a has to feed b should walk his dog
03 a would like to eat
b Would you like to eat[have] chicken
04 a had to b He will have to skip lunch today.
05 a had better
b You had better not eat raw meat.

Actual Test

pp. 52~55

01 ① 02 ③ 03 ⑤ 04 was able to 05 used to go
camping 06 ② 07 ② 08 ② 09 You had better
not tell the truth. 10 ③ 11 must not feed 12 ①
13 ④, ⑤ 14 ⑤ 15 must be 16 ②, ④ 17 will
have to 18 ⑤ 19 ① 20 ③ 21 May I take a
message for you 22 ③ 23 ③ 24 lived → live,
spoke → speak, helping → to help 25 ④ 26 would
27 ③ 28 used to

01 위에서부터 '너는 나에게 화가 났음이 틀림없다.', '그는 Paul의 형제임
이 틀림없다. 그들은 닮았다.', '그녀는 환영회에 신이 났음이 틀림없다.'
라는 의미가 되도록, 빈칸에 강한 추측을 나타내는 조동사 must가
공통으로 들어가야 한다.

02 '우리는 올해 열심히 공부해야 한다.'의 뜻이 되도록 빈칸에는 의무나 조
언을 나타내는 조동사가 들어가야 한다. ③ used to는 과거의 습관이
나 상태를 나타내는 말이므로 빈칸에 들어갈 수 없다.

03 '~해 주시겠어요?'라고 도움을 요청하는 표현을 완성해야 한다. ⑤ should
는 의무·필요성, 조언·충고를 나타내는 조동사이므로 빈칸에 알맞지
않다.

04 could는 was/were able to로 바꿔 쓸 수 있는데, 주어가 3인칭
단수이므로 was able to가 알맞다.

05 전에는 어떤 일을 하곤 했으나 더는 하지 않는다는 내용은 과거의 습관
을 나타내는 조동사 used to나 would로 표현할 수 있다.

06 B의 응답에 금지·불허를 의미하는 can't가 있으므로, A가 '제가 여기
에 주차해도 되나요?(Can I ~?)'라고 묻자 B가 부정의 응답(No, ~.)을
했음을 알 수 있다.

07 ② ought to의 부정형은 ought not to이다. (ought to not →
ought not to)

08 ② 조동사는 두 개를 연달아 쓸 수 없다. (will can → will be able
to)

09 had better의 부정형은 had better not다.

10 ③ 조동사 might의 부정형인 might not 뒤에는 동사원형이 와야
한다. (→ want)

11 어떤 행동을 금지하는 말은 「must not + 동사원형」으로 표현할 수
있다.

12 ① 박물관에서 작품을 만지지 않아도 된다는 말은 어색하며, 만져서는
안 된다고 하는 것이 문맥상 자연스럽다. 따라서 don't have to를
must not 등으로 고쳐야 한다.
해석 A: Jenny, 너는 박물관에서 작품을 만지지 말아야 해.
B: 오, 미안해. 난 그것을 몰랐어. 내가 또 어떤 규칙들을 따라야 해?
A: 다른 사람들을 방해하지 않도록 조용히 해야 해.
B: 알았어. 명심할게.

13 ④ 「would like to + 동사원형」: ~하고 싶다 / 「would like + 명사」:
~을 원하다 (would like to → would like)
⑤ would는 '~이 있었다'와 같이 과거의 상태를 나타낼 때 사용할 수
없다. (would → used to)

14 ⑤는 불확실한 추측, 나머지는 허락의 의미로 쓰였다.

15 '~임이 틀림없다'라는 강한 추측은 「must + 동사원형」으로 표현할 수
있다.

16 「don't have to + 동사원형」은 「don't need to + 동사원형」 또는
「need not + 동사원형」으로 바꿔 쓸 수 있다.

17 조동사는 두 개를 연달아 쓸 수 없으므로, '~해야 할 것이다'는 will
must가 아닌 will have to로 표현한다.

18 ⑤ must는 의무와 강한 추측의 의미를 지니는데, 좋지 않은 기억력을 자랑스러워해야 한다는 표현이나 자랑스러움이 틀림없다는 표현 모두 어색하다.

19 ② 조동사 뒤에는 동사원형이 온다. (should getting → should get) ③ had better: ~하는 것이 좋다 (have better → had better) ④ 조동사는 연달아 쓸 수 없다. (will must → will have to) ⑤ 과거 시점을 나타내는 부사 yesterday가 있으므로 과거시제로 써야 한다. (has to → had to)

20 ③ B의 응답이 '그러고 싶지만 그럴 수 없어.'를 의미하도록 can을 부정형 can't로 고치는 것이 자연스럽다.

21 「May I ~?」: ~해도 될까요?[~해 드릴까요?]
take a message: 메시지를 받다
해석 A: 여보세요. 저는 Kevin이라고 합니다. Tom과 통화할 수 있을까요?
B: 미안하지만, 그는 여기 없어요. 메시지를 남겨 드릴까요?
A: 네, 고마워요. 그에게 내일 회의가 있을 거라고 말해 주세요.

22 ③ 한여름에 서울에 눈이 온다는 것은 사실임이 틀림없다기보다 사실일 리가 없다고 하는 것이 자연스럽다. (→ cannot[can't])
해석 나는 지난주에 서울에 눈이 왔다는 말을 들었다. 그것은 사실일 리가 없다. 지금은 8월이다. 한여름에 눈을 보는 것은 불가능하다.

23 보기와 ③의 would는 '~하곤 했다'라는 과거의 습관을 나타낸다.
① 「would like to + 동사원형」: '~하고 싶다' ② 「Would you ~?」: '~해 주시겠어요?' ④ 「Would you like to + 동사원형?」: '~하시겠어요?' ⑤ '~할 것이다' (주어의 의지)

24 조동사 뒤에는 동사원형이 와야 한다. (lived → live / spoke → speak)
「Would you like to + 동사원형?」: '~하시겠어요?' (helping → to help)
해석 안녕, 내 이름은 Oliver야. 나는 토론토에 살았지만 지금은 서울에 살아. 나는 한국어를 읽을 수 있지만 아직 말할 수 없어. 그래서 나는 한국어를 말하는 연습을 해야 해. 나는 또한 유용한 한국어 표현에 대해서도 배워야 해. 네가 나를 도와줄래? 나는 정말로 한국어를 잘하고 싶어.

25 '~하지 않는 것이 좋겠다'는 had better not 또는 축약형인 'd better not로 표현할 수 있다.

26 '지금과 달리 전에는 ~하곤 했다'라는 뜻의 문장을 만들기 위해서는 과거의 습관을 나타내는 조동사 would 또는 used to를 사용해야 한다.

27 ③ 과거의 습관을 나타낼 때는 used to와 would를 모두 쓸 수 있지만, 과거의 상태를 나타낼 때는 used to만 쓸 수 있다.

28 '과거에는 ~하곤 했지만, 지금은 그렇지 않다'라는 의미를 나타내기 위해 조동사 used to 또는 would를 사용할 수 있다. 단, would는 be와 같이 상태를 나타내는 동사 앞에는 쓸 수 없다.

Recall My Memory　　　　　　p. 56

01 would → used to　**02** to her a birthday present → her a birthday present 또는 a birthday present for her　**03** have visited → visited (또는 in 2015 삭제)
04 ○　**05** to come → come　**06** sweetly → sweet
07 ○　**08** had not better → had better not　**09** is belonging → belongs　**10** ○　**11** has to → had to
12 have gone to → have been to　**13** see → to see
14 ○　**15** studying → study

Chapter 4　능동적으로 행하느냐, 수동적으로 당하느냐, 그것이 문제로다!

Unit 01　Exercise　　　　　　p. 59

A　**1** is loved　**2** belongs　**3** was built　**4** cleans
5 her

B　**1** was played by him
2 was made by Martin Cooper
3 is cleaned by her
4 were broken by Jason

C　**1** happened to you
2 was canceled by the band
3 resembles her mother
4 was written by an AI program

Unit 02　Exercise　　　　　　p. 61

A　**1** Was　**2** will be born　**3** was not invited
4 be done　**5** was

B　**1** Were, baked
2 can be answered
3 was not solved
4 are being downloaded

C　**1** must be finished
2 was not painted
3 Was the vase broken
4 will be published

A **1** is grown **2** was turned **3** with **4** to **5** of

B **1** about **2** at **3** with **4** from **5** in

C **1** are pleased with[about]
  2 is eaten
  3 were stolen
  4 is filled with
  5 is known for

Writing Practice   pp. 64~65

A **01** are cleaned by the students
  02 will be built here
  03 must be written by tomorrow
  04 Was the movie released
  05 is worried about his health
  06 was not written by
  07 will be fixed by Matthew
  08 was made of ice
  09 is being watched by
  10 is not satisfied with her artwork

B **01** a taught b is read by many teenagers
  02 a was, painted
    b was not invented by the Chinese
  03 a delivered b will be held next week
  04 a solved b must be hidden until Christmas
  05 a worried about
    b BTS is known to a lot of people

Actual Test   pp. 66~69

01 ④ **02** ⑤ **03** ② **04** ⑤ **05** is held **06** ④
07 ③ **08** ③ **09** A free dessert was offered by the
restaurant. **10** ④ **11** ⑤ **12** didn't tell → wasn't
told **13** ④ **14** ② **15** ②, ③ **16** ③ **17** The pool
can be used by children. **18** ③, ⑤ **19** ①, ⑤ **20** ③
21 ② **22** ⑤ **23** Are, satisfied with **24** ④
25 should not be kept **26** d. of → with[in] e. was
disappeared → disappeared **27** (A) received (B) was
delivered (C) was invited **28** (1) Did it paint → Was
it painted (2) painted → was painted

01 주어인 프랑스어가 '말해지는' 대상이므로, 수동태로 써야 한다. 수동태
의문문은 「Be동사 + 주어 + 과거분사 ~?」 형태로 쓴다.

02 주어인 소포는 '배달되는' 대상이고, 과거 시점을 나타내는 말
(yesterday)이 있으므로 과거시제 수동태 「was/were + 과거분사」
형태로 쓰여야 한다.

03 • 주어인 박물관은 '지어지는' 대상이므로 수동태 「be동사 + 과거분사」
가 알맞다. • 주어인 할아버지는 나무를 심는 주체이므로 능동태가 알
맞다.

04 두 문장은 같은 의미의 능동태와 수동태 문장이다. 미래시제 수동태는
「will + be + 과거분사」의 형태로 쓴다.

05 월드컵은 '개최되는' 대상이며 정기적으로 개최되므로, 현재시제 수동태
is held를 쓴다.

06 수동태의 의문문은 「Be동사 + 주어 + 과거분사 ~?」의 형태이며, 행위자,
즉 능동태 문장의 주어를 「by + 행위자」로 바꿔 쓴다.

07 능동태 문장의 목적어가 수동태 문장에서 주어가 되며, 조동사가 있는
수동태는 「조동사 + be + 과거분사」로 쓴다.

08 수동태는 「be동사 + 과거분사」의 형태로 쓰며, be동사는 주어의 인칭
과 수, 시제에 맞춘다. (① → was stolen ② → was caught
④ → was sent ⑤ → were carried)

09 능동태 문장의 목적어 a free dessert가 수동태 문장에서 주어가 되며,
능동태 문장의 주어 The restaurant는 수동태 문장에서 by the
restaurant로 바뀐다.

10 ④ 진행시제의 수동태는 「be동사 + being + 과거분사」의 형태이다. (is
fixing → is being fixed)

11 수동태의 부정문은 「주어 + be동사 + not + 과거분사 ~.」의 형태로 쓴
다. 주어진 능동태 문장이 과거시제이므로, 수동태의 be동사도 과거형
으로 써야 한다.

12 '말해지지 않았다'라는 의미가 되려면 능동태가 아닌 수동태가 되어야
한다. 수동태의 부정문은 「주어 + be동사 + not + 과거분사 ~.」의 형태
이다.

13 과거진행시제의 수동태는 「was/were + being + 과거분사」의 형태로
쓴다.

14 ① Did → Was ③ produce → produced ④ Were → Was
⑤ move → moved

15 die는 목적어 없이 쓰는 자동사로서 '죽다'의 의미이므로 수동태로 쓸
수 없다. kill은 목적어를 사용하는 타동사로서 '죽이다'를 뜻하므로 수동
태로 써야 한다.

16 행위자가 누구인지 알 수 없거나 행위의 결과보다 중요하지 않을 때
수동태 문장에서 「by + 행위자」를 생략할 수 있다.

17 조동사가 있는 수동태는 「조동사 + be + 과거분사」의 형태로 쓴다.

18 ③ seem('~하게 보이다'), ⑤ happen('일어나다')은 목적어를 가지지 않는 자동사이므로 수동태로 쓸 수 없다. (③ → The quiz seemed difficult to me. ⑤ was happened → happened)

19 ②look, ③stay는 보어는 가지지만 목적어는 가지지 않는 자동사이므로 수동태로 쓸 수 없다. ④ have는 소유를 나타내는 동사로 쓰였으므로 수동태로 쓸 수 없다.

20 빈칸 뒤에 「be + 과거분사」의 수동태가 있으므로 「조동사 + be + 과거분사」가 되도록 빈칸에 조동사를 써야 한다.

21 c. 조동사가 있는 수동태는 「조동사 + be + 과거분사」로 쓴다. (can are seen → can be seen)
d. 조동사가 있는 수동태의 부정형은 「조동사 + not + be + 과거분사」로 쓴다. (can be not downloaded → can not be downloaded)
f. '그 문제는 즉시 해결되어야 한다.'라는 수동의 의미가 자연스러우므로 능동태가 아닌 수동태로 써야 한다. (has to solve → has to be solved)

22 • be made of: ~으로 만들어지다 (재료의 성질이 변하지 않는 경우)
• be filled with: ~으로 가득 차 있다
• be interested in: ~에 흥미가 있다

23 be satisfied with: ~에 만족하다

24 ④ be known to는 '~에게 알려지다'의 뜻이며, '~으로 유명하다'를 의미하려면 전치사 to 대신 for를 써야 한다.

25 대화의 흐름상 바나나는 냉장고에 '보관되면 안 된다'라는 말이 자연스럽다. 조동사가 있는 수동태의 부정형은 「조동사 + not + be + 과거분사」의 형태로 쓴다.

26 d. be covered with[in]: ~으로 덮여 있다 (of → with[in])
e. disappear는 그 자체로 '사라지다'라는 의미의 자동사이므로 수동태로 쓰이지 않는다. (was disappeared → disappeared)

27 (A) 주어가 동작을 하는 주체이므로 능동태로 쓰며, 과거 시점을 나타내는 Yesterday가 있으므로 과거시제로 쓴다.
(B), (C) 주어가 by 뒤에 있는 다른 행위자의 동작에 영향을 받는 대상이므로, 수동태, 즉 「be동사 + 과거분사」의 형태로 쓴다.
해석 어제 Harry는 이상한 편지 한 통을 받았다. 그 편지는 올빼미에 의해 배달되었다. Harry는 놀랐다. 그것은 마법 학교의 교장 선생님에게서 온 것이었다. Harry는 그로부터 학교에 초대받았다!

28 (1) 수동태의 의문문은 「Be동사 + 주어 + 과거분사 (+ by + 행위자)?」의 형태이다.
(2) 그림은 '그려지는' 것이므로 「be동사 + 과거분사」의 수동태 형태로 써야 한다.
해석 A: 나는 이 그림이 마음에 들어. 네가 이것을 그렸니?
B: 아니, 그렇지 않아.
A: 그러면 누가 그림을 그렸니? 이것은 유명한 화가에 의해 그려졌니?
B: 아니, 그렇지 않아. 그것은 내 5살짜리 남동생에 의해 그려졌어.
A: 와! 그거 놀랍다!

Recall My Memory
p. 70

01 to read → read **02** have knew → have known
03 ○ **04** have not to → don't have to **05** was watching → were watching **06** strongly → strong
07 ○ **08** will can → will be able to **09** didn't → wasn't **10** ○ **11** ○ **12** are read → were read
13 ○ **14** to run → run[running] **15** to → in

수능에 꼭 나오는 중학 영문법

수능 기초 연습
p. 72

A **1** difficult **2** to start **3** is taught
4 was opposed

B **1** ○ **2** → to have **3** → beneficial **4** ○
5 → could be found

C ③

C ③ 주어인 수상자가 목적어인 티셔츠를 '받는' 주체이므로 능동태로 고쳐야 한다. (will be received → will receive)
해석 우리는 Radio Music Festival을 위한 티셔츠 디자인을 찾고 있습니다. Radio Music Festival 팀은 상위 다섯 개의 디자인을 선정할 것입니다. 대상 수상자 한 명은 온라인 투표를 통해 선정될 것입니다. 수상자들은 자신의 디자인이 인쇄된 티셔츠 두 장을 받게 될 것입니다.

수능 독해 적용
pp. 73~74

1 ② 2 ④ 3 ①

1 (A) 감각동사 sound의 주격보어로는 형용사가 쓰이므로 foolish가 어법에 맞다. (B) 뒤에 목적어가 있으며 '묘사하기 위해'라는 능동의 의미가 되어야 하므로 능동태 describe가 어법에 맞다. (C) 용어들은 번역이 '되는' 것이므로 수동태인 be translated가 어법에 맞다.
해석 영어 사용자들은 가족 관계를 묘사하기 위한 단순한 체계를 가지고 있다. 예를 들어, "cousin"이라는 단어는 남성과 여성 친척들에게 적용된다. 하지만 어떤 문화에서는 서로 다른 유형의 관계를 묘사하기 위해 같은 단어를 쓰는 것이 어리석게 들린다. 북미얀마 사람들은 그들의 친척들을 묘사하기 위한 18개의 용어를 가지고 있다. 그 단어들은 영어단어로 번역될 수 없다.

2 ④ 글의 흐름상 주어인 you가 다른 사람이 말하는 것을 듣는 것이므로, 수동태 진행형이 아닌 능동태 진행형이 되어야 한다. (→ are hearing)

질문하는 것은 당신이 활동적으로 듣게 하고 당신이 색다른 학습 경험을 갖도록 돕는다. 가끔 누군가의 말을 듣고 있어야 할 때, 당신은 집중하는 데 어려움을 겪을지도 모른다. 그래서 당신은 말하는 사람에게 물을 질문들을 생각해야 한다. 그것이 변화를 일으킬 수 있다. 당신이 듣고 있는 동안 그 질문들을 당신 자신에게 한다면, 지루한 강의들조차도 흥미로워질 수 있다. 이는 당신의 흥미가 당신 자신의 생각에서 나오기 때문이다. 이제 누군가가 말하는 것을 들을 때, 생각하고 질문을 해 보아라.

3 (A) 뒤에 목적어가 있으며 주어인 we가 행동의 주체이므로 능동태인 keep이 어법에 맞다. (B) have는 사역동사로서 목적격보어로 동사원형을 사용하므로 remind가 어법에 맞다. (C) make는 사역동사로서 목적격보어로 동사원형을 사용하므로 come이 어법에 맞다.

해석 삶은 모래시계와 같다. 모래알은 모래시계 안에서 한 알씩 떨어진다. 우리 삶의 매일매일도 그렇게 지나간다. 우리는 우리 앞에 긴 인생을 가지고 있을 수도 있다. 하지만, 우리가 매 순간이 계속 우리에게서 빠져나가게 한다면, 모래시계 안의 모래알들과 마찬가지로 우리에게는 곧 더 남은 날이 없을 것이다. 매 순간이 우리의 삶을 살고 우리의 꿈을 이루기 위한 기회임을 모래시계가 우리에게 생각나게 하도록 해라.

Chapter **5** 코에 걸면 코걸이, 귀에 걸면 귀걸이, 만능 재주꾼 **to부정사**

Unit 01 Exercise p.77

A **1** 보어 **2** 목적어 **3** 보어 **4** 주어

B **1** are → is **2** how find to → how to find
3 to not be → not to be **4** That → It

C **1** plan to join **2** where to go
3 It is fun to play **4** My parents want me to

Unit 02 Exercise p.79

A **1** time to go **2** something hot to eat
3 a pen to write with

B **1** 조언을 얻기 위해 **2** 그 게임을 이겨서
3 풀기(에) 어렵다 **4** 그 결정을 하다니

C **1** a lot of things to do **2** a chair to sit down on
3 lived to be ninety-five
4 in order to buy some books

Unit 03 Exercise p.81

A **1** for **2** of **3** too **4** for me to understand

B **1** tall enough **2** too sleepy
3 too difficult for me **4** easy enough for children

C **1** for her to practice **2** of him to tell
3 early enough to get
4 too hot for them to fall asleep

Writing Practice pp.82~83

A **01** It was exciting to watch
02 told me not to move the table
03 silly of you to lie
04 a bench to sit on
05 too tired to finish the work
06 grew up to be a tennis player
07 someone to support me
08 when to call you
09 brave enough to catch a thief
10 too tight for her to wear

B **01** a It, to learn b It is very difficult to become
02 a to talk b any toys to play with
03 a in order to buy
   b the bank to[in order to, so as to] borrow some money
04 a of him to act
   b It was so rude of her to speak like that.
05 too busy to help
   b I am too sleepy to do my homework now.

Actual Test pp.84~87

01 ④ **02** ③ **03** ① **04** Can you tell me when to have dinner? **05** ⑤ **06** ② **07** ④ **08** Would you like something cold to drink? **09** ② **10** ① **11** ① **12** ⑤ **13** ② **14** was silly of him to ask such questions **15** too nervous to fall asleep **16** smart enough to solve **17** ④ **18** ③, ⑤ **19** ② **20** ⑤ **21** is too small for me **22** ④ **23** ③ **24** doing → do, became → become, of → for **25** buying → buy, for → to **26** ② **27** ③ **28** in order to[so as to] return

01 tell은 목적어의 행동을 나타내는 목적격보어로 to부정사를 사용한다.

02 be동사 뒤에서 주어를 보충 설명하는 주격보어로 to부정사가 쓰인다.

03 • to부정사는 주어일 때 단수 취급하므로 is가 알맞다.
• '어디서 ~할지'라는 의미의 「where + to부정사」 형태가 되어야 하므로 to가 알맞다.

04 상대방에게 무엇을 요청할 때는 Can you ~?로 표현할 수 있으며, '언제 ~할지'의 의미는 「when + to부정사」로 나타낸다.

05 ⑤는 주어 역할을 하는 명사적 용법의 to부정사이고, 나머지는 모두 동사의 목적어 역할을 하는 명사적 용법의 to부정사이다.

06 ②는 목적격보어 역할을 하는 명사적 용법의 to부정사이고, 나머지는 모두 앞에 오는 명사나 대명사를 수식하는 형용사적 용법의 to부정사이다.

07 to부정사는 목적('~하도록', '~하기 위해')을 나타내는 부사적 용법으로 쓰일 수 있다. to부정사의 부정형은 to 앞에 not이나 never를 써서 나타낸다.

08 -thing으로 끝나는 대명사를 형용사와 to부정사가 함께 수식할 때는 「대명사 + 형용사 + to부정사」의 형태로 쓴다.

09 to부정사는 판단의 근거(~하다니)를 나타내는 부사적 용법으로 쓰일 수 있다. '운이 좋았다'는 과거 시점이므로 과거시제 was를 사용한다.

10 ① 명사 some books는 동사 read의 직접적인 목적어이므로 다른 전치사가 필요하지 않다. (→ read)

11 • 책상 '위에서' 무엇인가를 쓴다는 의미가 되어야 하므로 빈칸에 on이 알맞다.
• '함께' 놀 친구를 의미하도록 with를 써야 한다.
• '안에서' 지낼 호텔을 나타내야 하므로 in이 알맞다.
• 명사 new songs를 수식하기 위해서는 '~을 듣다'의 의미가 되도록 to listen 뒤에 전치사 to가 쓰여야 한다.

12 ⑤ 주어가 to부정사일 경우, 주어 자리에 가주어 It을 쓰고 to부정사를 뒤로 보낼 수 있다. (That → It)

13 보기는 to부정사 앞에 나온 명사(a chance)를 수식하는 형용사적 용법으로, ②의 to부정사도 앞에 나온 명사(time)를 수식한다. 나머지는 모두 부사적 용법으로 쓰였다.

14 빈칸 앞에 It이 있으므로 「It ~ to부정사 ...」 형태의 가주어 구문으로 쓴다. silly와 같이 사람의 성격이나 태도를 나타내는 형용사가 앞에 올 경우, to부정사의 의미상 주어를 「of + 목적격 대명사」 형태로 쓴다.

15 「so + 형용사 + that + 주어 + can't + 동사원형」은 '너무 ~해서 …할 수 없다'라는 뜻으로, 「too + 형용사 + to부정사」로 바꿔 쓸 수 있다.

16 「so + 형용사 + that + 주어 + can + 동사원형」은 '~할 만큼 충분히 …하다'라는 의미로, 「형용사 + enough + to부정사」로 바꿔 쓸 수 있다.

17 ④ 앞에 온 형용사 fun이 사람의 성격이나 태도를 나타내는 것이 아니므로, to부정사의 의미상 주어를 「for + 목적격 대명사」 형태로 써야 한다. (→ for)

해석 A: 이 책은 읽기에 어렵지 않아.
B: 응, 그리고 우리가 읽기에 재미도 있어.
A: 네 말이 맞아.

18 ③ -one으로 끝나는 대명사를 형용사와 to부정사가 수식할 때는 「대명사 + 형용사 + to부정사」의 형태로 쓴다. (nice someone → someone nice)
⑤ to부정사의 부정형은 to 앞에 not이나 never를 쓴다. (to not → not to)

19 보기와 ②의 to부정사는 모두 동사의 목적어 역할을 한다.
① 주어 ③ 목적격보어 ④ 주어(진주어) ⑤ 주격보어

20 ⑤ 문장의 주어와 to부정사의 동작이나 상태의 주체가 일치할 경우, 따로 의미상 주어를 쓰지 않는다. (for me 삭제)

21 '너무 ~해서 …할 수 없다'는 「too + 형용사 + to부정사」로 표현할 수 있으며, to부정사의 동작이나 상태의 주체가 문장의 주어와 다를 경우에는 to부정사 앞에 「for + 목적격 대명사」 형태의 의미상 주어를 쓴다.

22 ④ to부정사의 의미상 주어는 「for + 목적격 대명사」 형태로 쓴다. (→ us)

23 ③의 hard는 사람의 성격이나 태도를 나타내는 형용사가 아니므로 to부정사의 의미상 주어를 쓸 때 전치사 of가 아닌 for를 써야 한다. ③을 제외한 나머지는 형용사(wise, generous, stupid, nice)가 모두 사람의 성격이나 태도를 나타내므로, to부정사의 의미상 주어를 쓸 때 전치사 of를 사용한다.

24 의문사 what 다음에 to부정사가 오면 '무엇을 ~할지'의 의미를 나타내므로, doing을 do로 고친다. / to부정사는 「to + 동사원형」의 형태이므로, became을 become으로 고친다. / 마지막 문장의 형용사 great은 사람의 성격이나 태도를 나타내는 것이 아니므로 의미상 주어를 쓸 때 전치사 of가 아닌 for를 사용한다.

해석 나는 현재 15살이다. 내가 미래에 무엇을 할 지 생각할 시간이다. 사실, 나는 전에 요리사가 되고 싶었다. 지금 나의 목표는 경찰관이 되는 것이다. 나는 내 꿈을 위해 최선을 다할 것이다. 내가 경찰관으로서 일하는 것은 멋질 것이다.

25 (1) 「so + 형용사 + that + 주어 + can + 동사원형」이므로 buying을 buy로 고친다.
(2) to부정사가 앞에 오는 형용사를 뒤에서 수식하므로 for를 to로 고친다.

해석 A: 이 드레스 좀 봐. 너무 아름다워.
B: 응, 내 생각에 그것은 너에게 잘 어울릴 거야.
A: 고마워, 그리고 그것은 내가 살 수 있을 만큼 충분히 저렴해.
B: 잘됐다. 그것은 입기에 정말 아름다워.

26 ① 명사 many things는 동사 buy의 직접적인 목적어이므로 다른 전치사가 필요하지 않다. (with 삭제)
③ 의문사 how 다음에 to부정사가 오면 '어떻게 ~할지'의 의미를 나타낸다. (for making → to make)
④ 동사 promise는 목적어로 동명사가 아닌 to부정사를 사용한다. (being → to be)

⑤ to부정사가 주어로 쓰이면 단수 취급한다. (are → is)

27 a. 동사 tries가 be동사 뒤 주격보어 자리에 있으므로, 보어 역할을 하는 to부정사 형태로 바꿔 써야 한다. (tries → to try)

e. 감정을 나타내는 형용사 disappointed 뒤에 감정의 원인을 나타내는 to부정사가 오는 것이 자연스럽다. (for → to)

28 Ann이 지난밤에 도서관에 가서 책을 반납했다고 말하고 있으므로, 'Ann은 지난밤에 책을 반납하기 위해 도서관에 갔다.'라는 문장을 완성해야 한다. to부정사가 '~하기 위해'라는 목적의 의미를 나타낼 때, to 대신 in order to 또는 so as to를 사용할 수 있다.

해석 A: 안녕, Ann. 지난밤에 어디 갔었니?
B: 나는 도서관에 갔어.
A: 오, 흥미로운 책을 빌렸니?
B: 아니, 나는 그냥 책을 반납했어.

Recall My Memory　　　　　p. 88

01 to read something → something to read
02 didn't be written → wasn't written　**03** of → for
04 has met → met　**05** will must → will have to
06 ○　**07** ○　**08** by → in　**09** has better → had better　**10** to use how → how to use　**11** ○　**12** to blow → blow[blowing]　**13** is → was　**14** of → for
15 ○

Chapter **6** 동사인 듯 동사 아닌, 명사 같은 너, 동명사

Unit 01　Exercise　　　　　p. 91

A **1** is　**2** Being　**3** going　**4** playing
　5 Not drinking

B **1** Ride → Riding　**2** shop → shopping
　3 are → is　**4** going not → not going
　5 stay → staying

C **1** go shopping　**2** is busy studying for the exam
　3 is making furniture
　4 feel like leaving the hospital
　5 How about meeting
　6 Using a smartphone too much is

Unit 02　Exercise　　　　　p. 93

A **1** watching　**2** to brush　**3** turning　**4** to become
　5 to go

B **1** seeing　**2** to bring　**3** to play　**4** taking[to take]

C **1** give up participating in　**2** stopped to answer
　3 finished writing　**4** forgot to set

Writing Practice　　　　　pp. 94~95

A **01** is traveling into space
　02 went camping in the river
　03 Reading in the dark is
　04 decided to go home
　05 for not coming on time
　06 avoids shaking hands with me
　07 stopped listening to
　08 put off going to the dentist
　09 forget to bring your lunch
　10 feels like doing any work

B **01** **a** telling[to tell] a lie
　　　b Not giving[to give] up easily is
　02 **a** doing　**b** How about playing basketball
　03 **a** taking a walk　**b** enjoy riding bikes
　04 **a** spends, playing
　　　b She spends her money buying books.
　05 **a** to pick him up
　　　b Remember to use sunscreen every day.

Actual Test　　　　　pp. 96~99

01 ④　**02** ④　**03** ②, ⑤　**04** ③, ⑤　**05** ④　**06** ③
07 (1) singing　(2) to join　**08** ③　**09** ⑤　**10** ③
11 ⑤　**12** ④　**13** opening the windows　**14** He has difficulty in writing.　**15** ②, ⑤　**16** ③　**17** ⑤　**18** ⑤
19 eating　**20** to bring　**21** ③　**22** ③　**23** ①, ④
24 The waitress was busy taking orders.　**25** Don't spend too much time using your smartphone.　**26** (1) remember to water　(2) give up doing　(3) promised to take　**27** (1) playing[to play] the guitar　(2) listening to music　(3) singing　(4) to be a singer　**28** **a.** Take → Taking[To take]　**f.** to sing → singing

01 finish는 동명사를 목적어로 사용한다.

02 뒤에 목적어를 가지면서 문장의 주어 역할을 할 수 있는 것은 동명사 또는 to부정사이다.

03 동명사를 목적어로 사용하는 동사로 enjoy, avoid 등이 있다. hope, want, plan은 to부정사를 목적어로 사용한다.

04 hate는 목적어로 동명사와 to부정사를 모두 사용한다.

05 ④ 동명사 주어는 단수 취급하므로 단수동사가 와야 한다. (→ makes)

06 동명사의 부정형은 동명사 바로 앞에 not이나 never를 써서 표현한다.

07 enjoy는 동명사를 목적어로 사용하며, decide는 to부정사를 목적어로 사용한다.

08 전치사의 목적어와 동사 love의 목적어로 모두 쓰일 수 있는 것은 동명사이다.

09 keep은 동명사를 목적어로 사용하고, agree는 to부정사를 목적어로 사용한다.

10 practice는 동명사를 목적어로 사용한다. 「have trouble (+ in) + 동명사」는 '~하는 데 어려움을 겪다'를 의미하는 동명사 관용표현이다.

11 ⑤ expect는 to부정사를 목적어로 사용한다. (getting → to get)

12 보기와 ④는 동명사('~하는 것')이고, 나머지는 현재진행형('~하고 있다')이다.

13 mind는 동명사를 목적어로 사용하여 '~하는 것을 싫어하다'의 의미를 나타낸다.

14 「have difficulty (+ in) + 동명사」: ~하는 데 어려움을 겪다

15 뒤에 목적어를 가지면서 주어로 쓰일 수 있는 것은 동명사와 to부정사이며, 동명사 및 to부정사 주어는 단수 취급하므로 단수동사를 쓴다. to부정사가 주어일 경우, 「It ~ to부정사 ...」 구문으로 바꿔 쓸 수 있다.

16 b. 전치사 without의 목적어로 동명사(또는 명사)가 와야 한다. (apologize → apologizing[an apology])
e. 동명사의 부정형은 not이 동명사 앞으로 온다. (going not → not going)

17 「be used to + 동명사」: ~하는 데 익숙하다

18 「look forward to + 동명사」: ~하기를 고대하다[몹시 기다리다]

19 「stop + 동명사」: ~하는 것을 멈추다

20 「forget + to부정사」: (앞으로) ~할 것을 잊다

21 「remember + 동명사」: (이전에) ~한 것을 기억하다

22 (A) 동명사 주어는 단수 취급하므로 단수동사 is를 써야 한다.
(B) 전치사의 목적어로 쓰일 수 있는 것은 동명사이다.
(C) 「stop + 동명사」: ~하는 것을 멈추다
해석 A: 컴퓨터 게임을 하는 것은 시간 낭비야. 동의하지 않니?

B: 난 그렇게 생각하지 않아. 그것은 스트레스를 없애는 데 좋아.
A: 네 말이 맞아. 하지만 난 컴퓨터 게임 하는 것을 그만둬야 할 것 같아.
B: 왜?
A: 나는 화면을 쳐다보고 있을 때 눈이 아파.

23 ① begin은 동명사와 to부정사를 목적어로 사용한다. (cry → crying [to cry])
④ plan은 to부정사를 목적어로 사용한다. (visiting → to visit)

24 「be busy + 동명사」: ~하느라 바쁘다

25 「spend + 시간[돈] + 동명사」: ~하면서 (시간)을 보내다, ~하는 데 (돈)을 쓰다

26 (1) 「remember + to부정사」: (앞으로) ~할 것을 기억하다
(2) give up은 동명사를 목적어로 사용한다.
(3) promise는 to부정사를 목적어로 사용한다.

27 (1) be동사 뒤에 와서 '~하기', '~하는 것'을 의미하는 주격보어로 동명사나 to부정사를 쓸 수 있다.
(2) enjoy는 동명사를 목적어로 사용한다.
(3) 전치사는 동명사를 목적어로 사용한다.
(4) want는 to부정사를 목적어로 사용한다.
해석 미나: 너의 취미는 무엇이니?
Danny: 나의 취미는 기타를 연주하는 거야.
미나: 너는 여가 시간에 무엇을 하는 것을 좋아하니?
Danny: 나는 음악 듣는 것을 즐겨.
미나: 너는 무엇을 잘하니?
Danny: 나는 노래 부르는 것을 잘해.
미나: 너는 미래에 무엇이 되고 싶니?
Danny: 나는 가수가 되고 싶어.

28 a. 동사가 문장의 주어로 쓰이기 위해서는 동명사 또는 to부정사 형태가 되어야 한다. (Take → Taking[To take])
f. 「feel like + 동명사」: ~하고 싶다 (to sing → singing)

Recall My Memory

p. 100

01 to make → make　**02** has worked → worked (또는 three years ago 삭제)　**03** waste → wasting　**04** Is → Was　**05** to write → to write with　**06** ○　**07** to do → doing　**08** reading → read　**09** ○　**10** playing → to play　**11** ○　**12** hamburgers the children → hamburgers to the children 또는 the children hamburgers　**13** playing → play　**14** complete → be completed　**15** bringing → to bring

7 동사의 무한변신, 분사의 세계

Unit 01 Exercise p.103

A 1 barking 2 frozen 3 playing 4 excited
  5 shocking

B 1 dancing 2 boring 3 made 4 excited

C 1 flying birds
  2 interesting article
  3 a temple built
  4 disappointed at my report
  5 storybooks written in English

Unit 02 Exercise p.105

A 1 Having 2 Not studying 3 Seeing 4 Leaving

B 1 Because 2 If 3 while

C 1 eating popcorn
  2 Running fast
  3 Being full
  4 Listening to podcasts

Writing Practice pp.106~107

A 01 The room painted blue
  02 The man sitting next to me
  03 had my old bike repaired
  04 Not wearing a coat
  05 Leaving Seoul at four
  06 stood looking at herself
  07 the children playing in the sand
  08 Having a cup of coffee
  09 books written in English
  10 Focusing on her job

B 01 a sleeping b fallen leaves
  02 a exciting b The excited people
  03 a having b Not knowing the language
  04 a buying a cake
    b injured in a car accident is a famous actor
  05 a listening to
    b stayed inside(,) eating some snacks

Actual Test pp.108~111

01 ④ 02 ④ 03 ③ 04 Pour boiling water into the cup. 05 ③ 06 ⑤ 07 ⑤ 08 ① 09 ④ 10 ③ 11 Who is the woman standing behind Ben 12 ② 13 The man running with a dog is Bryan. 14 ④ 15 ③ 16 ③ 17 Entering the room, I saw people sitting around a table. 18 Not having to wake up early, he got enough sleep. 19 Being so sleepy, I had to finish my report. 20 ⑤ 21 ④ 22 ④ 23 ⑤ 24 ② 25 ① 26 ② 27 ① 28 excited → exciting, danced → dancing

01 ④ 정보는 감정을 느끼는 것이 아니라 '느끼게 하는' 것이므로, 수동의 의미를 지닌 과거분사가 수식할 수 없다.

02 문장의 동사가 is이므로 분사구가 주어를 뒤에서 수식하는 형태가 되어야 한다. 남자가 노란 모자를 '쓰고 있는' 것이므로, 능동의 의미를 나타내는 현재분사가 알맞다.

03 보물이 그에 의해 '발견된' 것이므로 수동·완료의 의미를 나타내는 과거분사를 써야 한다.

04 '끓는' 물은 능동·진행의 의미를 나타내는 현재분사 boiling이 명사 water를 앞에서 수식하는 형태로 표현한다.

05 첫 번째 문장에서 잡지는 지루한 감정을 느끼는 것이 아니라 '느끼게 하는' 것이므로 빈칸에 현재분사가 알맞다. 두 번째 문장에서 나는 여행에 대해 신나는 감정을 '느끼는' 것이므로 빈칸에 과거분사가 알맞다.

06 ⑤는 주격보어로 쓰인 동명사이며, 나머지는 모두 주격보어로 쓰인 현재분사이다.

07 ⑤를 제외한 나머지는 be동사와 함께 진행시제를 이루고 있는 현재분사이며, ⑤는 be동사 뒤에서 주어를 보충 설명하는 주격보어로 쓰인 동명사이다.

08 ① '자고 있는' 아기를 의미하기 위해서는 과거분사(완료)가 아닌 현재분사(진행)를 사용해야 한다. (→ sleeping)

09 ④를 제외한 선택지는 보기와 같이 수동·완료의 의미를 나타내는 과거분사로 쓰였으나, ④는 단순 과거시제 동사로 쓰였다.

10 ③ 분사는 주어의 동작을 보충 설명하는 주격보어 역할을 할 수 있다. 주어의 동작이 능동적이거나 진행 중일 경우에는 현재분사를 써야 한다. (→ sitting)

11 분사구는 명사를 뒤에서 수식하므로, standing behind Ben이 the woman 뒤에 오도록 문장을 완성한다.

12 감정을 느끼게 하는 것은 현재분사, 감정을 느끼는 것은 과거분사로 표현한다. (① → amazing ③ → interested ④ → surprised ⑤ → satisfied)

13 분사구는 명사를 뒤에서 수식한다. 또한, '달리고 있다'라는 진행의 의미를 나타내기 위해서는 현재분사를 써야 하므로, running을 활용하여 문장을 완성한다.

14 ④ 이야기는 흥미를 '느끼게 하는' 것이므로 현재분사를 써야 한다. (→ interesting)
해석 A: 어제 뮤지컬은 어땠어?
　　　B: 정말 좋았어. 이야기가 정말 흥미로웠어.
　　　A: 오, 나도 그것을 보러 가야겠다.

15 부사절의 동사가 진행형인 경우, 분사구문을 만들 때 Being을 생략한다.

16 ③ 문장의 동사가 is이므로 분사구가 주어를 뒤에서 수식하는 형태가 되어야 한다. 소녀가 그림을 '그리고 있는 것이므로, 진행의 의미를 나타내기 위해 과거분사가 아닌 현재분사를 써야 한다. (drawn → drawing)

17 먼저 부사절의 접속사 When을 생략하고, 부사절의 주어와 주절의 주어가 같으므로 부사절의 주어 I를 생략한다. 부사절의 시제와 주절의 시제가 같으므로, 부사절의 동사를 현재분사 형태인 Entering으로 바꿔 쓴다.

18 분사 앞에 not을 써서 분사구문의 부정형을 표현한다.

19 부사절의 동사가 진행형이 아니므로, was를 현재분사 Being으로 바꿔 쓰고 생략하지 않는다.

20 '그녀는 음악을 들으면서 설거지를 했다.'라는 의미가 가장 자연스러우므로, 부사절에 동시 동작을 나타내는 접속사 While이 포함되는 것이 알맞다.

21 접속사를 생략하고, 부사절의 주어와 주절의 주어가 같으므로 부사절의 주어를 생략한다. 부사절의 시제와 주절의 시제가 같으므로 부사절의 동사를 현재분사 형태로 바꾸고, 분사 앞에 not을 쓴다.

22 중고 컴퓨터는 '사용된' 컴퓨터이므로 수동의 의미를 나타내는 과거분사로 표현한다. 세탁기는 '세탁하는' 기계이므로 능동의 의미를 나타내는 현재분사로 표현한다.

23 ① 셔츠가 '세탁되는' 것이므로 과거분사를 쓴다. (cleaning → cleaned)
② 주어의 동작을 보충 설명하는 주격보어로 현재분사를 쓴다. (sang → singing)
③ 분사구문은 부사절의 동사를 현재분사로 바꾸어 쓴다. (Seen → Seeing)
④ 지각동사 watch는 목적어의 동작을 보충 설명하는 목적격보어로 현재분사나 동사원형을 쓸 수 있다. (played → playing[play])

24 '그는 숙제를 한 후에 곧바로 점심을 먹었다.'라는 의미가 자연스러우므로, 빈칸에는 '~한 후에'를 의미하는 시간의 접속사 After가 알맞다.

25 '당신은 이 샴푸를 사면 다른 하나를 공짜로 얻을 수 있다.'라는 의미가 자연스러우므로, 빈칸에는 '~하면'을 의미하는 조건의 접속사 If가 알맞다.

26 B가 걱정을 '느끼는' 것이므로 과거분사 worried로 표현한다. '숙제를

하는 동안'이라는 의미가 되도록 분사구문을 이루는 현재분사 Doing을 쓴다.
해석 A: 무슨 일이야? 너 걱정스러워 보여.
　　　B: 내 컴퓨터로 숙제를 하는 도중에 나의 모든 파일들을 날려 버렸어.
　　　A: 오, 그것 참 안됐구나.

27 ① 부사절을 분사구문으로 만들 때, 부사절의 주어와 주절의 주어가 서로 다를 경우에는 부사절의 주어를 생략할 수 없다.

28 활동(activities)은 흥분시키거나 신이 나게 하는 것이므로 현재분사 exciting으로 수식하는 것이 알맞다. / 분사구문은 부사절의 동사를 현재분사로 바꿔서 표현하는 것이므로, 과거분사 danced가 아닌 현재분사 dancing으로 써야 한다.
해석 우리 학교는 5월에 학교 축제를 할 예정이다. 축제는 매년 있는 학교 행사이다. 모든 학생이 재미있는 무엇인가를 기대하면서 그것을 기다리고 있다. 나도 축제 동안의 몇 가지 신나는 활동에 매우 관심을 가지고 있다. 나는 둘째 날 있을 장기자랑을 준비하기로 했다. 나는 친구들과 춤을 추면서 K-pop 노래를 부를 것이다. 5월이 빨리 왔으면 좋겠다.

Recall My Memory
p. 112

01 deliver → be delivered　**02** Frying → Fried　**03** to wear for me → for me to wear　**04** ○　**05** arriving → arrived　**06** to see → seeing　**07** drunk → drinking　**08** Did → Was　**09** interesting something → something interesting　**10** come → coming　**11** ○　**12** speak → speaking　**13** by → with　**14** ○　**15** disappointed → disappointing

Chapter 8 네 정체가 궁금해! 명사를 대신하는 대명사

Unit 01 Exercise
p. 115

A 1 one 2 it 3 ones 4 the other

B 1 another 2 Others 3 the other 4 the others

C 1 one 2 another 3 the others 4 others
   5 the other

Unit 02 Exercise
p. 117

A 1 All 2 teams 3 was 4 are 5 has

B 1 something 2 Nobody 3 anything

C 1 Every student likes
   2 Each roof has
   3 All of the shops were
   4 Everything looks fresh

Unit 03 Exercise
p. 119

A 1 ○ 2 × 3 ○ 4 ×

B 1 himself 2 herself 3 myself 4 yourself

C 1 themselves grow
   2 enjoyed ourselves
   3 turned off by itself
   4 take care of yourselves
   5 talk to yourself

Writing Practice
pp. 120~121

A 01 need a new one
   02 All the passengers were
   03 the other is Amy's
   04 Every book here is
   05 saw himself in the mirror
   06 ones are yours
   07 the others played soccer
   08 Both of my parents are
   09 Each of the students plays
   10 helped herself to the food

B 01 a others like b the others passed the test
   02 a (of) the games b All (of) the classes were
   03 a herself b himself how to play the guitar
   04 a One, the other
      b One is a soldier and the other is a student.
   05 a the flowers
      b Each of my cats has its own personality.

Actual Test
pp. 122~125

01 ③ 02 ③ 03 ⑤ 04 ④ 05 ③ 06 ③ 07 ②
08 ② 09 ④ 10 introducing himself 11 Some, the others 12 ④ 13 ① 14 Both of my parents are cooks. 15 Every student studies hard. 16 ①, ④
17 ③, ⑤ 18 You might hurt yourself. 19 ④ 20 ④
21 ③ 22 ③ 23 ③, ④ 24 ④ 25 (1) One (2) another (3) the other 26 (1) Both (2) One (3) The other 27 a. special something → something special
c. Are → Is e. have → has. 28 (1) yourself (2) myself
(3) yourself

01 첫 번째 빈칸에는 앞에서 언급된 특정 대상을 가리키는 it이 알맞고, 두 번째 빈칸에는 앞에서 언급된 대상과 같은 종류이지만 불특정한 대상을 가리키는 one이 알맞다.

02 all 뒤에 복수명사가 오면 복수 취급하여 복수동사를 쓰고, 셀 수 없는 명사가 오면 단수 취급하여 단수동사를 쓴다.

03 목적어와 주어가 모두 '우리'라는 같은 대상이므로, 목적어 자리에 목적격 인칭대명사가 아닌 재귀대명사를 써야 한다. '우리 자신'을 의미하는 재귀대명사 ourselves를 쓴다.

04 「one ~ and the other …」: (둘 중) 하나는 ~, 다른 하나는 …

05 「some ~ and others …」: (정해지지 않은 대상 중) 몇몇은 ~, 다른 몇몇은 …

06 앞에서 언급된 것과 같은 종류의 또 다른 하나를 가리키는 대명사는 another이다.

07 '둘 다(의)'를 의미하는 both는 「both (of) + 복수명사」의 형태로도 쓰이며, 늘 복수 취급하여 뒤에 복수동사가 이어진다.

08 앞에서 언급된 것과 종류는 같지만 불특정한 다른 대상을 나타내는 부정대명사가 쓰여야 한다. headphones가 복수형이므로 부정대명사도 복수형 ones를 쓴다.

09 -thing으로 끝나는 부정대명사는 형용사가 뒤에서 수식한다.

10 문장의 주어와 목적어가 Fred로 일치하므로, 목적격 인칭대명사 대신 재귀대명사를 써야 한다.

11 「some ~ and the others ...」: (특정 대상 중) 몇몇은 ~, 나머지 전부는 …

12 두 손 중 '다른 한 손'을 의미하는 것으로 the other가 알맞다. 「one ~ and the other ...」: (둘 중) 하나는 ~, 다른 하나는 …

13 • 뒤에 오는 명사가 단수이므로 '또 하나의'를 뜻하는 형용사 another가 알맞다. • 빈칸 뒤에 오는 명사가 복수이므로 '다른'을 뜻하는 형용사 other가 알맞다.

14 주어는 「Both of + 복수명사」 형태로 쓴다. 이는 복수 취급하므로 동사 역시 복수동사로 쓴다.

15 '모든 학생'은 「every + 단수명사」의 형태로 표현한다. 이는 단수 취급하므로 동사도 단수동사 studies로 쓴다.

16 ① 「Both of + 복수명사」는 복수 취급하여 뒤에 복수동사가 이어진다. (was → were)
④ 「all (of) + 셀 수 없는 명사」는 단수 취급하여 뒤에 단수동사가 이어진다. (were → was)

17 ③ 「every + 단수명사」는 단수 취급하므로 단수동사를 써야 한다. (were → was)
⑤ 「each of + 복수명사」 형태가 되어야 한다. (member → members)

18 동사의 주어와 목적어가 동일한 문장에서는 목적어를 재귀대명사의 형태로 써야 한다.

19 for oneself: 혼자 힘으로, 스스로 (= on one's own)

20 by itself: 저절로

21 ③은 강조 용법, 나머지는 재귀 용법으로 쓰인 재귀대명사이다. 강조 용법으로 쓰인 재귀대명사는 문장에서 목적어 역할을 하는 재귀 용법과는 달리 생략할 수 있다.

22 ③ 앞에 나온 특정 대상을 가리키므로, 부정대명사 one이 아닌 지시대명사 it으로 바꿔 써야 한다.

23 보기와 ③, ④는 재귀 용법, 나머지는 강조 용법으로 쓰인 재귀대명사이다.

24 a. 명령문에서 생략된 주어(you)와 전치사의 목적어가 모두 같은 대상이므로, 목적어를 재귀대명사로 써야 한다. (→ yourself)
b. 명령문의 생략된 주어(you)와 전치사의 목적어는 서로 다른 대상이므로, 목적어를 재귀대명사가 아닌 목적격 인칭대명사로 써야 한다. (→ me)
e. '우리 자신'을 의미하는 재귀대명사는 ourselves로 쓴다. (→ ourselves)

25 「one ~, another ... and the other -」: (셋 중) 하나는 ~, 다른 하나는 …, 나머지 하나는 -

26 (1) both는 '둘 다'의 뜻으로, 뒤에 쓰이는 명사와 동사가 늘 복수형이다.
(2), (3) 「one ~ and the other ...」: (둘 중) 하나는 ~, 다른 하나는 …
해석 A: 당신은 자녀가 있으신가요?
　　B: 네, 두 딸이 있어요.

A: 그들은 무슨 일을 하나요?
B: 그들 둘 다 교사예요. 그들 중 한 명은 중학교 교사예요. 다른 한 명은 고등학교 교사예요.

27 a. -thing으로 끝나는 부정대명사는 형용사가 그 뒤에서 수식한다.
c. -body로 끝나는 부정대명사는 단수 취급하므로 단수동사를 써야 한다.
e. 「each of + 복수명사」는 단수 취급하므로 단수동사를 써야 한다.

28 (1) help oneself to: ~을 마음껏 먹다
(2) 주어 I를 강조해 '내가 직접'의 의미를 나타내는 재귀대명사 myself가 알맞다.
(3) 주어와 전치사의 목적어가 같은 대상이므로, 목적어를 재귀대명사 yourself로 써야 한다.
해석 A: 배고프다. 너 뭐 먹을 거 있니?
　　B: 이 치즈 케이크를 마음껏 먹어.
　　A: 와! 이거 정말 맛있다. 어디서 샀니?
　　B: 난 그것을 사지 않았어. 내가 직접 만들었어.
　　A: 정말? 너는 네 자신을 자랑스러워해야 겠다. 너무 맛있어.
　　B: 고마워.

Recall My Memory
p. 126

01 sitting boy → boy sitting　**02** by you → by yourself　**03** sing → singing　**04** enough rich → rich enough　**05** directing → directed　**06** another → the other　**07** ○　**08** Are → Have　**09** ○　**10** have → has　**11** ○　**12** for she → for her　**13** Started → Starting　**14** made → be made　**15** ○

수능에 꼭 나오는 중학 영문법

수능 기초 연습
p. 128

A　**1** lying　**2** posting　**3** to manage　**4** Keeping　**5** offering

B　**1** ○　**2** → watching　**3** → not taking　**4** → to encourage

C　②

C　② '말하면서'라는 동시 동작의 의미를 나타내도록 분사구문을 이루는 현재분사를 써야 한다. (tell → telling)
해석 내 방은 늘 엉망이다. 나의 엄마는 "네 방을 청소하러 가렴!"이라고 말씀하시면서 내가 내 방을 정돈하게 하려고 하신다. 나는 기회가 있을 때마다 엄마에게 저항한다. 나는 무엇을 해야 할지를 듣는 것이 싫다.

I ⑤   **2** ③   **3** ④

I (A) 문장의 동사는 is이며, 네모에는 앞에 나온 명사를 수식하는 역할을
하는 to sell이 어법에 맞다.

(B) 출판사에 '보내진'이라는 의미가 자연스러우므로 과거분사 sent가
어법에 맞다.

(C) 동사 want는 목적어로 to부정사를 사용하므로 to waste가 어법
에 맞다.

해석 출판사에 원고를 팔려는 경쟁은 매우 치열하다. 출판사에 보내진
원고 중 오직 일부만이 실제로 출판된다. 선정되기 위해서 원고는
잘 작성되어 있고, 상업적 가치를 지니고 있으며, 사실상의 오류가
없어야 한다. 오류를 포함하는 어떤 원고도 출판을 위해 받아들여
질 수 없다. 대부분의 출판사는 너무 많은 오류를 포함하고 있는
원고에 시간을 낭비하고 싶어 하지 않을 것이다.

2 ③ 동사 expect는 목적어로 to부정사를 사용하므로 having을 to
have로 고쳐야 한다. (→ to have)

해석 우리 인간들은 사회적 존재라서 우리는 종종 서로와 상호 작용하
기를 원한다. 친구를 사귀고 친구가 되는 것은 특정한 기술을 필요
로 한다. 우리는 다른 사람들과 어울리기 위해 "사회성 기술"을 사
용한다. 하지만, 그러한 기술은 초능력처럼 작용하지 않는다. 당신
은 밤사이에 사회성 기술을 가질 것을 기대할 수 없다. 사회성 기
술은 악기를 연주하는 것, 공을 던지는 것, 그리고 외국어를 말하
는 것과 마찬가지로 학습된다. 당신은 그것을 연습하고 그것에 익
숙해져야 한다.

3 ④ markings는 시간을 '보여주는' 것이므로, 능동의 의미를 나타내도
록 과거분사 showed를 현재분사 showing으로 고쳐야 한다.
(→ showing)

해석 고대 중국에서는, 사원의 제자들에게 "시간"의 개념을 설명하기
위해 사제들이 천장에 밧줄을 매달았다. 그 밧줄에는 시각을 나타
내는 매듭들이 있었다. 그것은 시간의 경과를 보여주면서 균등하
게 불에 탔다. 하지만, 많은 사원이 불에 타버렸다. 후에, 어떤 사람
이 물 양동이로 만들어진 비슷한 종류의 시계를 발명했다. 그것은
시각을 나타내는 표시를 가지고 있었다. 양동이에 있는 구멍들을
통해, 물이 일정한 속도로 흘러나갔다. 사원의 제자들은 지나간 시
간은 절대로 되찾을 수 없다는 점을 배웠다.

Chapter **9** 누가 더 잘하나 따져보자,
비교구문

Unit 01   **Exercise**   p.133

A   **1** pretty   **2** much   **3** better   **4** of   **5** more

B   **1** well   **2** more difficult   **3** the best   **4** hotter

C   **1** not as[so] heavy as   **2** a lot taller than
   3 the smallest country   **4** as carefully as you
   5 the most honest of her sisters

Unit 02   **Exercise**   p.135

A   **1** much   **2** longer   **3** hotter   **4** singers
   5 more and more exciting

B   **1** he could   **2** more money   **3** more crowded

C   **1** as soon as possible
   2 more and more interesting
   3 twice[two times] as large as
   4 one of the busiest cities

Writing Practice   pp.136~137

A   **01** not so well as
   02 as soon as possible
   03 even better than
   04 the highest score in my class
   05 four times as large as the science room
   06 The longer she waited
   07 more and more boring
   08 as quickly as they could
   09 one of the most peaceful places
   10 twenty times taller than my house

B   **01** **a** heavier   **b** bigger, even cheaper than
   02 **a** as[so] often   **b** as[so] well as
   03 **a** The more, the more confused
     b The earlier you come, the better
   04 **a** the richest
     b is one of the most famous musicals in the
     world
   05 **a** better, better
     b His health is getting worse and worse.

Actual Test

pp. 138~141

```
01 ④   02 ②   03 ③   04 not as[so] soft   05 ①
06 ②   07 taller than, shorter than   08 ③   09 ②
10 ③ longest → the longest   11 ①   12 (1) more
difficult (2) earlier (3) most beautiful   13 ②   14 The
later you go to sleep, the more tired you feel.   15 ⑤
16 ④   17 ④   18 the smartest student → the
smartest students, better → best, more popular and
more popular → more and more popular   19 ①
20 ③   21 My bike isn't[is not] as[so] good as your
bike[yours].   22 ④   23 ⑤   24 ③   25 ②   26 ④
27 four times as cheap as that one
```

01 ④ <단모음 + 단자음>으로 끝나는 단어는 비교급이나 최상급을 만들 때 마지막 자음을 한 번 더 쓴 다음 -er 또는 -est를 붙인다. 형용사 thin의 비교급은 thinner, 최상급은 thinnest 형태로 쓴다.

02 「the 최상급 + in + 단수명사」: ~에서 가장 …한
strong의 최상급은 strongest이다.

03 「비교급 + than」: ~보다 더 …한
young의 비교급은 younger이다.

04 「not + as[so] + 형용사의 원급 + as」: ~만큼 …하지 않은
'Paul의 목소리가 John의 목소리보다 더 부드럽다.'는 'John의 목소리는 Paul의 목소리만큼 부드럽지 않다.'로 바꿔 표현할 수 있다.

05 「as + 부사의 원급 + as」: ~만큼 …하게

06 ② too는 '너무'라는 의미로 형용사나 부사의 원급을 강조하지만, 비교급을 강조하지는 않는다. '훨씬'이라는 의미로 비교급을 강조하는 부사로는 much, a lot, still, far, even 등이 있다. (→ much[a lot, still, far, even] busier)

07 Jeff가 Ben보다 키가 크므로 주어가 Jeff일 때는 tall의 비교급인 taller를 사용하고, 주어가 Ben일 때는 short의 비교급인 shorter를 사용한다.

08 비교급 앞에 쓰여 비교급의 의미를 강조하는 부사로 much, a lot, still, far, even 등이 있다. most는 more/much의 최상급인 동시에 다른 단어의 최상급을 만드는 데 쓰는 말이다. 부사 very, so, too는 비교급이 아닌 원급을 강조한다.

09 「not + as[so] + 부사의 원급 + as」: ~만큼 …하지 않게
'나는 그 영화가 소설만큼 마음에 들지 않았다.'는 '나는 그 영화보다는 소설이 더 마음에 들었다.'로 바꿔 표현할 수 있다.

10 ③ 「the 최상급 + in + 단수명사」: ~에서 가장 …한
해석 A: 너는 한강이나 낙동강 중에 어떤 강이 더 길다고 생각하니?
B: 한강이 낙동강보다 더 길지 않아? 내 생각에는 한강이 한국에서 가장 긴 강이야.

A: 음, 실제로는 낙동강이 한강보다 더 길어.

11 최상급은 뒤에 in이나 of를 사용하여 비교 범위를 나타낼 수 있다. in 다음에는 장소나 집단을 나타내는 단수명사가 오며, of 다음에는 비교 대상이 되는 복수명사가 온다.

12 (1) 뒤에 than이 있으므로 비교급으로 써야 하며, 문맥상 difficult의 비교급이 알맞다. difficult는 3음절 이상이므로 앞에 more를 붙여 비교급을 만든다.
(2) 뒤에 than이 있으므로 비교급으로 써야 하며, 문맥상 early의 비교급이 알맞다. early는 <자음 + y>로 끝나므로 y를 i로 고치고 -er을 붙여 비교급을 만든다.
(3) 앞에 the가 있고, 뒤에 비교 범위를 나타내는 in이 있으므로 최상급으로 쓴다. 문맥상 beautiful의 최상급이 알맞으며, beautiful은 3음절 이상이므로 앞에 most를 붙여 최상급을 만든다.

13 ② very는 '매우'라는 의미로 형용사나 부사의 원급을 강조하지만, 비교급을 강조하지는 않는다. 비교급을 강조하는 부사로는 much, a lot, still, far, even 등이 있다. (→ much[a lot, still, far, even])
해석 A: Bruce는 항상 우리보다 더 열심히 공부해.
B: 네 말이 맞아. 그는 우리보다 훨씬 더 부지런해.
A: 내 생각에는 그가 학교에서 제일 부지런한 학생이야.

14 「the 비교급 + 주어 + 동사, the 비교급 + 주어 + 동사」: ~하면 할수록 더 …하다
빈칸에는 문맥상 '너는 늦게 잘수록 더 피곤하다.'라는 문장이 들어가는 것이 자연스럽다.

15 ⑤ 최상급은 in이나 of로 비교 범위를 나타낼 수 있는데, of는 비교 대상을 나타내는 복수명사 앞에 사용한다. country와 같이 장소를 나타내는 단수명사 앞에는 일반적으로 in을 사용한다. (→ in)

16 그림에서 녹색 사과가 빨간색 사과의 두 배만큼 크다. '~의 (몇) 배만큼 …한'의 의미는 「배수사 + as + 원급 + as」 또는 「배수사 + 비교급 + than」으로 표현할 수 있다.

17 ④ 「배수사 + as + 원급 + as」: ~의 (몇) 배만큼 …한[하게]
'3배' 이상의 배수사는 three times, four times ~로 표현한다. third는 순서를 나타내는 서수이다. (third times → three times)

18 '가장 ~한 것 중 하나'는 「one of the 최상급 + 복수명사」로 표현하므로, 단수명사 the smartest student를 복수명사 the smartest students로 고쳐야 한다. / 문맥상 '수호는 모두 중 최고의 가수이다.'라는 의미가 되어야 하므로, 비교급 better를 최상급 best로 고쳐야 한다. / '점점 더 ~한'은 「비교급 + and + 비교급」으로 표현하는데, 비교급이 「more + 원급」 형태인 경우에는 「more and more + 원급」으로 표현하므로 첫 번째 popular를 삭제한다.
해석 우리 반에는 많은 훌륭한 학생들이 있다. 미나는 학교에서 가장 똑똑한 학생 중 한 명이다. 나는 그녀가 아인슈타인만큼 똑똑하다고 생각한다. 지호는 가장 친절한 학생이다. 그는 가능한 한 자주 양로원에 있는 어르신들을 도와 드리려고 노력한다. 수호는 모두 중에서 최고의 가수이다. 그는 요즘 점점 더 인기를 얻고 있다.

19 '가능한 한 ~한[하게]'을 의미하는 「as + 원급 + as + possible」은 「as + 원급 + as + 주어 + can[could]」으로 바꿔 쓸 수 있다. 주어진 문장에서 동사가 과거시제이므로 can 대신 과거형 could를 사용해야 한다.

20 주어진 우리말을 영어로 옮기면 Friendship is one of the most important things in my life.이므로, more는 필요하지 않다.

21 '~만큼 …하지 않은[않게]'을 의미하는 「not + as[so] + 원급 + as」 표현을 이용하여 '너의 자전거가 나의 자전거보다 더 좋다.'를 '나의 자전거는 너의 자전거만큼 좋지 않다.'로 바꿔 쓴다.

22 ① 「배수사 + as + 원급 + as」: ~의 (몇) 배만큼 …한[하게] (more → much) ② dirty는 <자음 + y>로 끝나므로 y를 i로 고치고 -er을 붙여 비교급을 만든다. (more dirty → dirtier) ③ 「get + 비교급 + and + 비교급」: 점점 더 ~해지다 (short and short → shorter and shorter) ⑤ 비교급이 「more + 원급」 형태인 경우, '점점 더 ~한'의 의미를 나타낼 때 「비교급 + and + 비교급」 대신 「more and more + 원급」으로 쓴다. (more convenient and more convenient → more and more convenient)

23 '그것은 나에게 가장 신나는 운동이다.'라는 문장이 되도록 exciting의 최상급인 most exciting을 쓴다.

24 「not + as[so] + 원급 + as」: ~만큼 …하지 않은[않게]

25 「get + 비교급 + and + 비교급」: 점점 더 ~해지다
빈칸에는 공통으로 dark의 비교급인 darker가 와야 한다.

26 「one of the 최상급 + 복수명사」: 가장 ~한 것 중 하나

27 「배수사 + 비교급 + than」은 '~보다 (몇) 배 더 …한[하게]'이라는 의미이며, 「배수사 + as + 원급 + as」로 바꿔 쓸 수 있다.

Recall My Memory   p. 132

01 is → was   **02** ○   **03** more popular and more popular → more and more popular   **04** the other → the others   **05** ○   **06** to know → know   **07** faster → fast   **08** by → to   **09** to join → joining   **10** ○   **11** himself → herself   **12** Stood → Standing   **13** has better → had better   **14** ○   **15** The little → The less

Unit 01   Exercise   p. 145

A **1** since **2** because **3** is **4** when **5** as

B **1** because **2** While **3** when **4** until

C **1** when[as] he knocked
　　2 until[till] he falls asleep
　　3 while[as] we were having dinner
　　4 Because[As, Since] Olivia is friendly

Unit 02   Exercise   p.147

A **1** If **2** Though **3** so heavy that **4** finish

B **1** Unless **2** Though[Although, Even though]
　　3 so, that

C **1** If you take the class
　　2 Unless you have breakfast
　　3 so that he can buy
　　4 difficult that I couldn't
　　5 Although she was tired

Unit 03   Exercise   p.149

A **1** is **2** they live **3** whether **4** It **5** whether

B **1** It, that **2** if[whether] BTS is popular
　　3 Who, is wrong **4** France won the World Cup

C **1** if the rumor is true or not
　　2 The fact that today is Sunday
　　3 why she was crying
　　4 What do you guess he bought

Unit 04   Exercise   p.151

A **1** and **2** or **3** or **4** are **5** have

B **1** If **2** Unless **3** not, but **4** Neither, nor

C **1** and your brain will work
　　2 not only English but (also) Chinese
　　3 either today or tomorrow
　　4 Both Anna and Elsa like

Writing Practice

pp. 152~153

A **01** while she was cooking dinner

02 neither clean nor comfortable

03 so difficult that I

04 where she is from

05 and you can play the game

06 If Robert goes to

07 until the game is over

08 if he will come or not

09 What do you think they are

10 Either you or I am

B **01** **a** are quiet

b Unless he closes the window

또는 If he doesn't close the window

02 **a** and you will get

b Go straight, and you will get to

03 **a** Neither, nor, has

b Neither James nor Linda is going to

04 **a** that the tree is 100 years old

b It is amazing that the boy speaks 5 languages.

05 **a** she doesn't like her name

b I understand why he is angry at me.

Actual Test

pp. 154~157

01 ④ **02** ② **03** ④ **04** ③ **05** ④ **06** ⑤ **07** ④
08 ① **09** ② **10** ④ **11** It, that **12** ④ **13** will come → comes **14** It's difficult to find the place unless you have a map. **15** ⑤ **16** ② **17** The book was so popular that it sold out quickly. **18** Although we tried our best to win the game, we lost in the end. 또는 We lost in the end although we tried our best to win the game. **19** ③ **20** ④ **21** Do you know whether or not he will come? 또는 Do you know whether he will come or not? **22** Wake up early, and you can have breakfast. **23** Can you tell me where you went last weekend? **24** ③ **25** My sister as well as I likes Black Pink. **26** either, or **27** **b.** if or not they have finished the project → whether or not they have finished the project 또는 if[whether] they have finished project (or not) **d.** Do you think why → Why do you think **f.** are → is **28** (1) how much a ticket costs (2) what time the museum opens

---

01 첫 번째 빈칸에는 '~할 때'를 뜻하는 when이 알맞고, 두 번째 빈칸에는 '~한 이래로'를 뜻하는 since가 알맞다.

02 문맥상 첫 번째 빈칸에는 명사절을 이끌며 '~인지 (아닌지)'의 의미를 나타내는 접속사 if 또는 whether가 알맞고, 두 번째 빈칸에는 명사절을 이끌며 '~한 것을'의 의미를 나타낼 수 있는 접속사 that이 알맞다.

03 접속사 as는 시간과 이유를 모두 나타낼 수 있는데, 주어진 문장에서는 이유에 해당하는 절을 이끌고 있다.

04 주어진 문장에서 that은 동사 believe의 목적어인 명사절 (that) he will keep his promise를 이끄는 접속사로 쓰일 수 있다.

05 「so + 형용사/부사 + that + 절」: 너무 ~해서 …하다

06 「neither A nor B」: A도 B도 아닌

07 ④ 조건을 나타내는 부사절에서는 미래시제 대신 현재시제를 사용하여 미래의 의미를 나타낸다. (→ need)

해석 A: 내 가방을 들어 주어서 고마워.
B: 뭘. 내 도움이 필요하면 언제든지 전화해.
A: 넌 참 친절하구나.
B: 네 팔이 얼른 낫길 바란다.

08 ① 접속사 though[although, even though] 뒤에는 주어와 동사로 이루어진 절이 오지만, 전치사 despite[in spite of] 뒤에는 명사(구)가 온다. (Despite → Though[Although, Even though])

09 ②에서 접속사 since는 시간(~한 이래로)을 나타내며, 나머지 선택지에서는 이유(~하기 때문에)를 나타낸다.

10 ④에서 접속사 if는 조건(만약 ~하면)의 부사절을 이끌며, 나머지 선택지에서는 '~인지 (아닌지)'라는 뜻의 명사절을 이끈다.

11 첫 번째 문장을 주어로 만들기 위해 명사절 접속사 that을 이용하여 「It(가주어) ~ that절(진주어)」 구문을 만든다.

12 시간을 나타내는 접속사 while은 '~하는 동안'이라는 의미로, 두 가지 이상의 일이 동시에 진행되는 상황을 나타낸다. ④의 빈칸에는 문맥상 동시 상황이 아닌 시간의 순서를 나타내는 접속사 After(~한 후에), As soon as(~하자마자) 등이 알맞다.

13 시간을 나타내는 부사절에서는 미래시제 대신 현재시제를 사용하여 미래의 의미를 나타낸다.

14 unless는 「if ~ not」과 같은 의미로, '만약 ~하지 않으면'을 의미하는 접속사이다. 「if ~ not」을 unless로 바꿔 쓸 경우, 부정어 not을 쓰지 않도록 주의한다.

15 내용상 ⑤에는 Unless(만약 ~하지 않으면), 나머지 선택지에는 If(만약 ~하면)가 들어가야 한다.

16 내용상 ②는 '~해라, 그러면 …할 것이다'를 의미하는 「명령문, and 평서문」 형태가 알맞으며, 나머지 선택지는 모두 '~해라, 그렇지 않으면 …할 것이다'라는 뜻의 「명령문, or 평서문」 형태가 알맞다.

17 「so + 형용사/부사 + that + 절」: 너무 ~해서 …하다

　　that 앞에는 원인에 해당하는 절이, 뒤에는 결과를 나타내는 절이 온다.

18 접속사 although는 '~함에도 불구하고', '(비록) ~하지만'의 의미로, 주절의 앞이나 뒤에서 부사절을 이끈다.

19 ③은 앞에 오는 명사와 동격을 이루는 명사절을 이끈다. 나머지 선택지는 모두 문장에서 목적어 역할을 하며 '~하는 것'을 의미하는 명사절을 이끈다.

20 「either A or B」(A 또는 B 중 하나)와 「neither A nor B」(A도 B도 아닌) 모두 B에 동사의 수와 인칭을 일치시킨다.

21 whether가 이끄는 명사절(~인지 아닌지)이 동사 know의 목적어가 되도록 문장을 완성한다. whether가 이끄는 명사절은 「whether (+ or not) + 주어 + 동사」 또는 「whether + 주어 + 동사 (+ or not)」의 형태로 쓴다.

22 「명령문, and 평서문」: ~해라, 그러면 …할 것이다

23 「의문사 + 동사 + 주어 ~?」 의문문이 다른 문장에서 명사절로 쓰일 경우, 「의문사 + 주어 + 동사」 형태로 바꿔 쓴다.

24 b. 「not A but B」(A가 아니라 B)는 B에 동사의 수와 인칭을 일치시켜야 한다. (is → are)

　　c. 「not only A but (also) B」(A뿐만 아니라 B도) 역시 B에 동사의 수와 인칭을 일치시켜야 한다. (were → was)

25 'A뿐만 아니라 B도'를 의미하는 「not only A but also B」는 「B as well as A」로 바꿔 쓸 수 있다. 둘 다 B에 동사의 수와 인칭을 일치시킨다.

26 「either A or B」: A 또는 B 중 하나

27 b. if는 whether와 달리 바로 뒤에 or not이 쓰일 수 없다.

　　d. 의문사절이 think와 같이 생각과 관련된 동사의 목적어일 때는 의문사를 의문문의 맨 앞으로 보내야 한다.

　　f. 「not only A but (also) B」는 B에 동사의 수와 인칭을 일치시킨다.

28 의문사절은 「의문사 + 주어 + 동사」 형태로 쓴다.

해석 A: 너는 Paper Art 박물관에 가 본 적이 있니?

　　B: 응. 나는 그곳에 몇 번 가 봤어.

　　A: 표가 얼마인지 아니?

　　B: 15달러야.

　　A: 나는 박물관이 몇 시에 여는지 알고 싶어.

　　B: 아침 10시에 문을 열어.

Recall My Memory　　p. 158

01 strong → stronger **02** Be → Being **03** ○ **04** to see → seeing **05** will post → will be posted **06** were → was **07** have to → has to **08** ○ **09** built → was built **10** what is your plan → what your plan is **11** to talk → talking **12** have you visited → did you visit **13** sitting → to sit **14** or → and **15** ○

Unit 01　Exercise　　p. 161

A **1** whom **2** which **3** who **4** whose

B **1** the rapper who **2** who(m)
　　3 whose windows **4** who is

C **1** Anybody who likes music
　　2 whose hair is short
　　3 the money which my uncle gave
　　4 The doctor whom I met yesterday

Unit 02　Exercise　　p. 163

A **1** that **2** what **3** whose **4** that **5** What

B **1** that, 네가 어제 잃어버린
　　2 What, 내가 필요한 것은
　　3 that, 탁자 위에 있는 샌드위치를
　　4 what, 그가 나에게 말한 것을

C **1** that[who(m)] I like **2** something that is
　　3 what she bought **4** what you learned

Unit 03　Exercise　　p. 1565

A **1** how **2** when **3** where **4** why

B **1** for which **2** where **3** the way **4** when

C **1** how I can get to
　　2 the month when the school festival is held
　　3 a reason why I need
　　4 the classroom where the students learn

Writing Practice　　pp. 166~167

A **01** an umbrella whose handle is red
　　02 all the books the author wrote
　　03 what I want to eat
　　04 The Hollywood actor I like most
　　05 the reason why you want
　　06 The bag which is under the desk
　　07 the girl singing on the stage

08 the gardener who I see every morning

09 What made her sad was

10 the time at which the game starts

B **01 a** who treats

   b a person who[that] puts out forest fires

02 a whose leg

   b an older sister whose job is a webtoonist

03 a that arrived

   b the first Korean group that[which] hit

04 a what she is growing

   b This red coat is what he was looking for.

05 a where I bought

   b This is the park where we planted a tree.

Actual Test

pp. 168~171

1 ① **2** ④ **3** ③ **4** This is a TV show which[that] all my friends watch. **5** I'd like to borrow the books whose titles are interesting. **6** ③ **7** which → who [whom, that] **8** ① **9** ④ **10** ② **11** ② **12** which was **13** ④ **14** The thing which[that] **15** ③ **16** ⑤ **17** forgotten what I have told you **18** ① **19** ① **20** ② **21** ② **22** the place 또는 where **23** ⑤ **24** ① **25** ⑤ **26** in which **27** ② **28** what → which[that], when → where, who → whose

01 빈칸은 관계대명사절에서 주어 역할을 하는 주격 관계대명사 자리이며, 선행사가 사람(a family)이므로 who가 알맞다.

02 빈칸은 관계대명사절에서 주어 역할을 하는 주격 관계대명사 자리이며, 선행사가 사람이 아닌 대상(Tokyo)이므로 which가 알맞다.

03 ③ 선행사의 소유격 역할을 하며 '고양이의 털'이라는 의미를 나타내기 위해서는 소유격 관계대명사 whose를 써야 한다. (→ whose)

04 두 번째 문장에서 목적어로 쓰인 it이 선행사 a TV show에 연결되어야 하며, 선행사가 사람이 아닌 대상이므로, 목적격 관계대명사 which [that]를 이용한다.

05 선행사 the books를 titles와 연결하여 '책들의 제목'이라는 의미가 되도록 소유격 관계대명사 whose를 이용한다.

06 밑줄 친 부분은 관계대명사절에서 목적어 역할을 하는 목적격 관계대명사 자리이며, 선행사가 사람인 The people이므로 who, whom, that을 쓸 수 있다.

07 선행사가 사람인 a teacher이므로 목적격 관계대명사로 who, whom, that을 사용해야 한다.

해석 A: 저기에 선글라스를 끼고 있는 남자는 누구니?
B: 오, 그는 체육을 가르치시는 김 선생님이야.
A: 그는 인기가 정말 많아 보인다.
B: 응, 그는 우리 모두가 좋아하는 선생님이야.

08 ①은 목적격 관계대명사로 목적격 관계대명사는 생략할 수 있다. 나머지는 주격 관계대명사로 생략할 수 없다.

09 선행사와 빈칸 뒤의 명사를 연결하여 각각 '화가의 작품', '셔츠의 단추'라는 의미를 나타내도록 소유격 관계대명사 whose가 빈칸에 들어가야 한다.

10 ① 선행사가 사람이 아닌 대상이므로 목적격 관계대명사로 which 또는 that을 쓴다. (→ which[that]) ③ '남자의 아내'라는 의미를 나타내도록 소유격 관계대명사를 쓴다. (→ whose) ④ 선행사가 사람이므로 목적격 관계대명사로 who, whom, that을 쓴다. (→ who [whom, that]) ⑤ 선행사가 사람이고 주격 관계대명사 자리이므로 who 또는 that을 쓴다. (→ who[that])

11 주어진 문장은 the cake를 선행사로 하는 목적격 관계대명사가 생략된 문장이다. 목적격 관계대명사 that은 선행사 뒤에서 관계대명사절을 이끄는 ②에 위치하는 것이 알맞다.

12 주격 관계대명사절의 동사가 「be동사 + 분사」 형태인 경우, 「주격 관계대명사 + be동사」를 생략할 수 있다.

13 ④ 관계대명사 that이 이끄는 절이 수식하는 선행사는 the girl and the rabbit이다. 선행사가 복수이므로 복수동사를 써야 한다. (→ are)

14 관계대명사 what은 사람이 아닌 선행사를 포함한 관계대명사로, the thing(s) which[that]를 의미한다.

15 ③ 관계대명사 what은 그 자체로 선행사를 포함한 관계대명사이므로, 앞에 the story와 같은 다른 명사가 쓰이지 않는다. (→ the story 삭제)

16 ⑤ 소유격 관계대명사는 that으로 바꿔 쓸 수 없다. 주격·목적격 관계대명사 who, whom, which만 that으로 바꿔 쓸 수 있다.

17 관계대명사 what이 이끄는 절(~하는[한] 것)이 동사 have forgotten의 목적어가 되도록 의문문을 완성한다.

해석 A: Timmy, 너는 또 옷을 바닥에 두었구나.
B: 죄송해요, 엄마.
A: 내가 말했던 것을 벌써 잊어 버렸니?
B: 아니에요, 다시는 그러지 않을게요.

18 ① 관계부사 how는 선행사 없이 쓸 수 있지만, 「전치사 + 관계부사」 형태로 바꿔 쓰기 위해서는 선행사 the way가 있어야 한다. 따라서 how는 the way in which로 바꿔 쓸 수 있다.

19 ①은 '(~ 중에서) 어느 것'을 의미하는 의문대명사이며, 나머지는 모두 관계대명사이다.

20 ②는 동사의 목적어인 명사절을 이끄는 접속사이며, 나머지는 관계대명사절을 이끌며 선행사를 수식하는 관계대명사이다.

21 첫 번째 문장처럼 선행사가 사람일 때는 관계대명사로 who, whom,

that을 쓴다. 두 번째 문장에는 선행사가 없으므로 선행사를 포함한 관계대명사 what을 쓴다.

22 장소를 나타내는 관계부사 where의 선행사가 the place(장소, 곳)일 때는 선행사와 관계부사 중 하나를 생략할 수 있다. 단, 둘을 동시에 생략할 수는 없다

23 보기와 ⑤는 관계대명사이고, ①은 '그렇게'라는 뜻의 부사, ②는 동사의 목적어인 명사절을 이끄는 접속사, ③은 '그것'을 의미하는 대명사, ④는 '저기'라는 지시형용사이다.

24 ① 방법을 나타내는 관계부사 how는 선행사 the way를 생략한 채로 쓸 수 있지만, 선행사와 관계부사를 동시에 생략할 수는 없다.

25 이유를 나타내는 관계부사 why는 선행사가 the reason일 때 쓰며, for which로 바꿔 쓸 수 있다.

26 • 선행사가 the house와 같이 장소인 경우 관계부사 where를 쓸 수 있으며, 첫 번째 문장의 관계부사절은 본래 I was raised 'in' the house.이므로 where를 in which로 바꿔 쓸 수 있다.
• 선행사가 the way(방법)일 때는 관계부사 how를 쓰며, how는 앞에 선행사 the way가 있을 때 in which로 바꿔 쓸 수 있다.

27 ① 목적격 관계대명사절 앞에 선행사가 없으므로, that 대신 선행사를 포함하는 관계대명사 what이 쓰여야 한다. (that → what) ③ 관계부사 how는 the way in which의 의미로, 선행사 the way만 쓸 수도 있다. (which 삭제 또는 the way which → the way in which) ④ 관계부사 how와 선행사 the way는 연달아 쓰지 않는다. (the way 또는 how 삭제) ⑤ 관계부사 where는 in which와 같은 의미이다. (in 삭제 또는 where → which)

28 선행사 a TV talent show가 있으므로 관계대명사 what을 쓸 수 없으며, 사람이 아닌 대상을 선행사로 하는 which나 that으로 고쳐야 한다. / TV 탤런트쇼'에서' 1위를 했다는 의미가 되도록 when을 where로 고쳐야 한다. / '가수의 앨범'이라는 의미가 되도록 소유격 관계대명사 whose로 고쳐야 한다.

해석 내가 가장 좋아하는 가수는 Matt Miller이다. 그는 노래하는 것과 춤추는 것을 좋아하는 어린 소년이었다. 그가 25살이었을 때, 그는 전 세계에서 유명한 TV 탤런트 쇼에 참가했다. 이것이 그가 우승한 쇼이다. 이제 그는 앨범이 늘 음악 차트에 오르는 가수이다. 그는 세계에서 가장 인기 있는 가수들 중 한 명이다.

Recall My Memory
p. 172

01 will rain → rains **02** was won → won **03** who → whose **04** ○ **05** The wearing sunglasses man → The man wearing sunglasses **06** ○ **07** play → playing **08** has been → went (또는 last summer vacation 삭제) **09** something to drink cold → something cold to drink **10** which → where[in which] **11** Finished → Finishing **12** ○ **13** taking → to take **14** That → What **15** for → of

---

Chapter **12** 내가 아닌 나의 모습을 상상해 보는 거야! 가정법

Unit 01 Exercise
p. 175

A **1** were **2** hurry **3** will see **4** wouldn't feel

B **1** knew, could send
2 told, would forgive
3 were not, could go
4 lived, would not, be

C **1** were, would join **2** had, could listen to
3 asked, would lend **4** were, might be

Unit 02 Exercise
p. 177

A **1** weren't **2** were **3** had **4** to prepare

B **1** had time **2** were **3** did **4** weren't raining

C **1** I wish I had **2** as if he agreed
3 It's time we studied **4** I wish I were
5 as if she understood

Writing Practice
pp. 178~179

A **01** If I were not sick
02 I wish I were good
03 as if he were the captain
04 It is time you tried
05 I could meet Daniel Henney
06 If we had enough time
07 I wish I knew the answer
08 as if he were not happy
09 It is time we did
10 she could open the locker

B **01** a were b were you, wouldn't do
02 a spoke b I wish I woke up early
03 a packed b he got a chance
04 a were
b He looks as if he were a fashion designer.
05 a didn't have, would sleep
b If I had a spaceship, I could fly to the moon.

Actual Test

pp. 180~183

01 ③ **02** ④ **03** ② **04** ④, ⑤ **05** ④ **06** ③ **07** ③
08 the bike weren't too expensive, could buy it **09** ②
10 ⑤ **11** ③ **12** ④ **13** as if you knew **14** washed
15 If he practiced every day, he could play the piano
well. **16** ② **17** ③ **18** ①, ③ **19** ④ **20** my
headphones were not broken **21** my grandparents
didn't live so far away, I could visit them often **22** ④
23 ② **24** ① **25 b.** has → had **d.** have → had
e. won't → wouldn't **26** (A) were (B) were (C) would
worry **27** as if he were **28** wish animals spoke

01 가정법 과거: 「If + 주어 + 동사의 과거형 ~, 주어 + 조동사의 과거형 +
동사원형 ...」

02 현재 사실과 반대되는 일을 가정하여 '마치 ~인 것처럼'의 의미를 나타
내는 as if 가정법 과거는 「as if + 주어 + 동사의 과거형」 형태로 쓴다.
as if절의 동사로 쓰인 be동사는 수와 인칭에 관계없이 were로 쓴다.

03 현재 사실과 반대되는 일에 대한 소망은 「I wish + 주어 + 동사의 과거
형」으로 나타낸다.

04 가정법 과거: 「If + 주어 + 동사의 과거형 ~, 주어 + 조동사의 과거형
(would/could/might) + 동사원형 ...」

05 '나에게 애완동물이 있다면 내가 외롭지 않을 텐데.'와 같이 현재 사실과
반대되는 일을 가정할 때 가정법 과거를 쓴다. 가정법 과거는 「If + 주어
+ 동사의 과거형 ~, 주어 + 조동사의 과거형(would/could/might) +
동사원형 ...」 형태이다.

06 ③ 'Emma는 마치 어른인 것처럼 행동한다.'라는 의미가 되도록 as if
가정법 과거(as if + 주어 + 동사의 과거형)를 쓴다. as if절의 동사가
be동사일 경우, 수와 인칭에 관계없이 were로 쓴다. (→ were)

07 「I wish + 주어 + 동사의 과거형」은 '~이라면 좋을 텐데'라는 뜻으로, 소
망하는 것과 반대되는 현재 사실에 대한 아쉬움을 나타낸다. 따라서 「I
am sorry + 주어 + 동사의 현재형」과 바꿔 쓸 수 있다.

08 '그 자전거가 너무 비싸지 않다면 내가 그것을 살 수 있을 텐데'라는 의
미가 되도록 가정법 과거(If + 주어 + 동사의 과거형 ~, 주어 + 조동사의
과거형 + 동사원형 ...)로 쓴다. if절의 동사가 be동사일 경우, 수와 인칭
에 관계없이 were로 쓴다.

09 '마치 그들이 쌍둥이인 것처럼'이라는 의미가 되도록 「as if + 주어 +
were」 형태로 쓴다.

10 현재 사실과 반대되는 가정은 가정법 과거(If + 주어 + 동사의 과거형 ~,
주어 + 조동사의 과거형 + 동사원형 ...) 형태로 나타낸다. if절의 동사가
be동사일 경우, 수와 인칭에 관계없이 were를 쓴다.

11 「It is time + 주어 + 동사의 과거형」은 '(이제는 정말) ~해야 할 때이다'
라는 뜻으로, 일찍이 어떤 일을 해야 했지만 지금까지 하지 않았다는 의

미를 나타낸다.

12 주어진 직설법 현재시제 문장은 현재 상황과 반대되는 상황을 가정하는
가정법 과거 문장(If + 주어 + 동사의 과거형/were ~, 주어 + 조동사의
과거형 + 동사원형 ...)과 같은 의미이다.

13 '마치 ~인 것처럼'이라는 의미는 「as if + 주어 + 동사의 과거형」 형태로
표현한다.

14 '(이제는 정말) ~해야 할 때이다'라는 의미는 「It is time + 주어 + 동사
의 과거형」 형태로 표현한다.

15 주어진 직설법 현재시제 문장은 접속사 as 대신 if를 쓰고 긍정-부정을
반대로 하여 가정법 과거(If + 주어 + 동사의 과거형 ~, 주어 + 조동사의
과거형 + 동사원형 ...) 형태로 바꿔 쓸 수 있다.

16 as if 가정법 과거(as if + 주어 + 동사의 과거형/were)는 현재 사실과
반대되는 상황을 가정하는 표현이다. 지민이 마치 축구를 잘하지 않는
것처럼 이야기한다는 것은 그가 실제로는 축구를 잘한다는 사실을 의미
한다.

17 주어진 직설법 현재시제 문장은 현재 사실과 반대되는 일을 가정하는
가정법 과거로 바꿔 쓸 수 있다. 가정법 과거는 if절의 동사는 동사의 과
거형(be동사는 were), 주절의 동사는 「조동사의 과거형 + 동사원형」으
로 표현한다.

18 가정법 과거: 「If + 주어 + 동사의 과거형/were ~, 주어 + 조동사의 과
거형 + 동사원형 ...」 (① will not wait → would not wait
③ have → had)

19 A는 가정법 과거를 이용하여 실현될 가능성이 거의 없는 일을 가정해
질문하고 있다. 가정법 과거 의문문 역시 if절의 동사는 동사의 과거형,
주절의 동사는 「조동사의 과거형 + 동사원형」으로 표현한다.

20 직설법 현재시제 문장인 「I'm sorry + 주어 + 동사의 현재형 ~」은 현재
사실과 반대되는 상황을 가정하는 I wish 가정법 과거(I wish + 주어 +
동사의 과거형/were)로 바꿔 쓸 수 있다.

21 현재 사실과 반대되는 일을 가정할 때 쓰이는 가정법 과거는 「If + 주어
+ 동사의 과거형 ~, 주어 + 조동사의 과거형 + 동사원형 ...」 형태로 쓴다.

22 현재 사실과 반대되는 상황에 대한 소망은 I wish 가정법 과거(I wish
+ 주어 + 동사의 과거형)로 표현한다.

23 ② I wish 가정법 과거: 「I wish + 주어 + 동사의 과거형/were」
(snows → snowed)

24 가정법 과거: 「If + 주어 + 동사의 과거형/were ~, 주어 + 조동사의 과
거형 + 동사원형 ...」 (a. are → were b. will → would c. can →
could e. can → could)

25 b. as if 가정법 과거: 「as if + 주어 + 동사의 과거형」
d. I wish 가정법 과거: 「I wish + 주어 + 동사의 과거형」
e. 가정법 과거: 「If + 주어 + 동사의 과거형 ~, 주어 + 조동사의 과거형
+ 동사원형 ...」

26 (A) 현재 사실과 반대되는 상황을 소망할 때는 「I wish + 주어 + 동사의 과거형/were」로 쓴다.

(B) 현재 실현 불가능한 일을 가정할 때는 가정법 과거 형태로 쓴다. 가정법 과거에서 if절의 be동사는 수와 인칭에 상관없이 항상 were로 쓴다.

(C) 가정법 과거에서 주절의 동사는 「조동사의 과거형 + 동사원형」으로 쓴다.

해석 A: 엄마, 난 내가 날씬하면 좋겠어요.
B: 오, 너는 좋아 보여, 민지야.
A: 전 그렇게 생각하지 않아요. 제 모든 친구들이 저보다 날씬해요.
B: 흠. 넌 그것에 대해서는 걱정할 필요가 없어. 내가 너라면, 나는 너의 성적에 대해 걱정할거야.
A: 오, 엄마!

27 현재 사실과 반대되는 상황을 가정하여 '마치 ~인 것처럼'의 의미를 나타낼 때는 as if 가정법 과거인 「as if + 주어 + 동사의 과거형/were」로 쓴다.

28 현재 실현 불가능한 일을 소망하며 '~하면 좋을 텐데'의 의미를 나타낼 때는 I wish 가정법 과거인 「I wish + 주어 + 동사의 과거형」형태로 쓴다.

Recall My Memory　　　　　　　　p. 184

01 visit → is visited　**02** has → had　**03** students → student　**04** ○　**05** am → were　**06** which → who(m)[that]　**07** to live → to live in　**08** ○　**09** is → were　**10** to write → writing　**11** help → helps　**12** when → where　**13** ○　**14** so → too　**15** with → in

수능에 꼭 나오는 중학 영문법

수능 기초 연습　　　　　　　　p. 186

A 1 where　2 what　3 many　4 what

B 1 → important　2 → that　3 ○　4 → that

C (A) that　(B) where　(C) what

C (A) 뒤에 오는 절이 선행사를 필요로 하지 않는 완전한 문장이므로, 관계대명사절이 아닌 명사절을 이끄는 that이 알맞다.　(B) '우리 자신은 압력을 받을 수도 있는 상황'을 의미하도록 장소를 나타내는 관계부사 where가 알맞다. 관계대명사 which가 쓰이기 위해서는 전치사 in이 있어야 한다.　(C) 뒤에 오는 절에 목적어가 빠져 있으므로, '그들이 느끼는 것'을 의미하도록 선행사를 포함하는 관계대명사 what이 알맞다.

해석 연구원들은 호기심을 충족시키는 것을 포함하여 리얼리티 TV 프로그램이 시청자들에게 몇 가지 이점을 제공한다고 말한다. "우리 모두는 우리 자신이 압박을 받을 수도 있는 상황에 놓인 사람들을 지켜보는 것을 좋아한다. 우리는 그들이 느끼고 있는 것을 느끼지만, 안전한 거리에서 느낄 수 있다."라고 Kip Williams 교수는 말한다.

수능 독해 적용　　　　　　　　pp. 187~188

1 ⑤　**2** ⑤　**3** ⑤

1 (A) 비교급을 강조할 때는 비교급 앞에 부사 much, a lot, even, still, far 등을 쓸 수 있지만 more는 쓸 수 없다.　(B) 대부분의 플라스틱이 미세 플라스틱을 '만들어내는' 것이므로, 능동의 의미를 나타내는 분사구문인 현재분사 forming을 쓰는 것이 알맞다.　(C) 이어지는 문장이 완전한 문장이므로 접속사 that을 쓰는 것이 어법에 맞다.

해석 플라스틱은 매우 느리게 분해되고 몇 마일씩 바다 위를 떠다니는 경향이 있다. 대부분의 플라스틱은 햇빛에 노출될 때 미세 플라스틱을 형성하면서 훨씬 더 작은 조각으로 분해된다. 이러한 미세 플라스틱은 측정하기가 매우 어렵다. 이러한 아주 작은 것들은 많은 동물에게 먹히고 먹이 사슬 속으로 들어간다. 바닷속에 있는 대부분의 플라스틱 조각들은 너무 작기 때문에 바다를 청소할 실질적인 방법이 없다.

2 ⑤ 이어지는 문장이 목적어를 필요로 하지 않는 완전한 문장이므로, what을 접속사 that으로 고쳐야 한다. (→ that)

해석 많은 사람이 삶에서 우리에게 친구가 필요하다는 것에 동의한다. 하지만 훌륭한 우정을 맺기는 쉽지 않다. 그것은 시간, 인내심, 그리고 약간의 노력을 필요로 한다. 친구가 되는 것은 자전거를 타는 것만큼 어려울 수 있다. 때때로 자전거를 타는 것은 순조롭고 쉽게 느껴지지만, 다른 때에는 다칠 수도 있는 도로에서 쿵하고 부딪히기도 한다. 당신은 확실하게 올바른 방향으로 갈 수 있도록 신중하게 조종하고 열심히 페달을 밟아야 한다. 우정이란 자전거는 결국 탈 가치가 있다.

3 ⑤ 앞에 오는 명사인 a mysterious world를 수식하는 역할을 하고 있으므로, 주격 관계대명사 that[which]으로 고쳐야 한다. what은 그 자체에 선행사를 포함하고 있는 관계대명사로, 앞에 선행사가 없을 때 쓴다. (→ that 또는 which)

해석 최초의 수중 사진은 William Thompson이라고 이름 지어진 한 영국인에 의해 촬영되었다. 1856년에 그는 카메라를 방수 처리하고 그것을 해안 아래에 내려놓았다. 그 카메라에 서서히 바닷물이 차올랐지만 사진은 온전했다. 수중 사진술이 탄생한 것이다. 물이 맑고 충분한 빛이 있는 수면 근처에서는, 저렴한 수중 카메라로 멋진 사진을 찍는 것이 가능하다. 훨씬 더 깊은 물에서는 사진술이 이전에는 전혀 보이지 않았던 신비한 세상을 탐험하는 주요한 방법이 된다.

Workbook
Answers

Chapter 1
문장의 형태를 지배하는 자, 그 이름 동사

Unit 01 p.2

A 1 taste sour 2 a cake for me
   3 look like real flowers 4 you a text message

B 1 ○ 2 us 3 happy 4 of me

C 1 look like twin sisters 2 writes her love letters
   3 Her voice sounded strange on the phone.
   4 My uncle bought macarons for me.

Unit 02 p.3

A 1 go 2 dance[dancing] 3 to water
   4 enter[entering]

B 1 I saw Jessy put[putting] something in the box.
   2 This dress makes me look young.
   3 Amy listened to her brother play[playing] the violin.
   4 Mom got me to do my homework first.

C 1 had me walk 2 heard the birds sing[singing]
   3 help me carry[to carry] 4 allow the pets to come

Chapter 2
사람은 주제를 파악하고, 영어는 시제를 파악하라!

Unit 01 p.4

A 1 a has b had 2 a went b will go[is going to go, is going] 3 a lives b lived

B 1 ○ 2 invented 3 stops 4 ○ 5 doesn't

C 1 goes fishing 2 moved to Seoul 3 moves around
   4 are you going to do

Unit 02 p.5

A 1 owns 2 is listening 3 are chatting
   4 were they doing 5 will be

B 1 a is writing b was writing 2 a were playing
   b will be playing 3 a Do, have b Are, having

C 1 am going 2 Do, believe 3 was washing
   4 will be preparing

Unit 03 p.6

A 1 완료 / 그녀는 이미 그 책을 읽었다.
   2 경험 / 그들은 제주도에 두 번 가 봤다.
   3 계속 / 우리는 십 년 동안 서로 알고 지내왔다.
   4 결과 / 나는 내 책가방을 잃어버렸다. 그래서 나는 새것이 하나 필요하다.

B 1 ○ 2 watched 3 Has your smartphone fallen
   4 ○

C 1 has just won 2 did, return 3 has already left
   4 Have, ever done

Chapter 3
동사에 맛을 더하는 양념 같은 존재, 조동사

Unit 01 p.7

A 1 may 2 Can 3 may not 4 can't

B 1 ○ 2 will be able to play
   3 couldn't buy 또는 weren't able to buy 4 ○

C 1 Could you wait 2 May I pay 3 be able to meet
   4 wasn't able to sleep

Unit 02 p.8

A 1 had to 2 must 3 should not 4 don't have to

B 1 ○ 2 has to solve 3 ○ 4 will have to attend

C 1 must not tell 2 should check 3 will have to join
   4 doesn't have to get up

Unit 03 p.9

A 1 would like to 2 would 3 had better 4 used to

B 1 had better not 2 would like 3 ○ 4 used to be

C 1 had better tell 2 used to study
   3 had better not go 4 Would you like to order

Chapter 4 능동적으로 행하느냐, 수동적으로 당하느냐, 그것이 문제로다!

Unit 01
p.10

A 1 were baked 2 was painted by us
3 is washed by him 4 is respected by

B 1 fits 2 were canceled by them 3 ○ 4 is spoken

C 1 was played by her 2 occur a few times
3 was directed by Steven Spielberg
4 was bitten by a mosquito

Unit 02
p.11

A 1 will be installed 2 Was 3 was not born
4 should be fixed

B 1 was found 2 can be trained 3 is being played
4 will be bought

C 1 Was the poem written 2 isn't spoken
3 will be sold 4 must be kept

Unit 03
p.12

A 1 was made of 2 ○ 3 is interested in 4 is used

B 1 of 2 to 3 from 4 with

C 1 is worried about 2 is known as
3 were surprised at[by] 4 were excited about

Chapter 5 코에 걸면 코걸이, 귀에 걸면 귀걸이, 만능 재주꾼 to부정사

Unit 01
p.13

A 1 It, to listen 2 It, to make 3 when to start
4 where to buy

B 1 not to give up 2 ○ 3 how to send 4 is

C 1 To eat regular meals 2 what to say
3 how to make *gimbap* 4 It was scary to ride

Unit 02
p.14

A 1 someone to talk with

2 something hard to understand
3 many issues to deal with
4 surprised to know his age

B 1 She will go to the beauty shop to get a haircut.
2 They boy grew up to become a baseball player.
3 Mom was disappointed to see my test scores.
4 I need a chair to sit on.

C 1 some homework to finish 2 anything delicious to
eat 3 so as to get good grades 4 glad to meet you

Unit 03
p.15

A 1 ○ 2 old enough to sleep 3 ○
4 easy enough for me to answer

B 1 too tired to study 2 rich enough to buy
3 of her to admit 4 so small, you can't

C 1 for you to get up 2 too hot to eat
3 smart enough to solve 4 too dark for us to see

Chapter 6 동사인 듯 동사 아닌, 명사 같은 너, 동명사

Unit 01
p.16

A 1 listening, to listen 2 to visiting 3 drawing, to
draw 4 eating

B 1 Reading fashion magazines is interesting.
2 He didn't feel like donating all his money.
3 Forgive me for not arriving on time.
4 Jake spends too much time playing mobile games.

C 1 go skating 2 Thank you for inviting 또는 Thanks
for inviting 3 designing[to design] clothes 4 is
used to eating

Unit 02
p.17

A 1 making 2 to skip 3 to send 4 drinking
5 cleaning

B 1 a seeing b to see 2 a to meet b meeting
3 a to ask b asking

C 1 remembers visiting 2 mind turning off
3 tried to move 4 learn to drive

Chapter 7 동사의 무한 변신, 분사의 세계

A **1** painted **2** pleasing **3** smiling **4** embarrassed

B **1** the tree covered with snow **2** The girl singing on the stage **3** the basket filled with apples **4** was very disappointing

C **1** running shoes made in China **2** had her hair dyed **3** an exciting adventure story **4** were shocked by my decision

A **1** Talking on the phone **2** Not having money **3** Seeing her old friend

B **1** Since **2** While **3** After

C **1** Turning on the light **2** Going to the lost-and-found **3** Not getting a good grade

Chapter 8 네 정체가 궁금해! 명사를 대신하는 대명사

A **1** one **2** them **3** another **4** others **5** One, the other

B **1** them **2** the other **3** ○ **4** the others

C **1** others went hiking **2** the other lives in Paris **3** a new one **4** another is math, the other is science

A **1** Both **2** Each **3** All **4** Every

B **1** child wants **2** ○ **3** students have to **4** Both of the pianists

C **1** All of my friends like **2** Each person has **3** Everyone in this gym is **4** Both of the countries have

A **1** ○ **2** × **3** ○ **4** ×

B **1** itself **2** yourself **3** herself **4** himself

C **1** help yourselves **2** taught myself **3** enjoy themselves **4** talking to yourself

Chapter 9 누가 더 잘하나 따져보자, 비교구문

A **1** better **2** far **3** in **4** much **5** most comfortable

B **1 a** thicker **b** the thickest **2 a** angry **b** angrier **3 a** worse **b** the worst

C **1** the politest of his friends **2** as fast as Steve **3** even older than **4** not as[so] delicious as

A **1** carefully **2** more generous **3** louder, louder **4** bigger

B **1** the worse **2** more and more tired **3** twice as fast as **4** ○

C **1** three times as expensive as **2** the more scared **3** warmer and warmer **4** the most colorful paintings

Chapter 10 너와 나의 연결고리, 접속사

A **1** because **2** until **3** as **4** While

B **1** ○ **2** because I like art **3** ○ **4** when school is over

C **1** since I was thirsty **2** when he is not busy **3** until the rain stops

A 1 unless   2 that   3 If   4 Though

B 1 if you tell the truth   2 Though[Although, Even though]   3 If you don't drink enough water 또는 Unless you drink enough water   4 so heavily that

C 1 if you follow   2 Unless I set an alarm   3 Although Ellie is young   4 so nice that

A 1 why Jane left   2 It, that   3 when you will leave   4 if[whether]

B 1 ○   2 who they are   3 whether or not it is useful 또는 if[whether] it is useful (or not)   4 When do you suppose

C 1 It was disappointing that   2 Who do you think   3 the news that he was back from his trip   4 if Jin can fix the printer or not

A 1 and   2 both, and   3 or   4 as well as

B 1 is   2 ○   3 nor   4 write

C 1 or you can't catch up with them   2 not only flowers but also a letter   3 Neither I nor Jack has finished   4 and you will understand the movie better

---

Chapter 11 이웃한 명사와 은밀한 관계를 맺어주는 관계사

A 1 whom   2 whose   3 which   4 who

B 1 She likes ⟨people⟩ who cook well., 요리를 잘하는 사람들을   2 I know ⟨a boy⟩ whose older sister is a soccer player., (그의) 누나가 축구선수인 남자아이를   3 Mom made ⟨the cookies⟩ I wanted to eat., 내가 먹고 싶었던 쿠키를   4 There is ⟨a church⟩ which was built 50 years ago in my town., 50년 전에 지어진 교회가

C 1 whose cover is yellow   2 a friend who lives in

---

3 the movie which we watched

4 a poet whom I respect

A 1 who[that]   2 What   3 whose   4 what

B 1 Miranda brought some food that everybody likes.   2 Don't do tomorrow what you can do today.   3 The woman that is watering the flowers is my grandmother.   4 What they need is people's attention.

C 1 the first film (that[which]) Christopher Nolan directed   2 the children (that[who] are) making a snowman   3 what I heard from Jason   4 What surprised me

A 1 when   2 how   3 why   4 where

B 1 why   2 where   3 how   4 when

C 1 the way in which people eat food   2 the cafeteria in which the students   3 the season in which leaves   4 the reason for which the game

---

Chapter 12 내가 아닌 나의 모습을 상상해 보는 거야! 가정법

A 1 were   2 take   3 could   4 wouldn't

B 1 were, could watch   2 didn't have, would go with   3 knew, could follow   4 weren't blowing, could walk

C 1 were, would get up   2 visited, would be   3 spoke, could talk   4 stopped, could play

A 1 had   2 were   3 changed

B 1 did   2 had   3 went

C 1 I wish I knew how to play   2 as if she didn't respect   3 It's time we took   4 I wish I didn't have to

Overall Test

01 ② 02 ④ 03 ③ 04 ① 05 ④ 06 ④ 07 to call 08 ⑤ 09 ③ 10 ④ 11 used to be 12 has worked, since 13 If I were Superman, I could fly. 14 ② 15 ⑤ 16 ⑤ 17 ③ 18 (1) The note was not written by me. (2) Were these cookies baked by your sister? 19 Would you like to go 20 what to wear tomorrow 21 ④ 22 ② 23 ③ 24 (1) One (2) another (3) the other 25 ④ 26 ⑤ 27 c. Something funny happened today. e. Paris is known for Eiffel Tower. g. This food must not be kept in the refrigerator. 28 (1) which → who (2) to wear → wear (3) smiling → smile

01 조건을 나타내는 부사절 If you try harder는 분사구문으로 바꿔쓸 수 있다. 주절의 주어와 공통되는 주어 you와 접속사 If를 생략하고, 동사는 현재분사 형태로 나타낸다.

02 「The 비교급 ~, the 비교급 …」: ~하면 할수록 더 …하다
④ famous는 형용사 원급이므로 비교급 more famous로 바꿔 써야 한다.

03 동명사의 부정형: 「not[never] + 동명사」

04 사람이 아닌 선행사와 사람인 선행사에 모두 쓸 수 있는 목적격 관계대명사는 that이다.

05 ④ 지각동사 see는 목적어 뒤에 목적격보어로 동사원형이나 현재분사를 쓴다. (→ dance[dancing])

06 「A is/are not as[so] + 형용사 원급 + as B」는 'A는 B만큼 ~하지 않다'라는 뜻으로, 'B가 A보다 더 ~하다'를 의미하는 「B is/are + 형용사 비교급 + than A」와 바꿔 쓸 수 있다.

07 「remember + to부정사」: (앞으로) ~할 것을 기억하다

08 avoid는 동명사를 목적어로 쓰는 동사이고, decide는 to부정사를 목적어로 쓰는 동사이다.

09 • 첫 번째 빈칸은 '쓰인', '쓰여 있는'이라는 수동의 의미가 되어야 하므로, 과거분사 written이 알맞다. • '나는', '날고 있는'이라는 능동의 의미를 나타내기 위해서는 현재분사 flying을 써야 한다.

10 a. 「feel like + 동명사」: ~하고 싶다 (to cry → crying) c. consider는 동명사를 목적어로 쓴다. (to buy → buying) f. 전치사의 목적어로 동명사 형태가 쓰여야 한다. (grow → growing) g. 동명사 주어는 단수 취급하므로 동사를 단수동사로 써야 한다. (are → is)

11 전에는 그러했으나 지금은 그렇지 않은 과거의 습관이나 상태는 「used to + 동사원형」 형태로 표현할 수 있다.

12 과거에 시작한 일이 지금까지 계속되고 있음을 나타낼 때는 현재완료시제를 사용한다. '계속 일해 왔다'를 뜻하는 현재완료시제 has worked와, '(어떤 시점) 이후로'를 뜻하는 since가 빈칸에 알맞다.

13 현재 사실에 반대되거나 실현 불가능한 일을 가정할 때는 가정법 과거를 쓴다. 가정법 과거는 「If + 주어 + 동사의 과거형 ~, 주어 + 조동사의

과거형 + 동사원형 …」 형태이다. if절의 동사가 be동사인 경우, 수와 인칭에 상관없이 were를 쓴다.

14 a. 감각동사 feel 다음에는 주격보어로 형용사가 와야 한다. (terribly → terrible) d. 수여동사 buy는 뒤에 직접목적어가 먼저 오는 경우 간접목적어 앞에 전치사 for를 쓴다. (to me → for me) e. 사역동사 have는 목적어 뒤에 목적격보어로 동사원형을 쓴다. (to turn off → turn off)

15 ⑤를 제외한 나머지 문장은 '~하면 안 된다'라는 금지의 의미를 나타낸다. ⑤ don't have to는 '~할 필요가 없다'라는 뜻으로, 불필요를 나타낸다.

16 「be used to + 동명사」: ~하는 데 익숙하다

17 -thing으로 끝나는 대명사를 형용사와 to부정사(구)가 함께 수식할 때는 「대명사 + 형용사 + to부정사(구)」 형태로 쓴다.

18 (1) 수동태 부정문인 「be동사 + not + 과거분사 + by + 행위자(목적격)」 형태로 바꿔 써야 한다. 이때, 능동태 문장의 목적어인 the note가 수동태 문장의 주어가 된다. 주어가 3인칭 단수이고 과거시제이므로 be동사로 was를 쓴다. (2) 수동태 의문문 「be동사 + 주어 + 과거분사 ~?」 형태로 바꿔 써야 한다. 능동태 문장의 목적어인 these cookies를 수동태 문장의 주어로 하며, 주어가 복수이고 과거시제이므로 be동사로 were를 쓴다.

19 「Would you like to + 동사원형?」은 '~하시겠습니까?'라는 뜻으로, 정중하게 제안하는 표현이다.

20 「what + to부정사」는 '무엇을 ~(해야) 할지'의 의미이다.

21 ④ 동사의 목적어가 주어와 같은 대상이므로, 목적어를 재귀대명사 형태로 써야 한다. (us → ourselves)
enjoy oneself: 즐거운 시간을 보내다

22 보기와 ②의 to부정사는 명사적 용법으로 쓰였다. ①은 형용사적 용법으로 쓰였으며, ③은 판단의 근거, ④는 결과, ⑤는 목적을 나타내는 부사적 용법으로 쓰였다.

23 보기와 ③의 현재완료시제는 경험적 용법으로 쓰였다. ①은 결과, ②는 계속, ④, ⑤는 완료의 용법으로 쓰였다.

24 「one ~, another …, and the other -」: (셋 중) 하나는 ~, 다른 하나는 …, 나머지 하나는 -

25 ④는 '~해라, 그러면 …할 것이다'를 의미하는 「명령문, and 평서문」의 형태이며, 나머지 선택지는 모두 '~해라, 그렇지 않으면 …할 것이다'라는 뜻의 「명령문, or 평서문」 형태이다.

26 ⑤ 현재완료시제는 Last weekend와 같이 특정한 과거 시점을 나타내는 말과 함께 쓸 수 없으므로 과거시제로 바꿔 써야 한다. (→ fell down)

27 c. happen은 자동사이므로 수동태로 쓸 수 없다. (was happened → happened) e. '~으로 유명하다'라는 의미는 be known for로 표현한다. be known to는 '~에게 알려져 있다'의 의미이다. (to → for) g. 조동사가 있는 수동태의 부정문은 「조동사 + not + be + 과거분사」의 형태로 쓴다. (must be not kept → must not be kept)

28 (1) 선행사 a sister가 사람이므로 주격 관계대명사로 who를 써야 한다. (2), (3) 사역동사 let과 make는 목적격보어로 동사원형을 쓴다.

GRAMMAR
BITE

학습하다가 이해되지 않는 부분이나
정오표 등의 궁금한 사항이 있나요?
미래엔 홈페이지에서 해결해 드립니다.
www.mirae-n.com

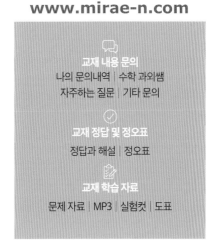

교재 내용 문의
나의 문의내역 | 수학 과외쌤
자주하는 질문 | 기타 문의

교재 정답 및 정오표
정답과 해설 | 정오표

교재 학습 자료
문제 자료 | MP3 | 실험컷 | 도표

수학 개념을 쉽게 이해하는 방법?
개념수다로 시작하자!

수학의 진짜 실력자가 되는 비결 -
나에게 딱 맞는 개념서를 술술 읽으며 시작하자!

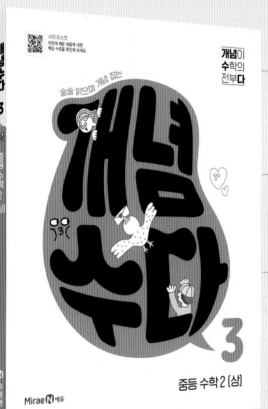

개념 이해
친구와 수다 떨듯 쉽고 재미있게,
베테랑 선생님의 동영상 강의로 완벽하게

개념 확인·정리
깔끔하게 구조화된 문제로 개념을 확인하고,
개념 전체의 흐름을 한 번에 정리

개념 끝장
온라인을 통해 개개인별 성취도 분석과
틀린 문항에 대한 맞춤 클리닉 제공

| 추천 대상 |
- 중등 수학 과정을 예습하고 싶은 초등 5~6학년
- 중등 수학을 어려워하는 중학생

수학은 순서를 따라 학습해야 효과적이므로,
초등 수학부터 꼼꼼하게 공부해 보자.

개념이 수학의 전부다
수학 개념을 제대로 공부하는 EASY 개념서

개념수다 시리즈

0_초등 핵심 개념
3_중등 수학 2(상), 4_중등 수학 2(하)
5_중등 수학 3(상), 6_중등 수학 3(하)

초등 핵심 개념
한 권으로 빠르게 정리!

중등 도서 안내

국어 독해·문법·어휘 훈련서

수능 국어의 자신감을 깨우는 단계별 실력 완성 훈련서

깨독

독해 0_준비편, 1_기본편, 2_실력편, 3_수능편
어휘 1_종합편, 2_수능편
문법 1_기본편, 2_수능편

영어 문법·독해 훈련서

중학교 영어의 핵심 문법과 독해 스킬 공략으로
내신·서술형·수능까지 단계별 완성 훈련서

GRAMMAR BITE

문법 PREP
문법 Grade 1, Grade 2, Grade 3
문법 PLUS(중등)

READING BITE

독해 PREP
독해 Grade 1, Grade 2, Grade 3
독해 SUM

내신 필수 기본서

자세하고 쉬운 설명으로 개념을 이해하고, 특별한 비법으로 자신 있게
시험을 대비하는 필수 기본서

엔픽

[2022 개정]
사회 ①-1, ①-2*
역사 ①-1, ①-2*
과학 1-1, 1-2*
*2025년 상반기 출간 예정

올리드

[2022 개정]
국어 (신유식) 1-1, 1-2*
    (민병곤) 1-1, 1-2*
영어 1-1, 1-2*
*2025년 상반기 출간 예정

[2015 개정]
국어 2-1, 2-2, 3-1, 3-2
영어 2-1, 2-2, 3-1, 3-2
수학 2(상), 2(하), 3(상), 3(하)
사회 ①-1, ①-2, ②-1, ②-2
역사 ①-1, ①-2, ②-1, ②-2
과학 2-1, 2-2, 3-1, 3-2
*국어, 영어는 미래엔 교과서 연계 도서입니다.

수학 개념·유형 훈련서

빠르게 반복하며 수학 실력을 제대로 완성하는
단계별 내신 완성 훈련서

리피트

[2022 개정]
수학 1(상), 1(하), 2(상), 2(하), 3(상)*, 3(하)*
*2025년 상반기 출간 예정

[2015 개정]
수학 2(상), 2(하), 3(상), 3(하)

[2015 개정]
수학 2(상), 2(하), 3(상), 3(하)

GRAMMAR BITE

핵심 문법만 콕! 쉽게 이해하는
중등 영문법

Workbook

Grade 2

Mirae N 에듀

GRAMMAR
BITE
Grade 2

Workbook

감각동사, 수여동사

Answers
p.28

A 우리말과 일치하도록 괄호 안의 말을 이용하여 문장을 완성하시오.

1 이 포도는 신맛이 난다. (sour)

→ These grapes _____ _____.

2 엄마가 나에게 케이크를 만들어 주셨다. (a cake)

→ Mom made _____ _____ _____ _____.

3 그것들은 진짜 꽃처럼 보인다. (real flowers)

→ They _____ _____ _____ _____.

4 Timmy가 너에게 문자메시지를 보낼 것이다. (a text message)

→ Timmy will send _____ _____ _____ _____.

B 밑줄 친 부분이 어법상 맞으면 ○표 하고, 틀리면 바르게 고치시오.

1 Emily looks <u>lovely</u> in that dress.

2 Mr. Brown teaches <u>to us</u> English.

3 I feel <u>happily</u> these days.

4 The teacher asked a difficult question <u>for me</u>.

C 우리말과 일치하도록 괄호 안의 말을 바르게 배열하시오.

1 그들은 쌍둥이 자매처럼 보인다. (like, twin sisters, look)

→ They _____.

2 Jack은 종종 그녀에게 연애편지를 쓴다. (her, writes, love letters)

→ Jack often _____.

3 그녀의 목소리는 전화에서 이상하게 들렸다. (strange, on the phone, sounded, her voice)

→ _____.

4 삼촌이 나에게 마카롱을 사 주셨다. (me, macarons, for, bought, my uncle)

→ _____.

Unit 02 지각동사, 사역동사

A

괄호 안의 말을 빈칸에 알맞은 형태로 쓰시오.

1 Please let me _____ to the movies tonight. (go)

2 We watched some boys _____ on the street. (dance)

3 My grandmother asked me _____ the plants. (water)

4 I noticed someone _____ the restaurant. (enter)

B

어법상 틀린 부분을 바르게 고쳐 문장을 다시 쓰시오.

1 I saw Jessy to put something in the box.

→ _____

2 This dress makes me looking young.

→ _____

3 Amy listened to her brother to play the violin.

→ _____

4 Mom got me do my homework first.

→ _____

C

우리말과 일치하도록 괄호 안의 말을 이용하여 문장을 완성하시오.

1 아빠는 내가 공원에서 개를 산책시키게 하셨다. (have, walk)

→ Dad _____ the dog in the park.

2 그는 아침에 새들이 노래하는 것을 들었다. (hear, sing, the birds)

→ He _____ in the morning.

3 제가 이 책들을 옮기는 것을 도와주시겠어요? (help, carry)

→ Would you _____ these books?

4 그들은 애완동물이 가게에 들어오지 못하게 했다. (allow, come, the pets)

→ They didn't _____ into the store.

Unit 01 단순시제

Answers p.28

A 주어진 말을 빈칸에 알맞은 형태로 쓰시오.

1 have
    a Chloe _____ breakfast every morning.

    b Anne _____ breakfast this morning. (She is full now.)

2 go
    a Eric _____ shopping last night.

    b John _____ shopping tomorrow.

3 live
    a My best friend _____ in Busan now.

    b My best friend _____ in Busan in 2008.

B 밑줄 친 부분이 어법상 맞으면 ○표 하고, 틀리면 바르게 고치시오.

1 The sun rises in the east.

2 Thomas Edison invents the light bulb.

3 Let's begin when the rain will stop.

4 The plane takes off at 9:45 p.m.

5 My sister didn't go to work on Mondays.

C 우리말과 일치하도록 괄호 안의 말을 이용하여 문장을 완성하시오.

1 아빠는 한 달에 한 번 낚시하러 가신다. (go fishing)

    → Dad _____ once a month.

2 그들은 2년 전에 서울로 이사했다. (move to Seoul)

    → They _____ two years ago.

3 달은 지구 주위를 돈다. (move around)

    → The moon _____ the earth.

4 너는 이번 주말에 무엇을 할 거니? (be going to, do)

    → What _____ this weekend?

Unit 02 진행시제

A 밑줄 친 부분을 어법상 바르게 고치시오.

1 Bobby is owning a nice baseball cap.

2 Hannah was listening to music now.

3 Joel and Amy is chatting on the computer.

4 What are they doing when you arrived?

5 I will being cleaning my room this afternoon.

B 주어진 말을 빈칸에 알맞은 형태로 쓰시오. (a, b 서로 다른 형태로 쓸 것)

1 write a She _____ _____ a report right now.

b She _____ _____ a report at that time.

2 play a We _____ _____ soccer when you called me.

b We _____ _____ _____ soccer at 2 p.m. tomorrow.

3 have a _____ you _____ a pen?

b _____ you still _____ breakfast?

C 우리말과 일치하도록 괄호 안의 말을 이용하여 문장을 완성하시오.

1 나는 지금 도서관에 가는 중이다. (go)

→ I _____ _____ to the library now.

2 너는 그 소문을 믿니? (believe)

→ _____ you _____ the rumor?

3 엄마는 그때 세차를 하고 계셨다. (wash)

→ Mom _____ _____ her car then.

4 그 학생들은 시험 준비를 하는 중일 것이다. (prepare)

→ The students _____ _____ _____ for the exam.

Unit 03 현재완료시제

Answers p.28

A 밑줄 친 부분의 쓰임을 보기에서 골라 쓰고, 영어를 우리말로 해석하시오.

보기	경험	완료	계속	결과

1 She <u>has</u> already <u>read</u> the book.

→ _____ / _____

2 They <u>have been</u> to Jeju Island twice.

→ _____ / _____

3 We <u>have known</u> each other for ten years.

→ _____ / _____

4 I <u>have lost</u> my schoolbag. So I need a new one.

→ _____ / _____

B 밑줄 친 부분이 어법상 맞으면 ○표 하고, 틀리면 바르게 고치시오.

1 They <u>have lived</u> in Incheon since 2015.

2 I <u>have watched</u> the movie two days ago.

3 <u>Does your smartphone have fallen</u> into the water?

4 He <u>has never seen</u> a rainbow before.

C 우리말과 일치하도록 괄호 안의 말을 이용하여 문장을 완성하시오.

1 우리 팀이 막 우승을 차지했다. (just, win)

→ Our team _____ _____ _____ the championship.

2 그녀는 언제 집에 돌아왔니? (return)

→ When _____ she _____ home?

3 기차가 벌써 그 역을 출발했다. (already, leave)

→ The train _____ _____ _____ the station.

4 너는 번지 점프를 해 본 적이 있니? (ever, do)

→ _____ you _____ _____ bungee jumping?

01

can, may

Answers
p.28

A 우리말과 일치하도록 보기에서 알맞은 말을 골라 빈칸에 쓰시오. (한 번씩만 쓸 것)

보기	can	may	can't	may not

1 Sophia는 지금 교실에 있을지도 모른다.

→ Sophia _____ be in the classroom now.

2 너는 어떤 외국어라도 말할 수 있니?

→ _____ you speak any foreign languages?

3 그것은 너의 잘못이 아닐지도 모른다.

→ It _____ be your fault.

4 저 예쁜 소녀가 Justin의 여동생일 리가 없다.

→ That pretty girl _____ be Justin's little sister.

B 밑줄 친 부분이 어법상 맞으면 ○표 하고, 틀리면 바르게 고치시오.

1 May I use your dictionary?

2 Jason will can play the game tomorrow.

3 They can't buy the books last week.

4 This wallet looks nice, but it might be very expensive.

C 우리말과 일치하도록 괄호 안의 말을 이용하여 문장을 완성하시오.

1 잠시만 기다려 주시겠어요? (could, wait)

→ _____ a minute?

2 제가 신용카드로 결제해도 되나요? (may, pay)

→ _____ with my credit card?

3 우리는 곧 만날 수 있을 것이다. (meet)

→ We'll _____ soon.

4 나는 어젯밤에 잠을 잘 수 없었다. (be able to, sleep)

→ I _____ last night.

Unit 02 must, should

Answers p.28

A 우리말과 일치하도록 보기에서 알맞은 말을 골라 빈칸에 쓰시오.

보기	must	had to	don't have to	should not

1 그녀는 어제 그 일을 끝내야 했다.

→ She _____ finish the work yesterday.

2 저 잘생긴 남자를 봐. 그는 배우임이 틀림없어.

→ Look at that handsome guy. He _____ be an actor.

3 너는 초콜릿을 많이 먹지 말아야 한다.

→ You _____ eat a lot of chocolate.

4 너는 그 식물에 매일 물을 줄 필요가 없다.

→ You _____ water the plants every day.

B 밑줄 친 부분이 어법상 맞으면 ○표 하고, 틀리면 바르게 고치시오.

1 We must drive on the left in Japan.

2 James have to solve the problem by himself.

3 You shouldn't judge a book by its cover.

4 Karen will should attend the meeting this afternoon.

C 우리말과 일치하도록 괄호 안의 말을 이용하여 문장을 완성하시오.

1 너는 거짓말을 해서는 안 된다. (must, tell)

→ You _____ a lie.

2 우리는 일기예보를 확인해야 한다. (should, check)

→ We _____ the weather forecast.

3 너희들은 우리 팀에 합류해야 할 것이다. (have to, join)

→ You _____ our team.

4 그는 내일 일찍 일어날 필요가 없다. (have to, get up)

→ He _____ early tomorrow.

Unit 03 had better, would like to, used to

Answers p.28

A 우리말과 일치하도록 보기에서 알맞은 말을 골라 빈칸에 쓰시오. (한 번씩만 쓸 것)

보기	had better	would like to	would	used to

1 저는 부산행 표를 하나 사고 싶습니다.

→ I _____ buy a ticket to Busan.

2 나의 가족은 주말마다 낚시하러 가곤 했다.

→ My family _____ go fishing on weekends.

3 우리는 지금 당장 떠나는 게 좋겠다.

→ We _____ leave right now.

4 Wilson 씨는 전에는 말랐었다.

→ Mr. Wilson _____ be thin.

B 밑줄 친 부분이 어법상 맞으면 ○표 하고, 틀리면 바르게 고치시오.

1 You had not better drink the sour milk.

2 I would like to chocolate ice cream.

3 He used to work out regularly.

4 There would be a movie theater here.

C 우리말과 일치하도록 괄호 안의 말을 이용하여 문장을 완성하시오.

1 너는 그에게 진실을 말하는 게 좋겠다. (had better, tell)

→ You _____ him the truth.

2 그는 매일 밤 다섯 시간씩 공부하곤 했다. (used to, study)

→ He _____ for five hours every night.

3 우리는 그곳에 자동차로 가지 않는 게 좋겠다. (had better, go)

→ We _____ there by car.

4 지금 주문하시겠어요? (would like to, order)

→ _____ now?

수동태의 쓰임

Answers
p.29

A 다음 문장을 수동태 문장으로 바꿔 쓸 때, 빈칸에 알맞은 말을 쓰시오.

1 My mom baked these cookies.

→ These cookies _____ _____ by my mom.

2 We painted the school fence.

→ The school fence _____ _____ _____ _____ .

3 He washes his car every weekend.

→ His car _____ _____ _____ _____ every weekend.

4 The students respect Ms. Parker.

→ Ms. Parker _____ _____ _____ the students.

B 밑줄 친 부분이 어법상 맞으면 ○표 하고, 틀리면 바르게 고치시오.

1 The pink shirt <u>is fitted</u> him very well.

2 The tennis matches <u>were canceled by they</u>.

3 The blue baseball cap <u>belongs</u> to Steve.

4 Chinese <u>speaks</u> by more than a billion people.

C 우리말과 일치하도록 괄호 안의 말을 이용하여 문장을 완성하시오.

1 피아노가 그녀에 의해 연주되었다. (play)

→ The piano _____ .

2 슈퍼문은 매년 몇 차례 발생한다. (occur, a few times)

→ Supermoons _____ every year.

3 그 영화는 Steven Spielberg가 감독했다. (direct)

→ The movie _____ .

4 Emily는 모기에 물렸다. (bite, a mosquito)

→ Emily _____ .

Chapter 4

02 수동태의 여러 가지 형태

Answers p.29

A 밑줄 친 부분을 어법상 바르게 고치시오.

1 The software <u>will install</u> by him tomorrow.

2 <u>Did</u> the food cooked by Olivia?

3 Leo <u>not was born</u> into a rich family.

4 The tablet PC <u>should been fixed</u> today.

B 다음 문장을 수동태 문장으로 바꿔 쓸 때, 빈칸에 알맞은 말을 쓰시오.

1 Chris found my wallet.

→ My wallet _____ by Chris.

2 He can train the dolphin.

→ The dolphin _____ by him.

3 The boys are playing the online game.

→ The online game _____ by the boys.

4 Kate will buy a hairpin.

→ A hairpin _____ by Kate.

C 우리말과 일치하도록 괄호 안의 말을 이용하여 문장을 완성하시오.

1 그 시는 Julie에 의해 쓰였니? (the poem, write)

→ _____ by Julie?

2 이 나라에서는 영어가 쓰이지 않는다. (speak)

→ English _____ in this country.

3 티켓은 이번 주말에 판매될 것이다. (will, sell)

→ Tickets _____ this weekend.

4 학교 규칙은 학생들에 의해 지켜져야 한다. (must, keep)

→ The school rules _____ by the students.

Unit 03 주의해야 할 수동태

Answers
p.29

A 밑줄 친 부분이 어법상 맞으면 ○표 하고, 틀리면 바르게 고치시오.

1 The bookcase <u>was made in</u> metal.

2 Socks <u>are sold</u> in this store.

3 He <u>is interested with</u> the webtoons.

4 This drone <u>uses</u> to deliver things.

B 우리말과 일치하도록 빈칸에 알맞은 말을 보기에서 골라 쓰시오.

보기	with	from	of	to

1 그들은 외국에 사는 것에 싫증이 난다.

→ They are tired _____ living abroad.

2 그들의 사랑 이야기는 모든 사람에게 알려졌다.

→ Their love story was known _____ everyone.

3 플라스틱은 석유로 만들어진다.

→ Plastic is made _____ oil.

4 놀이터는 아이들로 가득 차 있었다.

→ The playground was filled _____ children.

C 우리말과 일치하도록 괄호 안의 말을 이용하여 문장을 완성하시오.

1 그녀는 영어 말하기 시험에 대해 걱정한다. (worried)

→ She _____ the English speaking test.

2 김치는 건강한 음식으로 알려져 있다. (known)

→ *Kimchi* _____ a health food.

3 우리는 그 소식에 놀랐다. (surprised)

→ We _____ the news.

4 그들은 스키 타러 가는 것에 신이 나 있었다. (excited)

→ They _____ going skiing.

Unit 01 to부정사의 명사적 용법

Answers p.29

A 두 문장의 의미가 같도록 빈칸에 알맞은 말을 쓰시오.

1 To listen to her story is interesting.

= _____ is interesting _____ _____ to her story.

2 To make new friends is not easy.

= _____ is not easy _____ _____ new friends.

3 Can you tell me when I have to start?

= Can you tell me _____ _____ _____ ?

4 I don't know where I should buy the ticket.

= I don't know _____ _____ _____ the ticket.

B 밑줄 친 부분이 어법상 맞으면 ○표 하고, 틀리면 바르게 고치시오.

1 My dad told me to not give up.

2 It is impossible to live without water.

3 She doesn't know to send how a text message.

4 To master foreign languages are very difficult.

C 우리말과 일치하도록 괄호 안의 말을 이용하여 문장을 완성하시오.

1 규칙적인 식사를 하는 것은 건강에 좋다. (eat, regular meals)

→ _____ _____ _____ _____ is good for health.

2 나는 뭐라고 말해야 할지 모르겠다. (say)

→ I don't know _____ _____ _____ .

3 그녀는 김밥 만드는 법을 알고 싶어 한다. (make, *gimbap*)

→ She wants to know _____ _____ _____ _____ .

4 롤러코스터를 타는 것은 무서웠다. (it, scary, ride)

→ _____ _____ _____ _____ a roller coaster.

02 to부정사의 형용사적·부사적 용법

Answers p.29

A 괄호 안의 말을 바르게 배열하여 문장을 완성하시오.

1 She needs _____. (with, to, someone, talk)

2 Paul heard _____. (to, hard, understand, something)

3 They have _____. (to, with, many issues, deal)

4 We were _____. (his age, to, surprised, know)

B to부정사를 이용하여 두 문장을 한 문장으로 바꿔 쓰시오.

1 She will go to the beauty shop. She wants to get a haircut.

→ _____

2 The boy grew up. He became a baseball player.

→ _____

3 Mom was disappointed. She saw my test scores.

→ _____

4 I need a chair. I will sit on it.

→ _____

C 우리말과 일치하도록 괄호 안의 말을 이용하여 문장을 완성하시오.

1 나는 오늘 밤에 끝내야 할 숙제가 좀 있다. (finish, some homework)

→ I have _____ tonight.

2 너는 맛있는 먹을 것이 있니? (eat, anything, delicious)

→ Do you have _____?

3 Alex는 좋은 성적을 얻기 위해 열심히 공부한다. (good grades, so as, get)

→ Alex studies hard _____.

4 나는 너를 다시 만나서 기쁘다. (meet, glad, you)

→ I am _____ again.

Unit 03 to부정사의 의미상 주어, 주요 to부정사 구문

Answers p.29

A 밑줄 친 부분이 어법상 맞으면 ○표 하고, 틀리면 바르게 고치시오.

1 It's important <u>for you</u> to wash your hands often.

2 He is <u>enough old to sleep</u> alone.

3 It was <u>too cold to play</u> outside.

4 The question was <u>for me easy enough to answer</u>.

B 두 문장의 의미가 같도록 빈칸에 알맞은 말을 쓰시오.

1 I was so tired that I couldn't study any more.

= I was _____ _____ _____ _____ any more.

2 He is so rich that he can buy the smartwatch.

= He is _____ _____ _____ _____ the smartwatch.

3 She was honest to admit her fault.

= It was honest _____ _____ _____ _____ her fault.

4 These shoes are too small for you to put on.

= These shoes are _____ _____ that _____ _____ put them on.

C 우리말과 일치하도록 괄호 안의 말을 이용하여 문장을 완성하시오.

1 네가 아침에 일찍 일어나는 것은 어렵니? (get up)

→ Is it hard _____ _____ _____ _____ _____ early in the morning?

2 이 수프는 너무 뜨거워서 먹을 수 없다. (hot, eat)

→ This soup is _____ _____ _____ _____ .

3 Mark는 그 문제를 풀 만큼 충분히 똑똑하다. (solve, smart)

→ Mark is _____ _____ _____ _____ the problem.

4 너무 어두워서 우리는 아무것도 볼 수 없다. (dark, see, us)

→ It's _____ _____ _____ _____ _____ _____ anything.

Chapter 6

동명사의 역할, 동명사 관용표현

Answers p.29

A 괄호 안에서 알맞은 것을 <u>모두</u> 고르시오.

1 They like [listen / listening / to listen] to K-pop music.

2 We're looking forward [visiting / to visit / to visiting] Italy.

3 My mom's hobby is [draw / drawing / to draw] pictures.

4 I'm tired of [eat / eating / to eat] pizza and spaghetti.

B 어법상 <u>틀린</u> 부분을 바르게 고쳐 문장을 다시 쓰시오.

1 Reading fashion magazines are interesting.

→ _____

2 He didn't feel like to donate all his money.

→ _____

3 Forgive me for arriving not on time.

→ _____

4 Jake spends too much time play mobile games.

→ _____

C 우리말과 일치하도록 괄호 안의 말을 이용하여 문장을 완성하시오.

1 방과 후에 스케이트 타러 가자. (go, skate)

→ Let's _____ after school.

2 네 생일 파티에 나를 초대해 줘서 고마워. (thank, for, invite)

→ _____ me to your birthday party.

3 그녀의 직업은 옷을 디자인하는 것이다. (design, clothes)

→ Her job is _____.

4 Brown 씨는 한국 음식을 먹는 것에 익숙하다. (be used to, eat)

→ Mr. Brown _____ Korean food.

Unit 02 동명사 vs. to부정사

Answers
p.29

A   괄호 안에서 알맞은 것을 고르시오.

1 My computer keeps [making / to make] loud noises.

2 She decided [skipping / to skip] lunch today.

3 He promised [sending / to send] a letter to her.

4 Dad quit [drinking / to drink] three years ago.

5 Did you finish [cleaning / to clean] your room?

B   주어진 말을 빈칸에 알맞은 형태로 쓰시오. (a, b 서로 다른 형태로 쓸 것)

1 see   **a** I remember _____ the famous singer a few days ago.

   b I remember _____ a movie with you tomorrow.

2 meet   **a** Don't forget _____ her this Saturday.

   b He can't forget _____ her at the party last month.

3 ask   **a** He stopped _____ the way to the bus stop.

   b Stop _____ for money. That's enough.

C   우리말과 일치하도록 괄호 안의 말을 이용하여 문장을 완성하시오.

1 그녀는 처음 한국을 방문했던 것을 기억한다. (remember, visit)

   → She _____ Korea for the first time.

2 에어컨을 꺼도 될까요? (mind, turn off)

   → Do you _____ the air conditioner?

3 나는 탁자를 옮기려고 노력했지만, 그것은 너무 무거웠다. (try, move)

   → I _____ the table, but it was too heavy.

4 나는 자동차 운전하는 것을 배우고 싶다. (learn, drive)

   → I'd like to _____ a car.

Answers p.30

Unit 01 현재분사와 과거분사

A 괄호 안에서 알맞은 것을 고르시오.

1 I like the fence [painting / painted] white.

2 He had a [pleasing / pleased] experience.

3 The [smiling / smiled] girl is my little sister.

4 She looked [embarrassing / embarrassed].

B 우리말과 일치하도록 괄호 안의 말을 바르게 배열하시오.

1 눈으로 덮인 나무를 보아라. (with, the tree, snow, covered)

  → Look at _____.

2 무대에서 노래하고 있는 여자아이는 Amy이다. (the stage, the girl, on, singing)

  → _____ is Amy.

3 사과로 가득 찬 바구니를 가지고 와라. (with, filled, the basket, apples)

  → Bring _____.

4 그 시험 결과는 매우 실망스러웠다. (disappointing, very, was)

  → The result of the test _____.

C 우리말과 일치하도록 괄호 안의 말을 이용하여 문장을 완성하시오.

1 James는 중국에서 만들어진 운동화를 샀다. (make, running shoes, in China)

  → James bought _____.

2 그녀는 오늘 머리카락을 염색했다. (her hair, dye, have)

  → She _____ today.

3 그는 흥미진진한 모험 이야기를 썼다. (an, adventure, story, excite)

  → He wrote _____.

4 나의 부모님은 나의 결정에 충격을 받으셨다. (by, shock, my decision, be)

  → My parents _____.

02 분사구문

Answers
p.30

A 우리말과 일치하도록 괄호 안의 말을 바르게 배열하시오.

1 Sara는 전화 통화하면서 버스 정류장으로 걸어갔다. (on, talking, the phone)

→ _____, Sara walked to the bus stop.

2 돈이 없어서 나는 지하철을 탈 수 없었다. (money, not, having)

→ _____, I couldn't take the subway.

3 그녀는 그녀의 옛 친구를 봤을 때 무척 기뻤다. (old friend, seeing, her)

→ _____, she was very glad.

B 두 문장의 의미가 같도록 보기에서 알맞은 말을 골라 문장을 완성하시오.

보기	since	after	while

1 Living near the park, we often go on a picnic.

= _____ we live near the park, we often go on a picnic.

2 Playing the guitar, he sang a song.

= _____ he was playing the guitar, he sang a song.

3 Buying a book at the bookstore, I went back home.

= _____ I bought a book at the bookstore, I went back home.

C 우리말과 일치하도록 괄호 안의 말을 이용하여 문장을 완성하시오.

1 Jin은 전등을 켠 후 문을 닫았다. (turn on, the light)

→ _____ _____ _____ _____, Jin closed the door.

2 너는 분실물 센터에 가면 너의 가방을 찾을지도 모른다. (to, the lost-and-found, go)

→ _____ _____ _____ _____, you may find your bag.

3 그는 좋은 성적을 받지 않아서 기분이 좋지 않았다. (a good grade, get, not)

→ _____ _____ _____ _____ _____, he felt bad.

Answers p.30

Unit 01 부정대명사 I

A 괄호 안에서 알맞은 것을 고르시오.

1 I forgot to bring my umbrella. I will have to buy [one / it].

2 Zoe gave me her gloves, but I lost [ones / them].

3 This orange tastes sweet. Could you give me [other / another] one?

4 People like fruit. Some like mangos and [others / the others] like melons.

5 He bought two T-shirts at a flea market. [One / Some] is blue and [the other / the others] is green.

B 밑줄 친 부분이 어법상 맞으면 〇표 하고, 틀리면 바르게 고치시오.

1 These windows are dirty. We should clean <u>ones</u>.

2 I have two sons. One is a doctor, and <u>another</u> is a comedian.

3 Some like classical music and <u>others</u> like hip-hop music.

4 She teaches five students. Two of them wear glasses and <u>the other</u> don't.

C 우리말과 일치하도록 보기와 괄호 안의 말을 이용하여 문장을 완성하시오.

보기	one	another	the other	others

1 몇몇 사람들은 쇼핑하러 갔고, 다른 몇몇 사람들은 하이킹하러 갔다. (go hiking)

→ Some went shopping and _____.

2 그 쌍둥이 중 한 명은 도쿄에 살고, 다른 한 명은 파리에 산다. (Paris)

→ One of the twins lives in Tokyo and _____.

3 Jack은 태블릿 PC를 잃어버려서 새것을 하나 살 것이다. (new)

→ Jack lost his tablet PC, so he will buy _____.

4 지호는 좋아하는 과목이 세 개 있다. 하나는 체육, 다른 하나는 수학, 나머지 하나는 과학이다. (math, science)

→ Jiho has three favorite subjects. One is P.E., _____, and _____.

A 우리말과 일치하도록 빈칸에 알맞은 말을 보기에서 골라 쓰시오.

보기	each	both	every	all

1 두 책 모두 베스트셀러이다.

→ _____ books are bestsellers.

2 그 아이들은 각각 풍선을 들고 있다.

→ _____ of the children is holding a balloon.

3 그 콘서트에서 벌어들인 모든 돈은 자선단체에 기부된다.

→ _____ money from the concert goes to charity.

4 모든 축구 팬이 그 경기를 기다리고 있다.

→ _____ soccer fan is waiting for the game.

B 밑줄 친 부분이 어법상 맞으면 ○표 하고, 틀리면 바르게 고치시오.

1 Every children want to go to the amusement park.

2 Let's look for something to eat.

3 All students has to follow the school rules.

4 Both of the pianist played the piano very well.

C 우리말과 일치하도록 괄호 안의 말을 이용하여 문장을 완성하시오.

1 내 친구들은 모두 그 웹툰을 좋아한다. (my friend, of, all, like)

→ _____ the webtoon.

2 각 사람은 자신만의 강점을 가지고 있다. (have, person, each)

→ _____ his or her own strength.

3 이 체육관에 있는 모든 사람이 열심히 운동하고 있다. (in this gym, be, everyone)

→ _____ exercising hard.

4 그 나라들은 둘 다 인구가 많다. (the country, both, have, of)

→ _____ a large population.

Unit 03 재귀대명사

Answers
p.30

A 밑줄 친 부분을 생략할 수 있으면 O표 하고, 생략할 수 없으면 ×표 하시오.

1 Judy made the pizza <u>herself</u>.

2 Be careful not to cut <u>yourself</u>.

3 Dad <u>himself</u> washes his car every Saturday.

4 I have lived by <u>myself</u> for three years.

B 우리말과 일치하도록 빈칸에 알맞은 말을 쓰시오.

1 그 컴퓨터가 저절로 켜졌다.

　→ The computer turned on by _____.

2 네가 직접 그 음식을 요리했니?

　→ Did you cook the food _____?

3 Olivia는 그녀 자신을 돌보아야 한다.

　→ Olivia should take care of _____.

4 그는 혼자 힘으로 일을 시작할 것이다.

　→ He will start working for _____.

C 우리말과 일치하도록 괄호 안의 말을 이용하여 문장을 완성하시오.

1 얘들아, 그 과자를 실컷 먹어라. (help)

　→ Boys, _____ _____ to the cookies.

2 나는 중국어를 독학했다. (teach)

　→ I _____ _____ Chinese.

3 그들이 축제에서 즐거운 시간을 보냈니? (enjoy)

　→ Did they _____ _____ at the festival?

4 나는 네가 혼잣말하고 있는 거라고 생각했다. (talk to)

　→ I thought you were _____ _____ _____.

01 원급·비교급·최상급 비교

Answers
p.30

Unit

A 괄호 안에서 알맞은 것을 고르시오.

1 He can dance [well / better / best] than I can.

2 Tommy doesn't jump as [far / farther / farthest] as Bolt.

3 She is the most famous writer [in / of / as] Korea.

4 He is [very / too / much] taller than his mom.

5 These pajamas are the [comfortable / more comfortable / most comfortable].

B 주어진 말을 빈칸에 알맞은 형태로 쓰시오.

1 thick   a The science textbook is _____ than the English textbook.

       b The science textbook is _____ of all the textbooks.

2 angry   a Dorothy isn't as _____ as her sister.

       b Dorothy is still _____ than her sister.

3 bad   a Today's weather is _____ than yesterday's weather.

       b Today's weather is _____ of the year.

C 우리말과 일치하도록 괄호 안의 말을 이용하여 문장을 완성하시오.

1 Matt는 그의 친구들 중에서 가장 공손하다. (polite, his friends)

   → Matt is _____.

2 Nick은 Steve만큼 빨리 먹는다. (as, fast)

   → Nick eats _____.

3 아빠의 자전거가 내 것보다 훨씬 더 오래되었다. (even, old)

   → Dad's bike is _____ mine.

4 냉동 피자는 갓 구운 피자만큼 맛있지 않다. (delicious, as)

   → Frozen pizzas are _____ fresh baked ones.

Unit 02 여러 가지 비교 표현

A 우리말과 일치하도록 괄호 안의 말을 빈칸에 알맞은 형태로 쓰시오.

1 가능한 한 조심해서 킥보드를 타라. (carefully)

→ Ride your kickboard as _____ as possible.

2 그녀는 나이가 들수록 더 너그러워졌다. (generous)

→ The older she got, the _____ she became.

3 그들의 목소리가 점점 더 커지고 있었다. (loud)

→ Their voices were getting _____ and _____.

4 코끼리는 황소보다 약 다섯 배만큼 크다. (big)

→ An elephant is about five times _____ than an ox.

B 밑줄 친 부분이 어법상 맞으면 ○표 하고, 틀리면 바르게 고치시오.

1 The more it snows, <u>the bad</u> the roads become.

2 I'm feeling <u>more tired and more tired</u> these days.

3 This train runs <u>twice as faster as</u> normal trains.

4 Sally is <u>one of my best friends</u>.

C 우리말과 일치하도록 괄호 안의 말을 이용하여 문장을 완성하시오.

1 이 드론이 저것보다 세 배만큼 비싸다. (as, expensive)

→ This drone is _____ _____ _____ _____

_____ that one.

2 어두워질수록 나는 더 무서웠다. (much, scared)

→ The darker it grew, _____ _____ _____ I felt.

3 봄에는 점점 더 따뜻해진다. (warm)

→ In spring it becomes _____ _____ _____.

4 그것은 한국에서 가장 화려한 그림들 중 하나이다. (colorful, painting)

→ It is one of _____ _____ _____ _____ in Korea.

Unit 01 시간, 이유의 부사절 접속사

Answers
p.30

A 우리말과 일치하도록 보기에서 알맞은 말을 골라 빈칸에 쓰시오. (한 번씩만 쓸 것)

보기	while	as	because	until

1 내일은 휴일이기 때문에 우리는 학교에 갈 필요가 없다.

→ We don't have to go to school _____ tomorrow is a holiday.

2 나는 그가 돌아올 때까지 여기에서 기다렸다.

→ I waited here _____ he came back.

3 Anne은 나와 이야기하면서 계속 문자 메시지를 확인했다.

→ Anne kept checking her text messages _____ she talked to me.

4 Alex가 낮잠을 자는 동안 누군가가 초인종을 눌렀다.

→ _____ Alex was taking a nap, someone rang the doorbell.

B 밑줄 친 부분이 어법상 맞으면 ○표 하고, 틀리면 바르게 고치시오.

1 <u>As it was raining hard</u>, we didn't go out.

2 I often go to art museums <u>because of I like art</u>.

3 Wear a helmet <u>while you are riding your bike</u>.

4 We'll play badminton <u>when school will be over</u>.

C 우리말과 일치하도록 보기와 괄호 안의 말을 이용하여 문장을 완성하시오.

보기	when	since	until	while

1 나는 목이 말라서 물을 좀 마셨다. (be, thirsty)

→ I drank some water _____.

2 Steven은 바쁘지 않을 때 너를 도와줄 것이다. (not, be, busy)

→ Steven will help you _____.

3 나는 비가 그칠 때까지 이곳에 있을 것이다. (the rain, stop)

→ I'll stay here _____.

Unit 02 조건, 양보, 결과의 부사절 접속사

Answers
p.31

A

우리말과 일치하도록 보기에서 알맞은 말을 골라 빈칸에 쓰시오.

보기	if	unless	though	that

1 우리는 그가 오지 않으면 소풍을 가지 않을 것이다.

→ We won't go on a picnic _____ he comes.

2 Gary는 무척 흥분해서 말을 지나치게 많이 했다.

→ Gary was so excited _____ he talked too much.

3 인터넷 접속을 하지 않으면 너는 그 파일을 얻을 수 없다.

→ _____ you don't have Internet access, you can't get the file.

4 Amber는 다리를 다쳤지만 계속 경기를 했다.

→ _____ Amber hurt her leg, she continued playing the game.

B

밑줄 친 부분이 어법상 맞으면 ○표 하고, 틀리면 바르게 고치시오.

1 I'll forgive you <u>if you will tell the truth</u>.

2 <u>Despite</u> he had a busy schedule, he made time for his family.

3 <u>Unless you don't drink enough water</u>, you can feel dizzy.

4 It snowed <u>heavily so that</u> we stayed at home.

C

우리말과 일치하도록 괄호 안의 말을 이용하여 문장을 완성하시오.

1 네가 지도를 따라가면 너는 역에 도착할 것이다. (if, follow)

→ You'll get to the station _____ the map.

2 나는 알람을 맞추지 않으면 아침에 일찍 일어날 수 없다. (unless, set an alarm)

→ _____, I can't wake up early in the morning.

3 Ellie는 어리지만 무척 지혜롭고 용감하다. (although, young)

→ _____, she is very wise and brave.

4 날씨가 무척 좋아서 나는 산책을 하고 싶다. (nice, that)

→ The weather is _____ I want to take a walk.

_{Unit}03 명사절 접속사

Answers p.31

A 다음 두 문장을 한 문장으로 바꿔 쓸 때, 빈칸에 알맞은 말을 쓰시오.

1 Do you know? Why did Jane leave early?

→ Do you know _____ _____ _____ early?

2 Eric didn't come to the party. It was strange.

→ _____ was strange _____ Eric didn't come to the party.

3 Let me know. When will you leave for your vacation?

→ Let me know _____ _____ _____ _____ for your vacation.

4 I wonder. Did Nancy finish the work?

→ I wonder _____ Nancy finished the work.

B 밑줄 친 부분이 어법상 맞으면 ○표 하고, 틀리면 바르게 고치시오.

1 The problem is <u>that I lost my key</u>.

2 Do you know <u>who are they</u>?

3 The question is <u>if or not it is useful</u>.

4 <u>Do you suppose when</u> Mike will arrive?

C 우리말과 일치하도록 괄호 안의 말을 바르게 배열하여 문장을 완성하시오.

1 우리 팀이 경기에 진 것은 실망스러웠다. (was, that, disappointing, it)

→ _____ our team lost the game.

2 너는 누가 대회에서 우승할 거라고 생각하니? (you, do, who, think)

→ _____ will win the contest?

3 그녀는 그가 여행에서 돌아왔다는 소식을 들었다. (was back, that, he, the news, from his trip)

→ She heard _____.

4 나는 Jin이 그 프린터를 고칠 수 있는지 없는지 모르겠다. (or not, can, Jin, the printer, fix, if)

→ I am not sure _____.

Unit 04 그 밖의 접속사

Answers
p.31

A 두 문장의 의미가 같도록 빈칸에 알맞은 말을 쓰시오.

1 If you turn right, you'll see the amusement park.

= Turn right, _____ you'll see the amusement park.

2 We were depressed, and we were also hungry.

= We were _____ depressed _____ hungry.

3 If you don't call your mom right now, she'll start worrying about you.

= Call your mom right now, _____ she'll start worrying about you.

4 Henry speaks not only French but also Spanish.

= Henry speaks Spanish _____ _____ _____ French.

B 밑줄 친 부분이 어법상 맞으면 ○표 하고, 틀리면 바르게 고치시오.

1 Either Joan or her brother <u>are</u> cooking in the kitchen.

2 Amy as well as I <u>is</u> going to join the soccer team.

3 Neither Bob <u>or</u> I went to the bakery.

4 Rose can both speak and <u>to write</u> in Korean.

C 우리말과 일치하도록 괄호 안의 말을 바르게 배열하여 문장을 완성하시오.

1 서둘러라, 그렇지 않으면 너는 그들을 따라잡을 수 없다. (can't, or, catch up with, you, them)

→ Hurry up, _____.

2 그는 그녀에게 꽃뿐만 아니라 편지도 주었다. (a letter, only, flowers, but, not, also)

→ He gave her _____.

3 나도 Jack도 아직 우리의 계획을 끝내지 않았다. (neither, I, Jack, has finished, nor)

→ _____ our plan yet.

4 그 책을 읽어라, 그러면 너는 그 영화를 더 잘 이해할 것이다. (will, the movie, you, and, understand, better)

→ Read the book, _____.

01 Unit 관계대명사 I

Answers p.31

A 빈칸에 알맞은 말을 보기에서 골라 쓰시오. (한 번씩만 쓸 것)

보기	who	whose	which	whom

1 Tom Holland is the movie star _____ I want to meet.

2 They live in the house _____ roof is red.

3 This is the book _____ I borrowed from Sally.

4 I have a little sister _____ is an elementary school student.

B 선행사에 동그라미하고 관계대명사절에 밑줄을 친 후, 우리말 해석을 완성하시오.

1 She likes people who cook well.

→ 그녀는 _____ 좋아한다.

2 I know a boy whose older sister is a soccer player.

→ 나는 _____ 알고 있다.

3 Mom made the cookies I wanted to eat.

→ 엄마가 _____ 만들어 주셨다.

4 There is a church which was built 50 years ago in my town.

→ 우리 마을에는 _____ 있다.

C 우리말과 일치하도록 괄호 안의 말을 이용하여 문장을 완성하시오.

1 표지가 노란색인 공책이 내 것이다. (cover, yellow, whose)

→ The notebook _____ is mine.

2 나는 프랑스에 사는 친구가 있다. (live in, a friend, who)

→ I have _____ France.

3 「어벤져스」는 우리가 지난 주말에 본 영화이다. (watch, the movie, which)

→ *Avengers* is _____ last weekend.

4 박 선생님은 내가 가장 존경하는 시인이다. (respect, a poet, whom)

→ Mr. Park is _____ the most.

$\begin{matrix} \text{Unit} \\ \text{02} \end{matrix}$ 관계대명사 2

Answers p.31

A 밑줄 친 부분을 어법상 바르게 고치시오.

1 Jared was the first student <u>which</u> answered the question.

2 <u>That</u> I want to do this summer is to go to the beach.

3 The stranger <u>that</u> cell phone was stolen was upset.

4 This watch is <u>which</u> I lost yesterday.

B 괄호 안의 말을 알맞은 곳에 넣어 문장을 바르게 고치시오.

1 Miranda brought some food everybody likes. (that)

→ _____

2 Don't do tomorrow you can do today. (what)

→ _____

3 The woman watering the flowers is my grandmother. (that is)

→ _____

4 They need is people's attention. (what)

→ _____

C 우리말과 일치하도록 괄호 안의 말을 이용하여 문장을 완성하시오.

1 이것은 Christopher Nolan이 감독한 첫 번째 영화이다. (the first film, direct)

→ This is _____ .

2 눈사람을 만들고 있는 아이들을 보아라. (the children, make a snowman)

→ Look at _____ .

3 내가 Jason에게 들은 것을 너에게 말해 줄게. (hear, from)

→ I'll tell you _____ .

4 나를 놀라게 한 것은 그녀의 차가운 태도였다. (surprise, me)

→ _____ was her cold attitude.

03 관계부사

Unit

Answers
p.31

A 빈칸에 알맞은 말을 보기에서 골라 쓰시오. (한 번씩만 쓸 것)

보기	when	where	why	how

1 2013 is the year _____ my little brother was born.

2 Please let me know _____ you solved the difficult problem.

3 Tell me _____ you want to be an animal doctor.

4 There is a good restaurant _____ you can enjoy Korean food.

B 두 문장을 한 문장으로 바꿔 쓸 때, 빈칸에 알맞은 말을 쓰시오. (한 단어로 쓸 것)

1 Do you know the reason? He was absent from school for the reason.

→ Do you know the reason _____ he was absent from school?

2 I'm looking for a store. I can buy a hat at that store.

→ I'm looking for a store _____ I can buy a hat.

3 This is the way. They celebrate Christmas in the way.

→ This is _____ they celebrate Christmas.

4 Now is the time. We have to say goodbye on the time.

→ Now is the time _____ we have to say goodbye.

C 우리말과 일치하도록 괄호 안의 말을 이용하여 문장을 완성하시오.

1 나는 다른 나라에서 사람들이 음식을 먹는 방법을 알고 싶다. (eat food, people, in)

→ I want to know _____ in other countries.

2 이곳은 학생들이 점심을 먹는 식당이다. (which, the cafeteria, the students)

→ This is _____ have lunch.

3 가을은 나뭇잎에 단풍이 드는 계절이다. (in, leaves, the season)

→ Fall is _____ turn red and yellow.

4 나는 그 경기가 취소된 이유를 들었다. (the game, which, the reason)

→ I heard _____ was canceled.

Unit 01 가정법 과거

Answers p.31

A 괄호 안에서 알맞은 것을 고르시오.

1 If I [am / were] an adult, I could vote.

2 If we [take / took] the subway, we won't be late.

3 If he had money, he [can / could] help the poor boy.

4 If I were you, I [won't / wouldn't] trust him.

B 다음 문장을 가정법 문장으로 바꿔 쓸 때, 빈칸에 알맞은 말을 쓰시오.

1 As you are not old enough, you can't watch this movie.

→ If you _____ old enough, you _____ this movie.

2 As she has another appointment, she won't go with us.

→ If she _____ another appointment, she _____ us.

3 As I don't know his SNS ID, I can't follow him.

→ If I _____ his SNS ID, I _____ him.

4 As the wind is blowing so hard, we can't walk.

→ If the wind _____ so hard, we _____.

C 우리말과 일치하도록 괄호 안의 말을 이용하여 문장을 완성하시오.

1 내가 그녀라면 나는 더 일찍 일어날 텐데. (be, will, get up)

→ If I _____ her, I _____ earlier.

2 삼촌이 나를 방문한다면 나는 정말 기쁠 텐데. (visit, will, be)

→ If my uncle _____ me, I _____ very pleased.

3 지호가 영어를 잘한다면 외국인들과 말할 수 있을 텐데. (speak, can, talk)

→ If Jiho _____ English well, he _____ with foreigners.

4 비가 그친다면 우리는 야구를 할 수 있을 텐데. (stop, can, play)

→ If it _____ raining, we _____ baseball.

Unit 02 다양한 형태의 가정법 과거

Answers p.31

A 우리말과 일치하도록 괄호 안의 말을 빈칸에 알맞은 형태로 쓰시오.

1 나에게 자유 시간이 좀 더 있으면 좋을 텐데. (have)

→ I wish I _____ more free time.

2 Jimmy는 마치 우리 반 회장인 것처럼 행동한다. (be)

→ Jimmy acts as if he _____ the president of our class.

3 이제는 네가 정말 나쁜 식습관을 바꿀 때이다. (change)

→ It's time you _____ your poor eating habits.

B 다음 문장을 가정법 문장으로 바꿔 쓸 때, 빈칸에 알맞은 말을 쓰시오.

1 In fact, Sally doesn't do well in school.

→ Sally talks as if she _____ well in school.

2 I'm sorry that I don't have a girlfriend.

→ I wish I _____ a girlfriend.

3 We haven't gone home yet, and it's so late now.

→ It's time we _____ home.

C 우리말과 일치하도록 괄호 안의 말을 이용하여 문장을 완성하시오.

1 내가 피아노 연주하는 법을 알면 좋을 텐데. (I wish, know, how to play)

→ _____ the piano.

2 그녀는 마치 그를 존경하지 않는 것처럼 행동한다. (as if, not, respect)

→ She acts _____ him.

3 이제는 우리가 정말 쉬어야 할 때이다. (it's time, take)

→ _____ some rest.

4 내가 숙제를 안 해도 되면 좋을 텐데. (I wish, not, have to)

→ _____ do the homework.

Overall Test

Answers p.32

이름: 맞은 개수:

01

우리말과 일치하도록 빈칸에 들어갈 말로 알맞은 것은?

> 네가 더 열심히 노력하면, 너는 더 좋은 성적을 받을 수 있을 것이다.
> → _____ harder, you will get a better grade.

① Try   ② Trying   ③ To try
④ You try   ⑤ To trying

02

빈칸에 들어갈 말로 알맞지 않은 것은?

> The _____, the better.

① less   ② more   ③ bigger
④ famous   ⑤ easier

03

다음 문장에서 not이 들어가기에 알맞은 곳은?

> (①) I'm sorry (②) for (③) keeping (④) the promise (⑤).

04

빈칸에 공통으로 들어갈 말로 알맞은 것은?

> • This is a tree _____ my grandfather planted last year.
> • Naomi is my friend _____ I like to talk to.

① that   ② what   ③ which
④ who   ⑤ whom

05

밑줄 친 부분 중 어법상 틀린 것은? (바르게 고칠 것)

> ① All of his family members came ② to the dance contest and ③ saw him ④ danced ⑤ on the stage.

06

다음 문장과 바꿔 쓸 수 있는 문장은?

> My room is not as large as my sister's.

① My room is as small as my sister's.
② My sister's room is as large as mine.
③ My room is larger than my sister's.
④ My sister's room is larger than mine.
⑤ My room is not smaller than my sister's.

07 서술형

괄호 안의 말을 빈칸에 알맞은 형태로 쓰시오.

Remember _____ (call) your grandmother tomorrow. It's her birthday.

[08~09] 빈칸에 들어갈 말이 순서대로 짝지어진 것을 고르시오.

08

- She avoided _____ my question.
- They decided _____ the house.

① answer – to sell
② to answer – to sell
③ to answer – selling
④ answering – selling
⑤ answering – to sell

09

- There was nothing _____ on the note.
- Tom drew a bird _____ in the sky.

① writing - flying
② writing - flown
③ written - flying
④ written - flew
⑤ written - flown

10

다음 중 어법상 옳은 것끼리 짝지어진 것은? (틀린 것들을 바르게 고칠 것)

a. I feel like to cry.
b. He loves to play with his pets.
c. We're considering to buy a new car.
d. This book is worth reading twice.
e. We're looking forward to working with you.
f. I'm interested in grow plants.
g. Eating vegetables are good for your health.

① a, c
② a, c, e
③ b, d, g
④ b, d, e
⑤ a, c, f, g

[11~12] 다음 두 문장을 한 문장으로 바꿔 쓸 때, 빈칸에 알맞은 말을 쓰시오.

11 서술형

The river was clean. It isn't clean now.

→ The river _____ _____ _____ clean.

12 서술형

Jane began to work with us in 2016. She still works with us.

→ Jane _____ _____ with us _____ 2016

13 서술형

다음 문장을 if를 이용한 가정법 문장으로 바꿔 쓰시오.

As I'm not Superman, I can't fly.

→ _____

14

다음 중 어법상 옳은 문장의 개수는? (틀린 것들을 바르게 고칠 것)

a. Mr. Brown felt terribly.
b. She wanted us to play outside.
c. I got him to pick me up at six.
d. My friends bought a cake to me.
e. Mom had me to turn off the TV.

① 1개　　　② 2개　　　③ 3개
④ 4개　　　⑤ 5개

15

다음 중 나머지 넷과 의미가 <u>다른</u> 문장은?

① Don't park here.
② You can't park here.
③ You must not park here.
④ You should not park here.
⑤ You don't have to park here.

[16-17] 우리말을 영어로 바르게 옮긴 것을 고르시오.

16

그녀는 일찍 일어나는 것에 익숙하다.

① She used to get up early.
② She is used getting up early.
③ She used to getting up early.
④ She is used to get up early.
⑤ She is used to getting up early.

17

나는 차가운 마실 거리를 원한다.

① I want cold drink to something.
② I want something to cold drink.
③ I want something cold to drink.
④ I want cold to drink something.
⑤ I want cold something to drink.

18 서술형

다음 문장을 수동태 문장으로 바꿔 쓰시오.

(1) I didn't write the note.

→ _____

(2) Did your sister bake these cookies?

→ _____

19 서술형

A: _____ (to, you, like, go, would) to the island this Saturday?

B: Yes, that sounds fun.

20 서술형

A: Mom, I don't know _____ _____ (tomorrow, to, wear, what).

B: Why don't you wear the green dress?

21

다음 중 어법상 틀린 문장은? (바르게 고칠 것)

① They are proud of him.
② He often talks to himself.
③ Please take care of yourself.
④ We enjoyed us at the festival.
⑤ Mike is eating lunch by himself.

22

| 보기 | My dream is to be a great reporter. |

① I need someone to talk to.
② It is dangerous to climb a tall tree.
③ I am lucky to have a friend like you.
④ He grew up to be a famous scientist.
⑤ She went to the bakery to buy a scone.

23

| 보기 | Have you ever caught a big fish? |

① I have lost my car key.
② We have lived here since 2015.
③ He has seen the movie twice.
④ She has just finished her report.
⑤ The train has already left the station.

24 서술형

보기에서 알맞은 말을 골라 문장을 완성하시오.

| 보기 | one | other | another |
| | others | the other | the others |

Jiwoo has three foreign friends. (1) _____ is Italian, (2) _____ is Chinese, and (3) _____ is Indian.

25

빈칸에 들어갈 말이 나머지 넷과 다른 것은?

① Stop running, _____ you will fall down.
② Eat slowly, _____ you may have an upset stomach.
③ Hurry up, _____ you'll be late for class.
④ Do your best, _____ your dream will come true.
⑤ Put on sunscreen, _____ you'll get a sunburn.

26

대화의 밑줄 친 부분 중 어법상 틀린 것은? (바르게 고칠 것)

A: Junho ①hasn't come to school yet. What's wrong with him?
B: He ②has broken his leg.
A: ③How did he hurt it?
B: Last weekend, he ④climbed up a mountain and ⑤has fallen down by accident.
A: Oh, that's too bad.

27 서술형

다음 중 어법상 틀린 부분을 모두 찾아 바르게 고치시오.

a. The cake was made yesterday.
b. Were the pictures taken by Tom?
c. Something funny was happened today.
d. The movie will be released next week.
e. Paris is known to Eiffel Tower.
f. The room is being cleaned now.
g. Bananas must be not kept in the refrigerator.

28 서술형

다음 글에서 어법상 틀린 부분을 모두 찾아 바르게 고치시오.

I have a sister which is three years older than me. She is very kind to me. She lets me to wear her pretty clothes. When I have difficult homework, she helps me with that. She always makes me smiling.

(1) _____ → _____
(2) _____ → _____
(3) _____ → _____

GRAMMAR BITE

Grade 2

Workbook

Contact Mirae-N

www.mirae-n.com

(우)06532 서울시 서초구 신반포로 321

1800-8890

모바일
홈페이지
바로가기

미래엔 교과서 연계 도서

교과서 예습 복습과 학교 시험 대비까지
한 권으로 완성하는 자율학습서와 실전 유형서

미래엔 교과서
자습서

[2022 개정]
국어 (신유식) 1-1, 1-2*
　　　(민병곤) 1-1, 1-2*
영어 1
수학 1
사회 ①, ②*
역사 ①, ②*
도덕 ①, ②*
과학 1
기술·가정 ①, ②*
생활 일본어, 생활 중국어, 한문

*2025년 상반기 출간 예정

[2015 개정]
국어 2-1, 2-2, 3-1, 3-2
영어 2, 3
수학 2, 3
사회 ①, ②
역사 ①, ②
도덕 ①, ②
과학 2, 3
기술·가정 ①, ②
한문

미래엔 교과서
평가 문제집

[2022 개정]
국어 (신유식) 1-1, 1-2*
　　　(민병곤) 1-1, 1-2*
영어 1-1, 1-2*
사회 ①, ②*
역사 ①, ②*
도덕 ①, ②*
과학 1

*2025년 상반기 출간 예정

[2015 개정]
국어 2-1, 2-2, 3-1, 3-2
영어 2-1, 2-2, 3-1, 3-2
사회 ①, ②
역사 ①, ②
도덕 ①, ②
과학 2, 3

예비 고1을 위한 고등 도서

비주얼 개념서
룩

이미지 연상으로 필수 개념을 쉽게 익히는
비주얼 개념서

국어　문법
영어　분석독해

문학 입문서
손쉬운

작품 이해에서 문제 해결까지
손쉬운 비법을 담은 문학 입문서

현대 문학, 고전 문학

필수 기본서
엔픽

복잡한 개념은 쉽고, 핵심 문제는 완벽하게!
사회·과학 내신의 필수 개념서

사회　통합사회1, 통합사회2*, 한국사1, 한국사2*
과학　통합과학1, 통합과학2

*2025년 상반기 출간 예정